Elogios a *Pa*

"Construir relacionamentos entre dividid... ...ssoas que formaram essas parcerias críticas com todas as diferenças políticas, religiosas, culturais e tantas outras que precisam ser superadas. Uma leitura fundamental para quem quer viver uma vida significativa e quer fazer uma diferença positiva por meio da colaboração."

— Van Jones, apresentador da CNN, autor e fundador da Dream Corps

"Relacionamentos eficazes são essenciais para fazer quase qualquer coisa de real importância no mundo — e isso é ainda mais verdadeiro em nossa era interdependente. *Parcerias* captura sabedoria e conhecimentos de muitos tipos de parcerias."

— Jacqueline Novagratz, fundadora e CEO da Acumen, e Chris Anderson, curador da TED.

"*Parcerias* é uma centelha de esperança e um guia para uma redefinição de relacionamento no mundo, reconectando-nos ao que é importante — uns aos outros."

— Wade Davis e Carroll Dunham, antropólogos.

"*Parcerias* é um ótimo guia para quem quer investir em conexões profundas para uma vida mais saudável, longa e feliz."

— Julianne Holt-Lunstad, PhD, professora de psicologia e neurociência na Universidade Brigham Young.

"*Parcerias* não é apenas uma leitura extraordinária, é um manifesto urgente para o nosso tempo e para a construção de um futuro melhor compartilhado."

— Paul Polman, coautor de *Net Positive* e cofundador/presidente da Imagine.

PARCERIAS

Estabeleça Conexões
Profundas que Fazem
Grandes Coisas Acontecerem

Jean Oelwang

ALTA LIFE
EDITORA

Rio de Janeiro, 2022

Parcerias

Copyright © 2022 da Starlin Alta Editora e Consultoria Eireli.
ISBN: 978-85-508-1808-5

Translated from original Partnering: forge the deep connections that make great things happen. Copyright © 2022 by Plus Wonder. ISBN 9780593189542. This translation is published and sold by permission of Penguin Random House LLC, the owner of all rights to publish and sell the same. PORTUGUESE language edition published by Starlin Alta Editora e Consultoria Eireli, Copyright © 2022 by Starlin Alta Editora e Consultoria Eireli.

Impresso no Brasil — 1ª Edição, 2022 — Edição revisada conforme o Acordo Ortográfico da Língua Portuguesa de 2009.

Todos os direitos estão reservados e protegidos por Lei. Nenhuma parte deste livro, sem autorização prévia por escrito da editora, poderá ser reproduzida ou transmitida. A violação dos Direitos Autorais é crime estabelecido na Lei nº 9.610/98 e com punição de acordo com o artigo 184 do Código Penal.

A editora não se responsabiliza pelo conteúdo da obra, formulada exclusivamente pelo(s) autor(es).

Marcas Registradas: Todos os termos mencionados e reconhecidos como Marca Registrada e/ou Comercial são de responsabilidade de seus proprietários. A editora informa não estar associada a nenhum produto e/ou fornecedor apresentado no livro.

Erratas e arquivos de apoio: No site da editora relatamos, com a devida correção, qualquer erro encontrado em nossos livros, bem como disponibilizamos arquivos de apoio se aplicáveis à obra em questão.

Acesse o site www.altabooks.com.br e procure pelo título do livro desejado para ter acesso às erratas, aos arquivos de apoio e/ou a outros conteúdos aplicáveis à obra.

Suporte Técnico: A obra é comercializada na forma em que está, sem direito a suporte técnico ou orientação pessoal/exclusiva ao leitor.

A editora não se responsabiliza pela manutenção, atualização e idioma dos sites referidos pelos autores nesta obra.

Dados Internacionais de Catalogação na Publicação (CIP) de acordo com ISBD

O28p   Oelwang, Jean
        Parcerias: Estabeleça Conexões Profundas que Fazem Grandes Coisas Acontecerem / Jean Oelwang ; traduzido por Caroline Suiter. - Rio de Janeiro : Alta Books, 2022.
        320 p. ; 16cm x 23cm.

        Tradução de: Partnering
        Inclui índice.
        ISBN: 978-85-508-1808-5

        1. Autoajuda. I. Suiter, Caroline. II. Título.

2022-2631
                                    CDD 158.1
                                    CDU 159.947

Elaborado por Vagner Rodolfo da Silva - CRB-8/9410

Índice para catálogo sistemático:
1. Autoajuda 158.1
2. Autoajuda 159.947

Produção Editorial
Editora Alta Books

Diretor Editorial
Anderson Vieira
anderson.vieira@altabooks.com.br

Editor
José Ruggeri
j.ruggeri@altabooks.com.br

Gerência Comercial
Claudio Lima
claudio@altabooks.com.br

Gerência Marketing
Andrea Guatiello
andrea@altabooks.com.br

Coordenação Comercial
Thiago Biaggi

Coordenação de Eventos
Viviane Paiva
comercial@altabooks.com.br

Coordenação ADM/Finc.
Solange Souza

Direitos Autorais
Raquel Porto
rights@altabooks.com.br

Assistente Editorial
Caroline David

Produtores Editoriais
Illysabelle Trajano
Maria de Lourdes Borges
Paulo Gomes
Thales Silva
Thiê Alves

Equipe Comercial
Adriana Baricelli
Ana Carolina Marinho
Daiana Costa
Fillipe Amorim
Heber Garcia
Kaique Luiz
Maira Conceição

Equipe Editorial
Beatriz de Assis
Betânia Santos
Brenda Rodrigues
Gabriela Paiva
Henrique Waldez
Kelry Oliveira
Marcelli Ferreira
Mariana Portugal
Matheus Mello

Marketing Editorial
Jessica Nogueira
Livia Carvalho
Marcelo Santos
Pedro Guimarães
Thiago Brito

Atuaram na edição desta obra:

Revisão Gramatical
Denise E. Himpel
Simone Sousa

Diagramação
Rita Motta

Tradução
Caroline Suiter

Copidesque
Carlos Bacci

Editora afiliada à:

Rua Viúva Cláudio, 291 – Bairro Industrial do Jacaré
CEP: 20.970-031 – Rio de Janeiro (RJ)
Tels.: (21) 3278-8069 / 3278-8419
www.altabooks.com.br – altabooks@altabooks.com.br
Ouvidoria: ouvidoria@altabooks.com.br

À comunidade do ozônio, cujas profundas conexões e coragem moral salvaram a humanidade.

Aos meus pais (Mary e Bob), meus sogros (Nancy e Jim) e ao meu marido (Chris) por seu amor incondicional.

Este livro está repleto de sabedoria coletiva de pessoas que construíram vínculos profundos e significativos, que mudaram suas vidas e as vidas de tantos outros para melhor. Com grande agradecimento a eles por sua honestidade, amor, riso e admiração. Eles são os verdadeiros autores da sabedoria neste livro (embora quaisquer erros sejam todos meus).

Este livro é uma celebração da cocriação. Não existiria sem um coletivo que acreditasse na ideia e que trabalhasse ao meu lado durante anos. As menções de "eu" neste livro são realmente o "nós" deste grupo. Muito obrigado por sua maravilhosa parceria: Andrea Brenninkmeijer, Joann McPike, Ellie Kanner, Kelly Hallman, John Stares, Shannon Sedgwick Davis, Cindy Mercer, Todd Holcomb, Keith Yamashita, Mich Ahern e Lisa Weeks Valiant.

Sumário

Introdução   *xi*

Um

Seis Graus de Conexão   1

Dois

Algo Maior   13

Três

Totalmente Comprometido   37

Quatro

O Ecossistema   67

Cinco

Momentos Magnéticos   117

Seis

Celebrar o Atrito 151

Sete

Conexões Coletivas 175

Oito

Interconectado 205

Gratidão *217*

Parcerias Plus Wonder *223*

Seis Graus de Conexão Simplificada *229*

Palavras de Sabedoria e Recursos Colaborativos *233*

Imagens dos Seis Graus de Conexão *269*

Notas *271*

Fotografias: Créditos *285*

Índice *287*

Carta de Simon Sinek

A visão é clara: construir um mundo no qual a grande maioria das pessoas acorda todas as manhãs inspirada, sente-se segura onde quer que esteja e termina o dia realizada pelo trabalho que faz. E a melhor maneira de avançarmos em direção a essa visão é juntos. Mas há um problema...

A maioria das pessoas já sabe a importância do trabalho em equipe, da cooperação e da "construção de relações fortes de trabalho" para fazer as coisas acontecerem (e existem inúmeros livros e artigos escritos que enfatizam essa questão e nos ensinam as habilidades necessárias para isso), mas há outro tipo de relação que recebe menos atenção. Um tipo de relação que é essencial para promover qualquer causa de valor. Um tipo de relacionamento que vai mais fundo do que até mesmo algumas das equipes de alto desempenho e das relações de trabalho mais produtivas. A da parceria.

Eu hesito em chamar essas uniões mágicas de "parcerias" porque a palavra realmente faz dessas relações um desserviço. Parceiro é um substantivo, uma coisa. Duas pessoas podem *ter* uma parceria ou *estar em* uma, mas para uma parceria colher os verdadeiros benefícios da dinâmica, ela deve estar ativa. Deve ser um verbo. Uma prática diária. Para avançar em algo maior do que nós mesmos, devemos aprender a ser *parceiros*.

Carta de Simon Sinek

Parcerias examina aqueles tipos de relacionamentos mais profundos e duradouros. Muitos deles se parecem mais com casamentos do que com relacionamentos profissionais (e alguns deles são casamentos). O que todos têm em comum, no entanto, é a vontade de ambas as partes de se abrirem plenamente ao parceiro e de investirem no aprofundamento de suas relações. É por isso que os relacionamentos não só duram, mas também funcionam.

À medida que a vida de Jean Oelwang progredia, ela continuava se encontrando e tendo a oportunidade de trabalhar com alguns desses extraordinários parceiros. Ela viu, em primeira mão, a matemática notável que ocorre quando essas parcerias funcionam. Não era o cansado $1 + 1 = 3$, era mais profundo. Era mais como $1 + 1 =$ milhões. O poder que essas parcerias produziram inspirou empresas, movimentos sociais, mudanças radicais e as inúmeras pessoas que ajudaram.

Jean ficou mais do que fascinada por esses relacionamentos únicos e o que os tornava diferentes de outras parcerias. Ela aprendeu que havia padrões discerníveis entre todas essas parcerias. Padrões que poderíamos praticar. Em outras palavras, cada um de nós tem a capacidade de ser parceiro. Isso é importante. E foi por isso que pedi a ela para escrever um livro para a Optimism Press. Se mais de nós pudermos aprender a fazer parcerias como as pessoas deste livro, então nos tornaremos mais bem equipados para promover grandes coisas e desfrutar da profunda segurança e confiança que vem de saber que há alguém ao nosso lado que nunca, nunca vai embora.

Em frente, Parceiro!
Simon Sinek

Introdução

Quem te amou¹ para ser?

— Mr. Rogers*

Em 24 de outubro de 2006, entrei em um táxi junto com meu chefe, Richard Branson, o fundador do Virgin Group, e um amigo, Nicola Elliott. Fomos para Houghton, um subúrbio arborizado de Joanesburgo, África do Sul. Cada um de nós cuidadosamente segurava um fichário cheio de centenas de páginas preciosas. Quando chegamos, saímos do carro e fomos recebidos pela esposa de Nelson Mandela, Graça Machel. Sua combinação de cordialidade autêntica, sabedoria impressionante e generosidade radiante rapidamente nos fez sentir como se a tivéssemos conhecido por toda a vida. Ela foi ministra da educação de Moçambique, e também uma combatente em prol da liberdade, agora era uma feroz defensora internacional de mulheres e crianças.

* * * * * * * *

* Mr. Rogers, como era conhecido Fred McFeely Rogers, foi um pedagogo e artista norte-americano, ministro da Igreja Presbiteriana, que ficou famoso como apresentador de programas televisivos infanto-juvenis e autor de letras para canções educativas. Seu programa, Mister Roger´s Neighborhood, ficou no ar de 1968 a 2001. [N. da T.]

Nós nos acomodamos na sala de estar deles e Nelson Mandela logo veio se juntar a nós, vestido com uma de suas camisas de seda detalhadamente estampadas, desatada na cintura, sua marca registrada. Sua estatura imponente, sorriso brilhante e agudeza de espírito imediatamente iluminaram a sala com alegria e risadas. Começamos a analisar os fichários página por página. Eles foram preenchidos com as ricas biografias[2] de líderes globais inspiradores, todos candidatos potenciais para se tornar um dos doze Anciãos, um coletivo criado por Graça e Mandela em parceria com Richard e o seu amigo íntimo, o brilhante músico Peter Gabriel, para trabalhar na resolução de conflitos e outros problemas aparentemente intratáveis que a humanidade enfrenta. Tive a boa sorte (ao lado de um conjunto maravilhoso de parceiros[3]) de trabalhar com eles para tornar a ideia uma realidade.

Por horas, alternamos entre gargalhadas e lágrimas enquanto Mandela compartilhava história após história sobre pessoas como o Arcebispo Tutu, o ex-secretário-geral da ONU, Kofi Annan, o ex-presidente dos Estados Unidos, Jimmy Carter, e a ex-presidente da Irlanda, Mary Robinson. O amor, respeito e profundidade da conexão que ele tinha com cada um desses grandes líderes era evidente. Essas relações ajudaram a tornar Mandela quem ele era neste mundo e deram a todos eles um enorme apoio para criar algo muito maior do que eles mesmos.

Além da energia de Mandela, a outra coisa que preenchia a sala era o amor de Graça e Mandela um pelo outro, uma lembrança sempre presente do poder de um relacionamento profundo. Era um amor romântico, claro, mas a relação deles ia muito além disso. Os dois estavam tão profundamente conectados que você podia ver e sentir a ligação deles até mesmo nas interações mais triviais. Cada um estava sempre procurando o bem-estar do outro, constantemente elogiando ou dando uma força, seja com um olhar silencioso, um sorriso gentil ou um toque de mão. Seu amor e respeito compartilhados contagiavam todos nós na sala. Eu nunca tinha sentido um grau tão forte de presença amorosa, curiosidade e propósito.

Foi nesse momento de ouvir Graça e Mandela falarem sobre seus amigos que percebi que o caminho para viver uma vida significativa passava pelas Conexões Profundas que cultivamos uns com os outros. Essas Conexões Profundas são relações significativas que nos tornam quem somos. Elas são as amizades duradouras, aquelas do tipo "estamos juntos, conte comigo" encontradas em todos os aspectos de nossas vidas. Esses relacionamentos ajudam a nos tornarmos a nossa melhor versão e multiplicarmos o impacto que causamos no mundo.

Essa realização desencadeou uma exploração de quinze anos das Conexões Profundas e seu papel na arquitetura de iniciativas colaborativas, começando com The Elders [Os Anciãos], depois com a The B Team [A Equipe B], um grupo de líderes empresariais que trabalham para uma melhor maneira de fazer negócios, e cerca de uma dúzia de outras iniciativas que surgiram do meu trabalho com a Virgin Unite, o braço de caridade do Grupo Virgin. Ao longo dos anos em que trabalhei com muitos colaboradores lendários, tornou-se claro para mim que nenhum deles alcançou seus legados de impacto sozinho. Cada um deles veio a ser quem é por meio das relações significativas que construíram ao longo do caminho.

Uma vez que me tornei sintonizada com as Conexões Profundas, eu as vi no coração de cada grande iniciativa, cada inovação chave, cada vida bem vivida. Aprendi que a única maneira de realmente resolvermos os maiores e mais complicados problemas da humanidade é estabelecendo parcerias significativas e, em seguida, usando essas relações como catalisadores para impulsionar colaborações e movimentos sociais ainda maiores: Arcebispo e Leah Tutu trabalham com um grupo de amigos para ajudar a derrubar o apartheid* na África do Sul. José María e Christiana Figueres, irmãos que dedicaram suas vidas a reduzir as alterações climáticas, como demonstra a liderança colaborativa de Christiana no Acordo de Paris, um acordo global para reduzir as emissões de gases com efeito de estufa. Parceiros de negócios como Ben Cohen e Jerry Greenfield, da Ben & Jerry's, estão há muito tempo na vanguarda do movimento para mudar os negócios para melhor.

Esses agitadores e inovadores notáveis não dominam. Eles colaboram. Eles ouvem. Eles valorizam um ao outro (e muitos outros).

Eu passei a acreditar que as Conexões Profundas não só nos fazem mais felizes, mas são fundamentais para nossa existência contínua. Dominar as habilidades de parceria é o primeiro passo para construir as colaborações necessárias para enfrentar nossos desafios mais difíceis. Compreender as habilidades necessárias para construir Conexões Profundas redefinirá o que você pensa sobre liderança. Isto não é fácil. Ao longo dos meus anos de pesquisa desde aquele dia de outubro, aprendi o quão poderosamente somos programados para priorizar a realização individual em vez das Conexões Profundas e parcerias que realmente fazem a diferença.

Também percebi o quão profundamente essa programação impactou minha própria vida.

Quase vinte anos antes dessa ocasião na África do Sul, eu tinha acabado de sair da faculdade e estava começando a trabalhar em uma grande empresa de telecomunicações, então fui enviada para "treinamento de liderança". Nervosa, embalando um copo de água,

---

* Apartheid foi um regime de segregação racial implementado na África do Sul em 1948 pelo pastor protestante Daniel François Malan — então primeiro-ministro —, e adotado até 1994 pelos sucessivos governos do Partido Nacional, no qual os direitos da maioria dos habitantes foram cerceados pela minoria branca no poder.

Introdução **xv**

comecei a conversar com um dos executivos mais seniores do evento. Com o sucesso em minha mente, eu ousadamente lhe perguntei o que ele tinha feito para ser bem-sucedido.

"Você precisa vestir a camisa", ele respondeu com naturalidade, acenando com a cabeça para a cor da empresa. "Você precisa dar tudo o que tem para o trabalho. Você precisa ter certeza de que brilhará acima dos demais." Depois de sobreviver ao treinamento e começar o meu trabalho, meu primeiro chefe bem-intencionado me presenteou com dois livros. Um exemplar de *A Arte da Guerra*[4], um livro de estratégia militar de 2.500 anos, há muito adotado pelos líderes empresariais que procuram uma vantagem sobre seus concorrentes. Mensagem recebida. O negócio era uma batalha. Além disso, uma cópia de *The Joy of Cooking* [O Prazer de Cozinhar, em tradução livre][5]. Segunda mensagem recebida. A maioria das mulheres não sobrevive à batalha.

Determinada a provar que poderia ser uma líder feminina de sucesso sem depender de táticas militares, parti em uma jornada para trabalhar duro e quebrar o maior número possível de "tetos de vidro", aquelas barreiras não escritas, que dificultam a ascensão feminina na hierarquia corporativa. Ao longo de uma carreira de duas décadas, ajudei a iniciar e crescer empresas de telefonia móvel em seis continentes antes de lançar uma fundação global, a Virgin Unite. Na vida pessoal, eu era uma monogâmica em série, mudando de parceiro cada vez que mudava de país, oito países em vinte anos. As visitas-relâmpago aos meus pais, encaixadas desconfortavelmente em meio a minhas viagens quase constantes, sempre os deixavam se sentindo como se um dervixe* tivesse passado momentaneamente por suas vidas. Colegas de trabalho eram cuidadosamente colocados em "caixas de trabalho" e as amizades, espremidas em "chamadas de táxi" a qualquer hora de todo o mundo. Porém, nesse período, sempre acreditei ter construído

---

* Os dervixes são uma confraria religiosa muçulmana de caráter ascético ou místico.

parcerias significativas em todos os aspectos da minha vida, nutrindo relacionamentos verdadeiramente amorosos, mas a verdade é que a maioria das minhas parcerias foram construídas em momentos intermediários fugazes. Estavam longe de conexões profundas e duradouras.

Quando tive a oportunidade de aprender com as grandes parcerias que você conhecerá neste livro, as cortinas do individualismo glorificado foram retiradas. Ocorreu-me que, na minha busca pelo "sucesso", eu não havia investido adequadamente na parte mais importante da vida: construir relacionamentos significativos e duradouros que tornassem o mundo um lugar melhor. Essas parcerias extraordinárias me mostraram que não "ganhamos" ao chegar ao topo de qualquer escada que estejamos subindo. Ganhamos ao criar Conexões Profundas que realizam muito mais do que qualquer um de nós poderia fazer por conta própria.

Claro, quem poderia culpar qualquer um de nós por pensar diferente? Desde tenra idade, somos forçados a competir, a vencer a todo custo. À medida que crescemos, somos encorajados a construir uma grande rede de conexões rasas para ajudar a alcançar a visão distorcida da sociedade de sucesso. Essa mentalidade nos deixa desconectados, uns dos outros e de uma vida com propósito, significativa. Em última análise, até sufoca as organizações. Isso ficou claro em uma pesquisa da Gallup de 2021 que descobriu que 64% das pessoas nos Estados Unidos se sentem desvinculadas do trabalho e 80% se sentem desvinculadas globalmente. Curiosamente, os 36% dos funcionários[6] nos Estados Unidos que se sentem engajados usaram palavras como *cooperativo, colaborativo, relacionamento próximo, família* e *equipe de trabalho* para descrever suas empresas.

Acredito que a glorificação do hiperindividualismo mergulhou-nos numa crise de solidão. Tememos a diferença em vez de celebrá-la. Respondemos à liderança por meio da dominação e não da cooperação. Esquecemos a civilidade básica. Priorizar o individualismo perpetua o racismo, a mudança climática e a desigualdade, uma vez que as pessoas ficam tão centradas em si mesmas e em seus próprios interesses que perdem repetidamente a oportunidade de alcançar um bem coletivo maior. Um estudo de 2020 do Pew Research Center[7] revelou que 57% dos norte-americanos pensam que, na maioria das vezes, as pessoas apenas cuidariam de si mesmas, e não tentariam ajudar os outros.

"Quando libertamos o indivíduo do coletivo, isso é um equivalente sociológico de dividir o átomo", explica o renomado antropólogo Wade Davis, "e de repente, ao fazê-lo, lançamos o indivíduo à deriva em um mundo que poderia ser bastante solitário." A tecnologia digital e a perda de espaços de reunião da comunidade física muitas vezes amplificaram essa desconexão. Wade resume o impacto dessas novas normas sociais, imaginando a vida na Terra como vista pelos olhos de um antropólogo marciano. "Se a medida do sucesso fosse a conquista tecnológica, nós brilharíamos como um diamante", ele admite. "Mas se eles olhassem para nossas estruturas sociais, fariam algumas perguntas óbvias. Ei, vocês adoram o casamento, mas metade de seus casamentos acaba em divórcio... Vocês adoram suas famílias, mas têm esse lema estranho, 24/7, que implica dedicação total ao local de trabalho..."

Passamos muito tempo trabalhando, tentando nos encontrar, tentando nos encaixar e ampliar nossas ligações. No entanto, investimos muito pouco esforço para aumentar a profundidade de nossas conexões com as pessoas que mais importam para nós. Tomamos essas relações como garantidas, vivendo sob o equívoco de que, de alguma forma, nos tornamos quem somos. Na realidade, são as pessoas com quem nos cercamos que nos fazem ser quem somos.

O mundo precisa de uma redefinição de relacionamento.

Essa redefinição começa com uma compreensão de como construir Conexões Profundas em todos os aspectos de nossas vidas. Estas são as bases que permitem um impacto exponencial. Naquele momento, na sala de estar de Graça e Mandela, fui consumida com a pergunta que finalmente levou à escrita deste livro: Como você encontra, constrói e cultiva relacionamentos significativos e duradouros que o ajudarão a tornar-se a melhor versão possível de si mesmo, a fim de ter o maior impacto positivo nos outros?

Para responder a essa pergunta, eu apelo diretamente à fonte: Parcerias duradouras que fizeram uma diferença muito maior no mundo juntas do que poderiam ter por conta própria, começando com alguns dos membros do The Elders. Conversando com cada um deles, fiz algumas perguntas cruciais: Como se constrói a confiança? O que acontece quando a confiança é abalada? Como você discorda de algo que é importante para você sem destruir a relação? Como se mantém conectado ao longo dos anos?

Sem tardar, encontrei padrões recorrentes. Embora os parceiros fossem de origens extremamente díspares e tivessem causado impactos positivos em diferentes áreas, havia semelhanças fundamentais na maneira como se relacionavam entre si e com o mundo exterior. Vi esses padrões mais uma vez quando mergulhei profundamente no que funcionou e no que não funcionou nas mais de uma dúzia de colaborações que incubamos nos últimos quinze anos, na Virgin Unite.

Curiosamente, comecei a cobrir as paredes da minha casa com trechos impressos das entrevistas na tentativa de organizá-las de acordo com esses padrões emergentes. As paredes logo se revelaram insuficientes para a tarefa, então me tornei mais sistemática, codificando e organizando centenas de páginas de transcrições, tudo em um esforço para agrupar em casa as semelhanças notáveis que emergiam de mundos muito diferentes. Vi como era ingênuo pensar que algumas conversas decifrariam os segredos das Conexões Profundas. Dez entrevistas se tornaram vinte, depois trinta, depois sessenta e ainda contando. O que veio à tona ao longo de toda essa exploração foi um conjunto elegante de princípios, seis belos aspectos da verdadeira conexão que descobri serem consistentes em todos os tipos de relacionamentos que explorei: amigos e família, romântico e parceiros de negócios. Essa investigação sobre a conexão humana floresceu na Plus Wonder, uma iniciativa sem fins lucrativos focada em inspirar as pessoas a nutrir Conexões Profundas que importam em suas próprias vidas e nas vidas dos outros. A Plus Wonder evoluiu para muitas coisas bonitas, incluindo, agora, este livro.

Nos últimos quinze anos, entrevistei empreendedores, amigos, irmãos, casais, ativistas sociais, funcionários públicos, líderes religiosos, líderes filantrópicos, jornalistas, ícones culturais e pioneiros digitais. Algumas dessas parcerias são bem conhecidas; outras você terá o prazer de conhecer pela primeira vez. Estive em uma jornada com esse grande grupo de parceiros para explorar como podemos desencadear uma redefinição de relacionamento, para nós mesmos e para o mundo.

Quanto mais imersa me tornei nos mais de 1.500 anos de sabedoria coletiva das parcerias que entrevistei, mais percebi que não se trata simplesmente de construir grandes relacionamentos em sua vida. Trata-se fundamentalmente de mudar a forma como nos conectamos uns com os outros. Cada um dos relacionamentos descritos neste livro tem um pouco de conexões profundas ao longo da vida (incluindo uma e outra) que ajudaram a multiplicar seu impacto. Esses poucos relacionamentos estreitos servem como "laboratórios de conexão", onde os parceiros podem praticar e evoluir com segurança os seis padrões de conexão. Os benefícios de dominar esses padrões se estendem a todas as pessoas com quem eles se conectam, mesmo em seus relacionamentos mais passageiros. Eu chamei esses padrões interligados de **Seis Graus de Conexão**. À medida que você pratica cada um em seus relacionamentos mais importantes, aumenta a profundidade que pode alcançar em todos eles.

Os capítulos subsequentes aprofundam cada um dos Seis Graus por meio das histórias profundas e agradavelmente sinceras das mais de sessenta parcerias. Você verá como eles elevam o propósito um do outro, como permanecem envolvidos a longo prazo, como constroem laços inquebráveis e como gerenciam elegantemente o conflito.

Ao longo do livro, também exploro alguns dos maiores esforços coletivos do nosso tempo e as Conexões Profundas no coração dessas conquistas. Os cidadãos que colaboraram para proteger a camada de ozônio e literalmente salvaram todas as nossas vidas. Os amigos que acabaram com o regime cruel do apartheid na África do Sul e transformaram a vida de milhões de pessoas. Descobriremos os princípios de design colaborativo que levaram ao sucesso dessas e de outras conquistas coletivas extraordinárias. Esses conhecimentos nos ajudarão a responder às ameaças existenciais que enfrentamos hoje.

Durante a maior parte da minha vida, acreditei que construir relacionamentos significativos no trabalho e na vida se resumia a simplesmente esperar que o universo me trouxesse os parceiros certos. Os parceiros deste livro abriram meus olhos para uma oportunidade que eu nunca tinha visto. Eles foram bem-sucedidos juntos, não graças ao destino ou à sorte, mas porque trabalharam duro para investir profundamente um no outro. Cada um ajudou o outro a fazer algo muito maior na vida do que poderia ter feito sozinho. Instintivamente, cada um deles passou a entender os seis padrões deste livro. A maioria de nós passa a vida inteira imaginando o porquê nossos relacionamentos mais importantes nunca se tornam tão próximos ou tão significativos quanto esperávamos. É trágico. Ensinam-nos apenas uma pequena fatia do que é preciso para construir grandes relacionamentos.

O mundo foi fechado pela pandemia do coronavírus em 2020, durante a conclusão deste livro. Ao longo desse período difícil, havia uma coisa que estava universalmente perdida: a conexão humana. Isolamento, distanciamento social e quarentena deixaram claro o quão irrelevantes são todas as coisas reluzentes que nós perseguimos — poder, dinheiro, fama, bens materiais. Fizemos uma pausa nas nossas vidas 24/7 e simplesmente desejávamos estar um com o outro. Enquanto observávamos os entes queridos morrerem do outro lado de uma janela ou em uma chamada do Zoom, incapazes de sequer segurar sua mão, percebemos que as únicas coisas que realmente importam, a única medida verdadeira de sucesso, são as Conexões Profundas que construímos com as pessoas que importam para nós.

Quando Warren Buffett[8] foi questionado sobre o sucesso e o significado da vida, ele fez uma pergunta simples: "As pessoas com quem você se importa, se importam com você?" Na condição de alguém que conseguiu o ápice do ganho financeiro, ele percebe que a medida verdadeira do sucesso é a profundidade e o significado de nossos relacionamentos. A importância de medir o sucesso dessa maneira tornou-se muito clara para mim alguns anos após encontrar-me pela primeira vez com Graça e Mandela. Estávamos reunidos em um hotel em Joanesburgo para um almoço nada comum. A refeição foi marcada por risos, amor e intensa discussão sobre o estado do mundo, enquanto The Elders comemoravam o nonagésimo aniversário de Nelson Mandela.

Quando Mandela se levantou para sair, olhou ao redor da mesa uma última vez, seu sorriso acolhedor como uma explosão solar. Seria uma das últimas vezes que The Elders estavam todos juntos antes de ele falecer. Seu sorriso dizia um milhão de coisas sobre sua gratidão aos amigos e a compreensão que tinha de que seu legado de mudança sobreviveria a eles. Mandela então se virou para a esquerda e, gentilmente, deslizou a mão na de Graça. Eles saíram graciosamente do local. Enquanto os observava partir, o Arcebispo Tutu, num raro momento de intensa seriedade, disse: "Ora, o quanto somos, todos, prisioneiros da esperança."

Mandela permaneceu esperançoso enquanto resistia ao impensável, tornando-se um dos líderes mais bem-sucedidos de nosso tempo, em grande parte porque se cercava de grandeza, pessoas cujo amor e compromisso compartilhado com o fim do apartheid e com um mundo melhor o elevaram, além de tantos outros.

Ao olhar para as pessoas ao redor da mesa de almoço, vi presidentes, formidáveis ativistas dos direitos humanos, líderes empresariais e artistas, e percebi que todos compartilhavam o que tornava Mandela tão bem-sucedido. Eles tinham construído parcerias duradouras de significado que os ajudaram a mudar o mundo para melhor.

Eles eram quem eram por causa de suas Conexões Profundas.

Alguns anos depois desse almoço, Mary Robinson, ex-presidente da Irlanda e agora presidente dos Elders, resumiu-o lindamente numa homenagem a Mandela em seu funeral: "Podemos honrá-lo[9] melhor ao nos doarmos aos outros."

Naquela primeira reunião com Graça e Mandela, pensei que o reino das conexões significativas estava fora do meu alcance, atendido por líderes como The Elders. O que aprendi nesta jornada é que é tudo menos isso. Qualquer um de nós pode construir relacionamentos profundos, duradouros e promissores em nossas vidas. Como qualquer coisa significativa, porém, é trabalho duro. Ninguém entra, mantém e desenvolve parcerias perfeitamente.

Você pode ter ouvido o provérbio: "Se você quer ir rápido, vá sozinho; se quiser ir longe, vá junto." Mas o que ficou claro para mim com essas entrevistas é que a única maneira de irmos ambos *rápido e longe* é *juntos*. O que está faltando é o *como*. Não se trata de juntar um grupo de pessoas e esperar o melhor. Trata-se de construir as conexões profundas que atuam como andaimes para colaborações de maior escala.

As raízes das Conexões Profundas não são complicadas, mas são profundas e vão contra o modo como a sociedade é formada. É por isso que escrevi *Parcerias*, para ajudar os leitores em todos os lugares a entender os seis princípios que transformarão em mais significativos

Introdução **xxiii**

todos os seus relacionamentos. Não tem sido um esforço rigoroso e científico, mas, sim, uma exploração aprofundada vinda da crença de que o mundo precisa desses princípios agora mais do que nunca. Meu trabalho com esses parceiros consistiu em canalizar e sintetizar sua sabedoria coletiva. Sinto-me incrivelmente humilde por ter sido recebida em suas vidas íntimas.

Espero que a sabedoria que partilharam comigo afete sua vida tão profundamente como afetou a minha.

PARCERIAS

CAPÍTULO UM

Seis Graus de Conexão

*A vida se transforma em bons
relacionamentos. Toda a vida.*

— Lorde Hastings de Scarisbrick CBE

Em 28 de junho de 2015, André Borschberg e Bertrand Piccard tiveram que tomar a decisão mais difícil de suas vidas.

André estava sozinho[1] no *cockpit* apertado de um avião chamado Solar Impulse, construído para voar ao redor do mundo usando apenas a energia solar coletada em suas 17 mil placas fotovoltaicas. Colada acima dos controles, estava uma foto de sua amada esposa, Yasemin, e de seus três filhos. André estava apenas a algumas horas de um traiçoeiro voo de cinco dias sobre o Pacífico, de Nagoya, Japão, para o Havaí. Bertrand estava no centro de controle em Mônaco, com a sua equipe mundial de engenheiros e cientistas, monitorando todos os aspectos do clima, saúde do piloto e segurança do avião.

2   Parcerias

Embora o Solar Impulse fosse uma maravilha tecnológica, tinha uma estrutura leve, como ossos de um pássaro, e uma potência de saída apenas ligeiramente maior do que a do primeiro avião dos Irmãos Wright. Não havia espaço para erros. Um erro seria o fim do avião, e provavelmente, o fim de André.

André, empresário, piloto de caça e engenheiro, e Bertrand, psiquiatra, explorador e aviador, dedicaram os últimos doze anos de suas vidas a uma missão compartilhada de mostrar ao mundo as possibilidades de energia renovável ao circunavegar o globo naquele avião alimentado apenas por energia solar. Desde que se conheceram, em 2003, uniram-se no amor à aventura e o compromisso com a energia limpa. Agora os dois amigos estavam se revezando para pilotar cada uma das doze etapas do voo, com André nos controles daquele trecho particularmente longo e difícil para o Havaí.

De repente, André ouviu o bipe do sistema de alerta de emergência. Algo estava errado.

A equipe reuniu-se rapidamente no centro de controle para investigar. Identificando um mau funcionamento elétrico, eles recomendaram fortemente que André virasse o avião e voltasse para o Japão, em vez de arriscar o voo de cinco dias. Eles sabiam que, além dos riscos técnicos, André já estaria ultrapassando os limites da resistência humana dormindo em períodos de vinte minutos, ou cerca de três horas por dia. O bipe de emergência constante colocaria em risco até mesmo isso.

Depois de um mês preso na China, uma parada inesperada no Japão, devido ao clima, e duas tentativas anteriores de atravessar o Pacífico, frustradas por tempestades, André e Bertrand ficaram preocupados. Eles sabiam que dar a volta agora provavelmente sinalizaria o fim de sua missão compartilhada de ajudar a impulsionar o mundo em direção à energia solar.

Pelo telefone via satélite, os dois amigos repassaram todos os riscos potenciais. A confiança e respeito um pelo outro, construídos ao longo de anos de trabalho em conjunto, e a crença na qualidade do avião que havia sido construído amorosamente por sua equipe, prepararam-nos para esse momento difícil. Eles conversaram calmamente sobre os riscos em um ambiente controlado, sabendo que tinham o apoio um do outro.

Apesar da calma de Bertrand e André, o que restava de tensão da equipe na sala de controle, enquanto esperavam pelo resultado, era palpável.

Bertrand desligou o telefone e anunciou sua decisão: "Vamos em frente. Vamos atravessar o Pacífico."

Cinco dias depois, André desembarcou com sucesso no Havaí. O primeiro voo solar a fazer a travessia do Pacífico, e o voo solo mais longo da história, acontecera.

No entanto, eles ainda tinham aproximadamente 14.100 quilômetros para percorrer e muitos outros desafios para enfrentar. Eles continuaram a pilotar o avião durante o ano seguinte para completar sua missão global. Em 26 de julho de 2016, Bertrand completou a etapa final e desembarcou em Abu Dhabi, onde abriu o *cockpit* do avião e abraçou André. Estavam na mesma pista onde, dezesseis meses antes, Bertrand o havia cumprimentado no início da viagem com as palavras: "Tenha um bom voo, André, meu amigo, meu irmão solar."

Ao longo de doze anos, eles lidaram com desafio após desafio, juntos. Nenhum deles poderia ter feito isso sozinho, como cada um admite.

Não que construir a relação deles não fosse um trabalho árduo. Eles tiveram que aprender a compartilhar crédito, como transformar desacordos no que eles chamaram de "faíscas" de aprender algo novo

4   Parcerias

(ver capítulo seis) e como trabalhar juntos por períodos prolongados em situações de alto risco.

Esse trabalho árduo valeu a pena, não só no sucesso do Solar Impulse e na promoção de energias renováveis, mas também numa relação significativa e profunda, que mudou ambos para melhor.

As histórias deste livro — o primeiro voo solar a circunavegar o globo, fechar o buraco da camada de ozônio e criar negócios a partir de relacionamentos duradouros como Airbnb e Ben & Jerry´s — têm algo importante em comum: uma estrutura cristalina para construir parcerias significativas. Essa estrutura, que chamei de Seis Graus de Conexão, é o resultado de quinze anos de pesquisa, codificação e síntese de centenas de páginas de entrevistas para capturar mais de 1.500 anos de sabedoria e experiência coletiva de mais de 60 parcerias e colaborações bem-sucedidas.

Aqui está uma rápida visão geral da estrutura que será desdobrada por intermédio das histórias de parceria neste livro:

- **Primeiro Grau: Algo Maior** – Alavanque o seu propósito valendo-se de parcerias significativas. Aprofunde a sua conexão tornando-se parte de algo maior.

- **Segundo Grau: Totalmente Comprometido** – Sinta-se seguro na relação e saiba que vocês têm 100% de apoio um do outro a longo prazo. Isso lhe dá a liberdade e a confiança para fazer algo maior.

- **Terceiro Grau: O Ecossistema** – Permaneça comprometido por meio de um ecossistema moral, vivo com a prática diária de seis virtudes essenciais. Estas são Confiança Duradoura, Respeito Mútuo Inabalável, Crença Combinada, Humildade Compartilhada, Generosidade Nutridora e Empatia Compassiva. Com o tempo, elas se tornam respostas reflexivas, criando um ambiente de bondade, graça e amor incondicional.

- **Quarto Grau: Momentos Magnéticos** – Mantenha-se conectado e fortaleça seu ecossistema por meio de práticas, rituais e tradições intencionais que mantêm viva a curiosidade e a admiração, criam espaço para uma comunicação sincera, geram alegria ilimitada e constroem uma comunidade de apoio mais ampla.

- **Quinto Grau: Celebrar o Atrito** – Tire o calor do conflito e o transforme em uma oportunidade de aprendizado. Acenda faíscas de combustão criativa para soluções compartilhadas e maior conexão, permanecendo comprometido e focado em algo maior.

- **Sexto Grau: Conexões Coletivas** – Estrutura de princípios do design para dimensionar colaborações, com as Conexões Profundas no centro como modelos, polos de impulso e tecido conjuntivo.

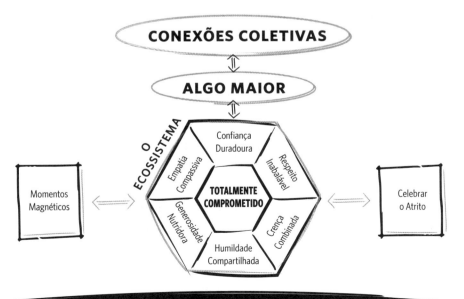

ESTRUTURA DE SEIS GRAUS DE CONEXÃO™ PARA CONEXÕES PROFUNDAS

Todos os Seis Graus estão interconectados, então, dominar um realmente ajudará você a dominar os outros e aprofundar seus relacionamentos. Contudo, se você dominar um e ignorar outro, colocará sua parceria em risco. É claro que, mesmo com essa estruturação, todos cometeremos erros — nenhum relacionamento é perfeito. A chave é ter o conhecimento para corrigir o curso e a coragem de aceitar os erros uns dos outros.

Os relacionamentos neste livro dificilmente são coisas de contos de fadas. Eles são confusos e complicados, e têm seus próprios desacordos e sofrimentos. Eles exigiram paciência, aceitação, confiança e trabalho árduo. Entretanto, a perseverança consciente valeu a pena, porque as pessoas nessas parcerias de mudança de vida e mundo aprenderam a celebrar graciosamente suas diferenças e navegar no conflito, em grande parte, porque seus relacionamentos estão firmemente ancorados em um propósito significativo.

Quando entrevistei o Presidente Carter e sua esposa, eles calmamente me disseram o quão perto haviam chegado de se divorciar (eles não podiam nem usar essa palavra durante nossa conversa, por respeito um ao outro), quando, ironicamente, estavam escrevendo um livro sobre compartilhar o resto de suas vidas juntos. Uma das partes mais bonitas dessa entrevista foi observar os Carters discutindo amorosa e sinceramente esse período doloroso no casamento de sete décadas. Eles passaram por tempos difíceis e mantiveram o vínculo forte, como você verá no capítulo três.

Este livro está repleto de ricos conhecimentos de pessoas profundamente conectadas como os Carters, mas não se trata de identificar o parceiro perfeito por meio de uma lista cuidadosamente desenvolvida de atributos ou algoritmos, nem se trata de encontrar a solução certa para parcerias. No entanto, oferece percepções práticas e pessoais profundas de algumas das melhores e mais duradouras combinações do mundo.

Em última análise, o objetivo é ajudá-lo a construir conexões profundas em todos os aspectos de sua vida. Trata-se de relações que definem quem você é e multiplicam o seu impacto positivo no mundo.

Sei que adotar, internalizar e praticar alguns dos comportamentos de parceria compartilhados no quadro de Seis Graus de Conexão não será fácil. Mudar para uma mentalidade de parceria é como uma ginasta solo estabelecida deixar uma equipe olímpica e se juntar a uma trupe de trapezistas, que devem confiar uns nos outros com as suas vidas.

De início, quero compartilhar alguns erros comuns que as pessoas cometem ao tentar nutrir relacionamentos mais profundos.

As armadilhas

Não existe uma relação perfeita, de conto de fadas, em que nada dê errado. Devemos começar por desaprender muito do que nos foi dito. Começando na infância, somos ensinados a procurar nosso príncipe ou princesa encantados, com quem nos encaixamos como uma luva, para que possamos viver felizes para sempre. Na escola, somos encorajados a procurar amigos que se pareçam e ajam como nós, que nos entretenham, nos sigam nas redes sociais e nos façam sentir parte da multidão. No trabalho, somos ensinados a encontrar as pessoas e empresas com as melhores ideias, os produtos vencedores, os maiores pacotes de remuneração — os próximos unicórnios. Pouca energia é colocada em nos ensinar como encontrar e construir relacionamentos diversos em todos os aspectos de nossas vidas, com aqueles que são diferentes de nós e nos desafiarão a nos tornar pessoas melhores — que nos apoiarão e a quem apoiaremos em troca — em nosso caminho para alcançar uma missão maior.

À medida que investimos em relacionamentos mais profundos, também precisamos ficar de olho no oposto das Conexões Profundas — os relacionamentos que nos arrastam para baixo, afastando-nos de nossa missão na vida. Cuidado com as pessoas que fazem você perder a confiança, colocam seus próprios interesses acima de tudo, corroem a sua capacidade de confiar nos outros, esmagam os seus sonhos e alimentam os seus medos. Todos nós estivemos presos na areia movediça de relacionamentos negativos que subtraem do precioso tempo que temos neste mundo para fazer a diferença para os outros.

Com base nos conhecimentos de coaches de negócios, psicólogos e outros especialistas em relacionamento, identifiquei as cinco armadilhas a seguir que nos impedem de criar Conexões Profundas. Não surpreendentemente, elas se correlacionam amplamente com os Seis Graus de Conexão:

1. **Falta de significado compartilhado** – A primeira coisa que inviabiliza relacionamentos é a incapacidade de encontrar significado compartilhado.

2. **Desequilíbrio de compromisso** – Quando um parceiro parece ausente do relacionamento, ou alguém sente que está investindo mais tempo e energia do que o outro, a conexão sofre.

3. **Valores incompatíveis** – A falta de valores compartilhados pode terminar um relacionamento antes de ele realmente começar.

4. **Montanha-russa de conflito** – Nada extrai mais energia positiva de uma parceria do que o drama repetitivo.

Seis Graus de Conexão   9

5. **Síndrome de super-herói** – Somos tão programados para sermos líderes individuais que os outros, muitas vezes, simplesmente sentem que não estamos junto deles, *com* eles. Com esse isolamento, vem uma mudança no compromisso, uma falta de responsabilidade e o fim de qualquer tentativa de colaboração.

Não há uma resposta perfeita para onde você pode encontrar conexões significativas. A boa notícia é que existem oportunidades em todos os lugares, mas apenas se dedicarmos um tempo para desacelerar, conectarmo-nos e estarmos presentes quando conhecermos novas pessoas. Muitas das parcerias neste livro se reuniram aleatoriamente — na escola, no trabalho, em um encontro às cegas, em uma batalha de poesia, em uma galeria de arte, em um tribunal, na savana africana, em suas próprias famílias e, se acontecer de você ser tão afortunado quanto o Presidente Carter e sua esposa, vizinhos ao nascer.

O que é importante é investir cuidadosamente tempo na identificação e criação de um grupo diversificado de Conexões Profundas e aprofundar esses relacionamentos importantes. Richard Reed, cofundador da Innocent Drinks, sobre a qual você aprenderá mais no capítulo cinco, diz: "A decisão mais importante que você vai tomar é com quem você escolhe passar a vida, pessoal ou profissional. Não somos nada mais do que o somatório de nossos relacionamentos. Por isso, escolha com sabedoria!"

As Conexões Profundas também o ajudam a definir seu propósito. Elas mantêm você no caminho certo quando as coisas ficam difíceis e, por sua vez, criam relacionamentos muito mais resilientes e significativos. Embora a finalidade e as parcerias se reforcem constantemente, elas muitas vezes têm o benefício adicional de derrubar as barreiras defeituosas que colocamos entre o trabalho e a vida. Como Beverly

Joubert, cofundadora da Iniciativa Big Cats, me disse: "Quando você encontra sua paixão principal, ela se torna uma parte de sua vida — não apenas 'trabalho' que o separa do resto da vida."

Criamos um falso mito de que o trabalho e as relações pessoais devem ser mantidos separados. Quando nos afastamos e refletimos sobre tal ideia, não faz qualquer sentido. Passamos mais de 33% de nossas vidas no trabalho; se não investirmos em Conexões Profundas, que podem trazer maior significado para um terço de nossas vidas e além, estamos perdendo uma grande oportunidade.

Quando aplicamos as mesmas habilidades que usamos na construção de amizades em um ambiente de trabalho, nossas conexões ali se transformam de transacionais e orientadas a objetivos, em obter verdadeira profundidade e propósito. Em última análise, essas Conexões Profundas também criarão negócios melhores. Richard Reed começou seu negócio com os três melhores amigos, e dezoito anos depois, eles ainda são melhores amigos. Todavia, ele ainda é questionado se é estranho fazer negócios com os amigos. Ele sempre responde: "Não é estranho *não* fazer negócios com seus amigos?"

Criar Conexões Profundas aumenta a oportunidade de pensamento diversificado e abordagens mais robustas para quaisquer desafios que decidamos assumir. Obviamente, não há um número, forma ou tamanho definido de Conexões Profundas. A amplitude das parcerias que estudei me mostrou que as habilidades para construir um relacionamento forte são consistentes, seja em uma amizade, parceria de negócios ou parceria romântica (ou, em alguns casos, todos os três em um).

Algumas pessoas têm só uma Conexão Profunda, enquanto outras têm diversas — o número não é importante; a profundidade é. Há também um *continuum* profundo em todos os relacionamentos: alguns em uma extremidade como suas conexões mais profundas e outros na extremidade oposta, aqueles com quem você pode ter um relacionamento fugaz. Nutrir suas Conexões Profundas ajudará a tornar todos os seus relacionamentos o mais significativos possível, ensinando cada interação com confiança, respeito e curiosidade como segunda natureza.

Nossas Conexões Profundas nos trazem significado, amor e amizades de volta — uma chance de nos tornarmos a melhor versão possível de nós mesmos e de criar um impacto positivo significativo.

Elas também são a chave para muitas das colaborações que mudaram a forma do nosso mundo para melhor.

CAPÍTULO DOIS

Algo Maior

Primeiro Grau de Conexão

*Não há um único super-herói; nenhum
indivíduo é forte o suficiente sozinho.*

— Jim Roth, cofundador da
Investimentos LeapFrog

O professor Frank Sherwood Rowland entrou pela porta da frente. Sua esposa, Joan, ainda se lembra de como ele reagiu quando ela perguntou como estava o trabalho. "Está indo muito bem", disse ele. "O único problema é[1] que acho que é o fim do mundo."

O professor Rowland iniciou o programa de química na Universidade da Califórnia, Irvine, em 1964. Ele iniciava uma família e estava profundamente apaixonado por Joan. Com 1,95 m de altura, ele jogou basquete no Ohio Wesleyan. Seu humor e afabilidade há muito lhe renderam o apelido de "Sherry." Ele era muito admirado pelos estudantes de química que vieram para a UCI trabalhar com ele. Um desses alunos foi Mario Molina, da Cidade do México, que ingressou no programa de pós-doutorado de Sherry em 1973 e com quem Sherry descobriria o que realmente parecia o fim do mundo.

Nunca tive a oportunidade de conhecer Sherry, mas tive a sorte de fazer uma videoconferência com Mario de sua casa, no México, apenas alguns meses antes de ele falecer em 2020. Afetuoso e de fala suave, Mario tinha uma afeição evidente e transbordante, e um profundo respeito por Sherry. Era um cientista acadêmico dedicado e extremamente focado. Em contraste com o comportamento discreto de Mario, Sherry, embora um pouco tímido, tinha uma personalidade confiante que correspondia à sua estatura física. No entanto, apesar das diferentes maneiras de ser, o futuro deles logo se tornaria entrelaçado de um modo tal que nem poderiam ter imaginado. "Tínhamos personalidades muito diferentes, mas nos tornamos amigos muito próximos", Mario compartilhou comigo.

Quando chegou ao Departamento de Química da UCI, Mario procurava um desafio e, juntos, ele e Sherry decidiram que se concentrariam na química atmosférica, abordando a questão de quais seriam as consequências dos clorofluorcarbonetos no ambiente. Os clorofluorcarbonos, ou CFCs, estavam em tudo, desde refrigeradores a pesticidas, condicionadores de ar, desodorantes e spray de cabelo. O interesse de Sherry em CFCs foi despertado quando ele aprendeu sobre o trabalho do químico britânico James Lovelock[2], o primeiro a concluir que os CFCs permaneciam na atmosfera à deriva, ao redor do planeta, por muito mais tempo do que alguém havia imaginado anteriormente.

Suspeitando de que poderia haver mais coisas nessa história, Mario passou meses examinando os dados publicados, executando cálculos e conversando com Sherry. Em pouco tempo, os dois cientistas sabiam que estavam atrás de algo, mas o que descobriram era quase difícil de acreditar: os CFCs eram transportados por correntes de vento para a estratosfera, onde atuavam como catalisadores, desintegrando a camada protetora de ozônio da Terra. Sem esse escudo invisível, a força destrutiva da radiação ultravioleta do Sol causaria um aumento significativo no câncer de pele e catarata, comprometeria o sistema imunológico humano, destruiria os ecossistemas e causaria estragos na agricultura. "Minha primeira reação foi que devia haver algum engano", disse Mario. Ele ficou atordoado que os CFCs poderiam ser a fonte de tais danos catastróficos. Como todo avanço científico, este foi um dos grandes. Nada menos que o futuro da humanidade e da vida na Terra estava em jogo.

Sherry e Mario encontraram o "algo maior" compartilhado, que era tão importante que sentiram uma necessidade urgente de soar o alarme. Em 1974, eles publicaram o seu primeiro artigo sobre CFCs na revista científica *Nature*[3]. Ali, levantaram a hipótese de que os CFCs permanecem na atmosfera por 40 a 150 anos. Eles alertaram que, quando os CFCs atingem a estratosfera, a radiação ultravioleta do Sol os faz se decompor e liberar cloro, o que, por sua vez, causa uma reação em cadeia que destrói a camada de ozônio a uma taxa alarmante. Eles esperavam que o artigo da revista estimulasse o mundo a se mobilizar imediatamente para salvar a humanidade.

Em vez disso, quase ninguém quis acreditar neles.

Embora a maioria dos cientistas possa ter publicado os seus resultados e recuado, Sherry e Mario perceberam que havia muito em jogo; eles não podiam permanecer em silêncio, então foram na direção oposta: começaram a usar os seus dados científicos para mobilizar políticos, líderes empresariais, a mídia e o público. Como esperado, eles foram atacados pelas empresas que estavam se beneficiando da indústria multibilionária do CFC. Os executivos desconsideraram as descobertas de Sherry e Mario, acusando-os de estarem atrás de publicidade. O que eles não esperavam[4] era o ataque de seus colegas cientistas, que consideravam impróprio que especialistas acadêmicos tomassem uma posição e defendessem a mudança.

Mas eles não foram dissuadidos. "De que adianta[5] ter desenvolvido uma ciência boa o bastante para fazer previsões se, no final, tudo o que estamos dispostos a fazer é ficar parados e esperar que elas se tornem realidade?", disse Sherry a um repórter do *Newsday*. Como cientistas, Sherry e Mario foram conectados por sua descoberta conjunta. Como seres humanos, eles encontraram uma profunda conexão ao longo da vida um com o outro e com uma missão maior de alertar o mundo para o perigo dos CFCs e salvar a humanidade e o planeta.

Além de Nós

Muitas vezes, confundi o propósito com um empreendimento solo, mas as coisas mais significativas acontecem quando as pessoas se juntam, como pequenos riachos se fundindo em um rio poderoso. Às vezes, isso pode levar a algo maior para o mundo, como fez com Mario e Sherry, dois cientistas que compartilharam algo maior que salvou a humanidade.

O propósito se multiplica por meio de nossos relacionamentos e aprofunda nossas conexões, mas apenas se formos capazes de parar de perguntar o que podemos obter de nossos relacionamentos e começar a perguntar o que podemos dar ao mundo por meio deles. Ao fazer isso, os indivíduos se amoldam e se transformam em algo maior juntos — seja uma missão pessoal, compartilhada ou um pouco de ambas.

Eu sabia, quando comecei a entrevistar parceiros para este livro, que eles tinham um viés de impacto positivo. Afinal, eu os selecionei porque os seus relacionamentos permitiram que eles fizessem uma diferença maior no mundo do que poderiam ter por conta própria. Então, não fiquei surpresa com esse propósito apresentado nas entrevistas; o que me impressionou foi que ele não apenas era destacado, ele *dominava*.

As pessoas usaram palavras diferentes para descrever o propósito: "um objetivo audacioso", "uma missão", "uma estrela-guia". Mas repetidamente as ouvi dizer que alcançaram algo maior, um resultado que foi além de si mesmas, de suas parcerias e de suas organizações.

Quando comecei a descascar as camadas de "algo maior", ficou claro que o propósito também era um fator central na longevidade e profundidade das relações dos entrevistados. Suas experiências mostram como as metas que são maiores do que os membros individuais de uma parceria ampliam o foco além dos conflitos superficiais e para um reino de Conexão Profunda. Um desejo de sucesso coletivo, em última análise, ajuda os relacionamentos a enfrentarem altos e baixos inevitáveis. Por sua vez, as pessoas nesses relacionamentos sólidos, de longo prazo, podem robustecer o seu impacto compartilhado ou individual, responsabilizando-se mutuamente e apoiando um ao outro.

Como você verá nas histórias dessas parcerias, "algo maior" atua como a base para um relacionamento florescente e duradouro — e uma vida significativa para si e para os outros. Essas histórias também nos ajudam a entender que esse não é um objetivo final estagnado e perfeitamente empacotado. É uma evolução contínua que toma forma ao longo do tempo, que suas parcerias podem ajudá-lo a descobrir e aperfeiçoar. Também não tem de mudar o mundo. Cada indivíduo precisa encontrar o caminho que lhe trará significado e que alavancará os seus dons únicos.

Um Propósito Partilhado Irreprimível

Durante décadas, o implacável sistema de apartheid do governo sul--africano controlou a maioria negra do país por meio de legislação racista que institucionalizou políticas supremacistas brancas. Os negros tinham que carregar uma caderneta [uma espécie de passaporte com informações pessoais] em todos os momentos, não tinham acesso à educação de qualidade, só podiam viver em certas áreas e não tinham permissão para se casar com pessoas brancas. A segregação foi inserida em todos os aspectos da vida; essas políticas atrozes, e centenas de outras mais, exploraram os negros e os mantiveram na pobreza e traumatizados.

Em outubro de 1963, o Julgamento de Rivônia[6] começou como uma tentativa de reconquistar e prender os principais líderes do movimento antiapartheid, incluindo Nelson Mandela. O governo queria sufocar o crescente movimento global e silenciar suas vozes mais altas, mas, no final, o oposto aconteceu. Durante o julgamento, Mandela fez um emocionante discurso de três horas sobre o seu compromisso com uma sociedade livre, terminando com as palavras: "Se for necessário[7], é um ideal pelo qual estou preparado para morrer."

No início da década de 1990, o regime brutal foi encerrado pela força global coletiva. No centro dessa força, estava um grupo de amigos que havia estabelecido Conexões Profundas e inquebráveis ao longo de décadas de atrocidades e perdas. Esse grupo incluía líderes como Walter Sisulu, Albertina Sisulu, Oliver Tambo, Ahmed Kathrada, Nelson Mandela, Arcebispo Tutu, Leah Tutu e muitos outros. Eles inspiraram uma rede distribuída de movimentos de resistência que formaram uma força nacional e global crescente, liderada por estudantes, sindicatos, grupos religiosos e muitos outros coletivos. Tornou-se um dos melhores exemplos que o mundo já viu de um conjunto de ligações que partilhavam um único objetivo comum: acabar com o apartheid.

Pouco depois da morte de Nelson Mandela, em dezembro de 2013, testemunhei o amor e a força duradoura do grupo de amigos quando participei de uma celebração da vida de Mandela, organizada pela Fundação Nelson Mandela, na África do Sul. Centenas de pessoas se amontoaram em uma pequena tenda e, apesar da chuva que caía em nossas cabeças e encharcava a grama sob nossos pés, houve uma explosão de alegria na multidão. Um após o outro, os heróis antiapartheid restantes — agora, principalmente, na casa dos setenta e oitenta anos — subiram ao palco para prestar homenagem e oferecer tributos a um homem extraordinário.

Eles brilharam com amor um pelo outro quando saíram do palco e se abraçaram. Voltei-me para um de seus familiares sentado ao meu lado e perguntei como é que aqueles heróis ainda podiam ser tão positivos e conectados depois de toda a dor que lhes foi infligida pelo regime do apartheid.

A mulher nem pestanejou. "Eles tinham duas coisas que lhes permitiam derrubar o apartheid", disse ela. "E ambas as coisas os mantiveram ligados por toda a vida. Uma delas era um propósito claro. E a outra era um profundo respeito e amor um pelo outro." E continuou: "Qualquer um deles poderia ter desempenhado o papel de Mandela, mas, em vez disso, cada um desempenhou o papel que o coletivo mais amplo precisava que eles desempenhassem."

O Arcebispo Tutu foi um dos heróis — um membro desse grupo de amigos — que subiu ao palco frágil e escorregadio naquela noite, em seu longo manto roxo, para compartilhar um tributo. Como de costume, o Arcebispo levou a sala às lágrimas com sua combinação de humor e compaixão ardentes.

As realizações do Arcebispo Tutu são merecidamente bem conhecidas: ele se levantou repetidamente contra a tirania do apartheid e liderou a desoladora Comissão da Verdade e Reconciliação[8] de forma corajosa. O que não ouvimos o suficiente foi a Conexão Profunda que o fez passar por tudo isso, a força da natureza que era seu anteparo quando ele hesitava, sua parceira de vida, que ajudou a derrubar o apartheid — a maravilhosa Leah Tutu. Em julho de 2021, eles celebraram seu 66º aniversário de casamento e uma vida inteira de levantar um ao outro.

Desde o momento em que me sentei para entrevistar os Tutu, eles estavam brincando, rindo e provocando um ao outro. A sala estava lotada e barulhenta, mas tudo ficou ao fundo. O amor entre esses dois grandes seres humanos soava maravilhoso quando falaram sobre como se conheceram, como sofreram juntos sob o regime cruel e como seu amor os manteve seguindo em frente.

Então, de repente, o Arcebispo Tutu ficou em silêncio. Ele se virou para Leah e disse: "Certa vez, um dos ministros do governo do apartheid disse: 'O problema com Desmond Tutu é que ele fala demais', e então, quando cheguei em casa naquele dia, eu disse a Leah: 'Você quer que eu fique quieto ou o quê? Acha que eu falo demais?' Ela disse que preferia que eu fosse [preso e] feliz na Ilha Robben do que livre e quieto lá fora."

Ele então passou a falar sobre como ele realmente não se importava com quem mais o respeitava. Ele só se importava com o que Leah pensava dele. "Quero dizer, eu poderia fazer um discurso e ser aplaudido de pé, não sei por quê", disse ele, "mas até Leah dizer: 'Oh, isso não foi tão ruim', eu fico apreensivo."

Então ambos gargalharam.

Leah e Arch, como muitos o chamam, foram capazes de continuar lutando durante os anos do apartheid por causa de sua Conexão Profunda. Quando um estava caído, o outro o colocava de pé. Juntos, eles eram, e permanecem, uma força de amor incondicional, alegria e compaixão.

Eles são os primeiros a admitir que o seu relacionamento é um trabalho em constante andamento e que o romance não é automático. A toda hora, trocam palavras gentis, pequenos presentes e "tratam com gentileza um ao outro". Eles também protegem com afinco o seu tempo juntos. Quando se casaram, saíam para compartilhar uma xícara de café. Depois podiam pagar duas xícaras de café, e então eles passaram para peixe e batatas fritas. Durante um de seus muitos ataques de riso, eles compartilharam que adoram proporcionar alegria um ao outro, mas, às vezes, não atingem o objetivo. Eles então acabam decepcionando um ao outro e têm que se lembrar de transformá-lo em um "ponto de crescimento".

Eles desenvolveram essa reciprocidade ao longo de 66 anos enquanto suas vidas passavam pelas fases de formar uma família, mudança e troca de emprego, tudo isso mantendo o seu espírito de ubuntu, como o Arcebispo adora dizer. O ditado africano significa "Eu sou porque você é."

O propósito compartilhado deles, que começou com o fim do apartheid, corresponde a uma forma de luta para que cada ser humano tenha a chance de viver uma vida digna. E eles vivem fielmente esse propósito em cada conexão humana e interação, mesmo nos momentos mais mundanos, como quando estão viajando de carro e veem um estranho penosamente subindo a estrada a pé. Leah gritará: "Pare e dê uma carona para ele até lá no alto." Nunca me esquecerei de, certa vez, estar no aeroporto com o Arcebispo. Quando um grupo de funcionários tentou levá-lo direto à frente do portão de embarque, ele educadamente se recusou, brincando que não queria furar a fila, pois isso poderia interferir com suas chances na fila mais importante, a do céu.

Em cada encontro social, em vez de se preocuparem com as chamadas pessoas importantes, o Arcebispo e Leah se concentram em reconhecer e celebrar as pessoas que servem as refeições, limpam os quartos e preparam as reuniões. Eles estão sempre conscientes da presença de todos ao redor, especialmente quando se trata daqueles cujas vozes podem não ser ouvidas regularmente. Estão lá, prontos para dar uma mão amiga ou uma palavra gentil a quem precisa. Essa generosidade de espírito eleva a sua parceria e todos à sua volta. É a personificação viva de seu algo maior compartilhado.

A parceria de Arch e Leah é baseada na cooperação, afirmação e riso contagiante, que só foi fortalecida pela dureza e miséria dos anos do apartheid. Leah compartilhou o que chamou de "incerteza" de não saber se Arch estava voltando para casa, ou se ele tinha sido preso, ou estava em algum tipo de problema. Cada vez que ele entrava pela porta, ela dizia que havia esse sentimento de leveza, profundo apreço um pelo outro, e um fortalecimento de seu compromisso de acabar com o apartheid.

22 Parcerias

O apoio e o encorajamento mútuos eram ainda mais importantes quando estavam sob ataque brutal do governo. Eles se revezavam, defendendo um ao outro e fortalecendo a sua determinação em continuar. Eles também estenderam essa força para os outros. Leah tornou-se uma espinha dorsal de aço para sua comunidade diante da brutalidade policial, bem como uma grande fonte de conforto para Arch depois de dias de cortar o coração liderando a Comissão da Verdade e Reconciliação. Dia após dia, ele ouvia histórias horríveis de tortura e crueldade, mas me disse que o processo de perdão era libertador para todos.

Em meio a toda essa dificuldade, eles sempre mantiveram alegria e amor no centro de tudo. Uma citação que eu amo de Arch é: "Somos feitos para amar. Se não amarmos, seremos como plantas sem água."

1 + 1 = milhões

Seu propósito não precisa ser tão arrasador quanto acabar com o apartheid ou fechar o buraco da camada de ozônio. Deve ser simplesmente algo maior do que você, algo que fará a diferença na vida de outros. Talvez isso seja criar seus filhos para serem os melhores seres humanos possíveis, ou construir satélites para conectar pessoas em todo o mundo, ou fazer de sua empresa um ótimo lugar para trabalhar. Todos esses esforços são importantes.

Claro, algo maior deve ser autêntico; não pode estar vinculado a ego, poder ou dinheiro. Ele deve se concentrar em um legado de mudança que se encaixa com quem você é e as habilidades únicas que você e seu parceiro podem trazer para fazer uma diferença positiva neste mundo.

Nas conversas que tive com parceiros de sucesso, muitas vezes, ouvi dizer que um compromisso com algo maior havia emergido da celebração e importância do serviço como parte do DNA de uma família.

Esse espírito de serviço e propósito é um presente importante que pais, professores ou qualquer um de nós pode dar aos jovens. Um dos meus momentos favoritos foi quando José María Figueres, ex-presidente da Costa Rica, brincou com sua irmã Christiana sobre ter "serviço no café da manhã, almoço e jantar" quando eles estavam crescendo.

O autor Uzodinma (Uzo) Iweala falou sobre como seus pais eram dedicados ao trabalho, mas de maneiras diferentes. "Meus pais eram muito parceiros um do outro", diz Uzo. "Vimos um conjunto muito igual de comportamentos. Para mim, apenas ver esse exemplo de ambos foi extremamente importante, mas também observar e aprender com minha mãe o que significa ser uma mulher forte no mundo tem sido extremamente importante." Seu pai, Dr. Ikemba Iweala, está focado em mudar a vida de um indivíduo. Sua mãe, Ngozi, está focada na mudança de sistemas e no serviço global, primeiro como ministra das finanças da Nigéria, depois em papéis-chave no Banco Mundial, e agora como a primeira mulher e a primeira africana a ocupar o cargo de diretora-geral da Organização Mundial do Comércio (OMC). Nenhum deles teria conseguido êxito em suas missões sem o outro. Romper o teto de vidro da OMC, uma organização liderada por homens por 75 anos, não foi fácil. Para Ngozi, seu marido é um fator importante em seu sucesso, ficando constantemente a seu lado e lhe dando apoio moral durante os momentos mais difíceis. Como médico, autor, e agora chefe do Centro Africano, Uzo é um híbrido de seus pais extraordinários.

Você não pode escolher os seus pais, mas pode escolher com quem se cerca. Alcançar algo maior no mundo começa com algumas Conexões Profundas, que você alimenta em sua vida. Escolha cuidadosamente cercar-se de grandeza, pessoas que o desafiarão a sair de sua zona de conforto, fazê-lo recuar quando estiver fora de si e melhorar seu pensamento — não segurá-lo e limitar os seus sonhos.

Existem muitos recursos para ajudá-lo a identificar seu propósito pessoal, como o livro de Simon Sinek, *Encontre seu Porquê*. Suas

Conexões Profundas podem ajudá-lo a elevar exponencialmente seu propósito pessoal. Elas agem como um espelho, auxiliando-o a entender melhor os seus pontos fortes e fracos. Elas o mantêm responsável e o encorajam a continuar. Às vezes, simplesmente ter um parceiro para ser um porto seguro é tudo o que você precisa para dar o próximo passo em direção a algo audacioso, que pode não ter coragem de considerar por conta própria.

Construir um propósito compartilhado com um parceiro, ou um coletivo, pode ser uma das experiências mais gratificantes da vida. Muitas vezes, começa com encontrar alguém cujas habilidades complementam em vez de competir com as suas próprias. Muitas parcerias de sucesso são compostas por pessoas radicalmente diferentes, que muitas vezes se sentem contraintuitivas. Seus valores e ética de trabalho também precisam estar alinhados, como você verá ao longo deste livro.

Aqui estão **cinco ideias/dicas** para considerar à medida que você aproveita suas Conexões Profundas para um propósito maior, seja em uma missão compartilhada ou em apoiar os propósitos individuais uns dos outros.

Ilumine sua alma e seu coração

O conceito de algo maior é muito mais do que uma afirmação vazia. Amory Lovins, cofundador do RMI (Instituto Rocky Mountain), chama de "esperança aplicada." Sangu Delle, que constrói negócios socialmente impactantes em toda a África com seus irmãos, diz que é "quase como uma religião que o tira da cama todas as manhãs."

Encontrar e construir um propósito pode parecer uma tarefa assustadora, que só é agravada ao moldar um propósito compartilhado para uma parceria ou organização. Muitas vezes, enroscamo-nos no pensamento de que nossa missão tem que ser perfeita. Pensamos erroneamente que nossa missão é uma coisa que descobriremos e depois esculpiremos na pedra. Mas nosso propósito constantemente evolui: deve ser *perfeitamente imperfeito* para que ele tenha espaço para crescer. O mais importante é que continue a iluminar e aquecer nossos corações e almas. Como o poeta David Whyte disse uma vez: "Qualquer coisa ou qualquer um[9] que não o mantenha vivo, é muito pequeno para você."

A simplicidade também é importante para moldar nosso propósito. Uma declaração de missão "algo maior" que seja curta, clara e autêntica será muito mais motivacional do que uma que seja tão complicada e longa, que até você se esforça para se lembrar dela. Você quer uma missão que lhe tire da cama todas as manhãs, não que o coloque para dormir. Deixe anotada sua missão para mantê-la como um motivador e um ponto de referência. Aqui estão alguns exemplos de missões simples sobre as quais você ouvirá mais neste livro:

- **Espalhar o poder do otimismo**, *Life is Good* [A Vida é Boa, em tradução livre], de John e Bert Jacobs

- **Ter vidas mais saudáveis por meio de alimentos veganos nutritivos, acessíveis a todos**, Erika Boyd e Kirsten Ussery, do restaurante Detroit Vegan Soul

- **Acabar com a pena de morte**, Anthony Hinton e Lester Bailey

- **Fornecer serviços financeiros e de saúde a indivíduos de baixa renda**, Andy Kuper e Jim Roth, Investimentos LeapFrog

Seu, meu, nosso

Algumas parcerias terão uma finalidade compartilhada, umas se apoiarão com finalidades individuais, e outras terão uma combinação de ambos. O que é importante, como afirma Caskey Ebeling da Not Impossible Labs, é que você encontre um caminho que seja autêntico para você e "um parceiro que o deixe viver sua verdade".

O aclamado terapeuta de casais, John Gottman, diz que um senso de significado e propósito compartilhados é fundamental para um relacionamento. Ele explica: "Meu próprio chamado é a ciência e o da minha esposa é a cura." Embora eles tenham diferentes apelos, John e sua esposa respeitam um ao outro.

Chris Anderson, fundador do TED, e Jacqueline Novogratz, fundadora da Acumen, são um ótimo exemplo de um casal com propósitos individuais e compartilhados. Como Chris e Jacqueline pensam sobre este último? Simples e elegantemente. "É sobre a dignidade humana", explica Jacqueline. "Não teremos dignidade como espécie humana até que todos nós tenhamos dignidade."

"Nem sempre fazemos a mesma coisa ao mesmo tempo", diz Chris, "mas estamos apaixonadamente interessados em compartilhar o trabalho um do outro." Ele continua: "Às vezes, parece que fazemos parte de uma missão conjunta, e às vezes, não. Mas parece que vivemos para algo maior do que somos. Acho que isso é o cerne de grande parte da nossa relação."

Reconhecendo o delicado equilíbrio entre alcançar objetivos "algo maior" separadamente e como casal, Chris teve testado seu compromisso de apoiar Jacqueline quando ela viajou para o Paquistão por conta própria para visitar um empreendimento habitacional que sua organização ajudou a financiar. De repente, houve um tiroteio, e Jacqueline foi pega no fogo cruzado. "Foi realmente aterrorizante", lembra ela. "E quando liguei para Chris depois, havia muita força do outro lado do telefone. Não era: 'Venha para casa agora.' Não era: 'Por que você se colocou em perigo?' Era: 'Estou muito orgulhoso de você. Estarei à sua espera de braços abertos'. E então, o que ressoou para mim foi que Chris estava basicamente dizendo, vou te abraçar, e também vou deixá-la ir para os lugares que precisa da maneira que precisa. Isso é incrivelmente fortalecedor quando você está no mundo tentando criar mudanças."

Muitos anos mais tarde, Chris e Jacqueline tiraram férias muito necessárias juntos. Na primeira noite, Jacqueline recebeu uma chamada de emergência informando-a de inundações no Paquistão. Ela teve que pegar suas coisas e ir para lá. Ela acordou Chris às três da manhã para lhe contar. Ele imediatamente se ofereceu para viajar para o Paquistão com ela para poder ajudar no local do desastre. "Não foram férias", diz Chris, "mas foi provavelmente uma das semanas mais conectivas que já tivemos como casal. Foi simplesmente incrível o que conseguimos fazer juntos."

Quando Chris estava crescendo, seu mantra familiar era: "Não viva para si mesmo, viva para outras pessoas", o que teve um efeito duradouro e indelével sobre ele: "Toda a minha vida me disseram que as coisas realmente não decolam até que você comece a olhar além de si mesmo. E é aqui que está a maior e mais profunda alegria."

Jacqueline teve uma educação semelhante nesse sentido. "Era, 'a quem muito é dado, muito é esperado'", diz ela. "Disseram-me que tínhamos que devolver mais do que recebíamos neste mundo."

O senso de serviço de Chris e Jacqueline foi incutido em ambos pelos pais e depois constantemente reconhecido e afirmado um pelo outro. Isso tornou mais simples fazer coisas como cancelar um feriado e ir para o Paquistão juntos. Cada vez que faziam escolhas alinhadas com seu propósito, seu amor e respeito um pelo outro se aprofundavam.

Coragem Compartilhada

Chegar a algo maior é muito mais fácil se você não estiver tentando sozinho. Os parceiros empurram uns aos outros para metas audaciosas e responsabilizam uns aos outros para alcançá-las. Uma Conexão Profunda é como uma fonte de energia renovável que o mantém em funcionamento, mesmo em meio a desafios. A coragem não é definida apenas pelo tamanho de sua missão — ela também é definida por sua vontade de assumir riscos, de fazer algo maior do que você e sua parceria. As suas Conexões Profundas darão o espaço seguro para fazê-lo.

Claro, você não pode simplesmente chegar com sua declaração de missão e reivindicar o sucesso. A coragem e a fidelidade ao seu propósito requerem muito trabalho. A rotina diária em direção a algo maior pode ser cansativa. Muitos dos parceiros que entrevistei falaram sobre a importância de criar passos e metas alcançáveis ao longo do caminho, em vez de atirar em algo tão grande que você fica constantemente desanimado e sente que está falhando. Isso também lhe dá a oportunidade de manter o ritmo ao celebrar as vitórias ao longo do caminho, ou corrigir o curso rapidamente se algo não estiver funcionando.

Mark Kelly, astronauta da NASA e senador dos EUA, e Gabby Giffords, ex-congressista dos EUA, compartilham algo maior em seu serviço aos Estados Unidos. Quando eles combinaram suas vidas pela primeira vez, foi como reunir dois trens-balas em movimento, ambos em seus próprios propósitos — um usando o espaço para fazer a diferença na Terra, e o outro determinado a mostrar que a política poderia ser uma força para o bem.

Quatro anos após o casamento, em 8 de janeiro de 2011[10], um sábado, Mark estava se preparando para seu próximo voo espacial enquanto Gabby fazia o que ela mais amava: conversar com as pessoas da comunidade que ela representava no Congresso. Essa sessão "Congresso no bairro" estava sendo realizada em um estacionamento do mercado Safeway em Tucson, Arizona. Em uma fração de segundo, tornou-se um pesadelo quando um pistoleiro atirou na cabeça de Gabby e depois abriu fogo contra a comunidade, matando seis pessoas, incluindo uma menina de nove anos.

Mark logo se aposentou da Marinha e de seu trabalho na NASA para apoiar Gabby em seu longo caminho para a recuperação. Noventa por cento das pessoas nunca se recuperam de uma lesão cerebral séria como a de Gabby, então eles sabiam que estavam lutando contra todas as probabilidades, mas sua Conexão Profunda lhes deu esperança e determinação para continuar lutando. Gabby continuou devagar e sempre e lutando com cada palavra. Por intermédio de um esforço persistente, sua fala e mobilidade começaram lentamente a retornar. Ao longo do caminho, Mark e Gabby aprenderam a fazer uma pausa e simplesmente estar no momento de celebrar as pequenas vitórias de Gabby em direção à recuperação, tornando-os mais fortes e aprofundando sua conexão entre si.

Apesar desta tragédia, o casal continuou sua missão no serviço público ao longo da vida.

Hoje, Giffords, a organização de Gabby está liderando a luta para tornar as comunidades mais seguras e acabar com a violência armada nos Estados Unidos. Reúne norte-americanos de todas as faixas etárias, unindo jovens, veteranos, agentes da lei, proprietários de armas e líderes religiosos para encontrar soluções viáveis.

Em agosto de 2020[11], quase dez anos depois que Gabby foi baleada na cabeça, ela fez um discurso de 84 segundos e 155 palavras na Convenção Nacional Democrata, tudo em uma tomada única. Nada menos que um milagre. Após seu discurso, Joe Biden, inspirado, tuitou: "A epidemia de violência armada da nossa nação[12] é realmente um problema de covardia."

Em 4 de novembro de 2020, Mark Kelly foi eleito senador dos EUA pelo Arizona. Durante sua campanha, ele se comprometeu a trabalhar com republicanos e democratas a serviço do Arizona, assim como Gabby fez durante seu tempo servindo no Congresso dos EUA. Ele venceu com uma plataforma de unificação e paz em vez de divisão. "Torna-se bastante óbvio[13] prematuramente que, quando você chega ao espaço", disse ele, "estamos todos juntos nisso."

Quase exatamente dez anos depois que Gabby foi baleada, Mark foi confinado no Capitólio dos EUA enquanto uma multidão atacava o prédio. Quando Gabby soube que ele estava seguro, ela tuitou: "Não conseguia parar de pensar[14] no que você deve ter passado há dez anos. Ainda bem que você e sua equipe estão a salvo. Eu te amo, querido."

Naquela noite, Mark estava de volta ao Senado protegendo a democracia norte-americana.

Mark e Gabby compartilham algo maior construído sobre um compromisso profundo com o serviço, valores compartilhados e possibilidades audaciosas. Gabby resumiu perfeitamente a jornada de parceria: "Juntos, vocês podem passar pelos dias mais escuros e continuar a lutar, lutar, lutar."

Uma etapa e uma palavra de cada vez.

Com os Pés no Chão

À medida que algo maior cresce, de uma parceria para uma comunidade mais ampla, em sua empresa, em sua vizinhança, ou no mundo, é ainda mais importante ter a clareza da missão. Seu algo maior nítido pode ser aquilo que o faz permanecer com os pés no chão para sempre poder trazê-lo de volta ao que é importante e mantê-lo no caminho certo quando houver certa resistência.

Erika Boyd e Kirsten Ussery iniciaram os restaurantes Detroit Vegan Soul para tornar os alimentos bons e saudáveis acessíveis a todos em sua comunidade e quebrar o ciclo de doenças relacionadas à alimentação. Erika e Kirsten começaram seu negócio depois da morte do pai de Erika, um acontecimento terrivelmente trágico que se tornou ainda mais doloroso porque Erika percebeu que a má alimentação de seu pai tinha contribuído para sua morte. Kirsten viu problemas de saúde semelhantes em sua própria família e sentiu o mesmo chamado que Erika sentiu para ajudar os membros de sua comunidade.

Ajudar a comunidade a ficar mais saudável tornou-se sua missão compartilhada.

Nem sempre foi fácil fazer com que as pessoas aceitassem a visão delas. Quando você está tentando mudar audaciosamente comportamentos profundamente arraigados e incorporados, como uma alimentação não saudável, você experimentará significativa resistência e recusa. De fato, Erika e Kirsten me contaram histórias sobre como as pessoas imediatamente torciam o nariz quando confrontadas com o conceito de *soul food** em versões saudáveis, veganas e sem açúcar ou gordura. Em resposta, as parceiras apenas persistiram e trabalharam mais para manter seu sonho vivo.

"Ouvimos as pessoas dizerem: 'Você deve estar brincando'", conta Kirsten. "Elas também usaram algumas outras palavras ao longo do caminho." Às vezes, essa resistência fazia Kirsten e Erika questionarem sua visão audaciosa. Felizmente, isso muitas vezes vinha em ondas e quando uma delas estava para baixo, a outra estimulava e as duas continuavam. O benefício desses contratempos foi a inovação. Elas começaram a pensar sobre como poderiam criar pratos que eram familiares para as pessoas. Como um cavalo de Troia que faz as pessoas pelo menos provarem a comida mais saudável antes de dispensá-la.

Elas mantiveram sua visão e continuaram a se concentrar em servir refeições reconfortantes e que mudam a vida para reduzir a obesidade, diabetes e problemas cardíacos. Assim que a comunidade começou a provar o menu do Detroit Vegan Soul — incluindo pratos como

---

*   Cozinha étnica preparada e comida por afro-americanos, originária do sul dos EUA.

o tofu com sabor peixe (sem peixe), os bolinhos de alga e o Hoppin John sem carne de porco — o ceticismo e a hostilidade persistentes começaram a derreter, juntamente com os quilos.

"O Detroit Vegan Soul tornou-se muito mais profundo do que apenas Erika e eu", diz Kirsten. "Tudo aqui diz respeito, realmente, ao fortalecimento da comunidade que servimos. Se causamos um impacto em Detroit e ajudamos a cidade e seu povo a sobreviver, isso é ainda mais gratificante."

Milhões de Momentos

Há menos de uma década, a comunidade de investimentos zombou da importância do propósito. Lembro-me claramente de me sentar em muitas mesas compridas e importantes com um monte de pessoas bem-vestidas. Sempre que eu mencionava o imperativo de um impacto social e ambiental positivo, suas faces perdiam o brilho. Ao sair da sala, ouvia os inevitáveis sussurros silenciosos de "abraçadora de árvores" ou "pantanosa", como chamam os ambientalistas no Reino Unido.

Percorremos um longo caminho. O público, agora, responsabiliza as corporações pela melhor forma de fazer negócios. Os investidores correm para investir o seu dinheiro em empresas com a missão de fazer algo mais do que apenas lucrar, muitas vezes lideradas por pessoas como aquelas cujas histórias compartilhamos neste livro.

Mas alcançar algo maior não depende apenas de fundadores e CEOs. Também depende de como nós escolhemos viver cada momento de nossas vidas e como fazemos parceria com todos com quem temos a chance de nos conectar.

Quando meu pai estava se aproximando do fim da vida, abriu-se para mim sobre como, desde sempre, havia lutado para equilibrar trabalho, família e propósito. Isso era compreensível, pois ele tinha uma carreira de 32 anos na Sears, Roebuck e Co., um casamento de 67 anos e quatro filhos.

Em meio aos bipes altos, luzes ofuscantes, camas cobertas de plástico e cheiro de líquido de limpeza de UTI, meu pai abriu os olhos e sorriu. Pensamos que o tínhamos perdido, mas ali estava ele, de volta e tão alegre e afiado como se as últimas 48 horas de intervenções hospitalares de emergência fossem algum tipo de pesadelo.

Perguntei-lhe com o que estava ansioso e ele imediatamente disse: "Quero passar os próximos cem anos da minha vida ajudando as pessoas." Ele continuou a falar sobre como, ao longo de sua vida, ele sempre sentiu que havia uma escolha entre trabalhar duro para sustentar sua família, garantir que não experimentássemos a pobreza que ele tinha passado enquanto crescia, e gastar tempo ajudando os outros em sua comunidade.

Lembrei-o do grande, lindo e castanho livro de couro que encontrei em seu escritório alguns anos antes, um presente das pessoas parceiras dele na época em que gerenciava a loja de Burlington, Massachusetts, da Sears. Na capa, em letras douradas, lia-se: "Robert C. Oelwang, Sears Burlington, 1968 a 1978." Dentro da capa, estavam as belas palavras de abertura: "Uma loja de varejo não é nada além de uma pilha de concreto e vidro até que as pessoas respirem vida e entusiasmo nela."

Página após página, havia homenagens ao meu pai, agradecendo--lhe por ter trazido vida à loja. Ao lermos isso juntos, ele compartilhou inúmeras histórias sobre as pessoas com quem trabalhava e as experiências que teve que fizeram todos esses anos valerem a pena. O mais emocionante foi que em todos os comentários e suas histórias, as pessoas lhe agradeceram por construir relacionamentos — uma família, não apenas uma loja de sucesso (o que, de fato, era):

"Obrigado por reservar um tempo para se lembrar de nós como mães trabalhadoras e nos dar flores no Dia das Mães."

"Obrigado por me dar uma segunda chance depois que cometi um grande erro e roubei da loja."

"Obrigado por me ajudar a entrar na reabilitação para ficar saudável novamente."

"Obrigado por me deixar namorar (e depois me casar) com minha colega de trabalho (esposa)."

A admiração era contínua.

Meu pai era um líder de negócios de sucesso porque se concentrava em relacionamentos e na comunidade, não apenas no balanço patrimonial.

Em meio ao caos da UTI, conversamos sobre como ele realmente não havia feito uma escolha em detrimento da outra: ele não apenas apoiou sua família, dando-nos todas as oportunidades possíveis, mas também mudou para melhor a vida de todos com quem entrou em contato, incluindo todos aqueles que o ajudaram a dar vida àquela loja em Burlington.

Nos anos depois de voltar para casa da UTI em 2014, meu pai testemunhou o colapso de sua amada Sears, uma empresa outrora grande que havia perdido seu algo maior. Construída ao longo de cem anos, a Sears se tornou a maior varejista do mundo, garantindo que todos os norte-americanos tivessem acesso a bons produtos a preços razoáveis. Eles fizeram isso tendo por foco as pessoas, e foi por isso que meu pai amou e foi tão leal a ela. Para ele, a Sears era como uma família — ele mal podia assistir à morte dolorosa da empresa.

Em 2018, a Sears entrou com pedido de falência. Os interesses individuais ligados ao lucro de curto prazo estrangularam toda a vida que havia nela, deixando-a como uma sombra do que fora um dia. A empresa ficou presa em um ciclo vicioso de ganância, focada na monetização de ativos, em vez de investir em seu pessoal e seu objetivo de fornecer serviços excepcionais e produtos de qualidade a preços acessíveis.

Em 4 de setembro de 2019, meu maravilhoso pai faleceu. Dois dias antes, toda a família celebrou o 67º aniversário de casamento dos meus pais. Eles tiveram a oportunidade de renovar os votos no hospital. Meus pais riram como adolescentes quando o padre lhes disse que era hora da lua de mel. Ao sair do hospital naquela noite, sorri, percebendo a vida significativa que meu pai tinha vivido. Seu algo maior — trazer alegria e amor a todos com quem se relacionava — permeava todos os seus relacionamentos, no trabalho e em casa.

Às vezes, o propósito e a parceria parecem um objetivo distante ao qual aspirar, quando, como meu pai mostrou, pode ser vivido todos os dias. Nosso propósito é alcançado simplesmente por estarmos 100% lá para nossas Conexões Profundas — fornecendo confiança, respeito e crença uns nos outros e ajudando cada um a alcançar algo maior. Essa prática diária inevitavelmente se estende a cada vida que tocamos, tornando todas as nossas conexões e nossas vidas significativas.

Nunca me esqueço de perguntar às pessoas de todo o Virgin Group sobre o que elas acreditam que torna a cultura da empresa tão humana. Um deles se levantou e disse: "A cultura é nossa para ganhar ou perder em cada interação. Podemos escolher ser humanos e amar um milhão de vezes por dia, ou podemos fazer o oposto e destruir nossa cultura." Nossas Conexões Profundas nos ajudam a entender e praticar o propósito em cada ação, palavra e conexão que fazemos com os outros, construindo uma maneira de ser que se torna a base para nossas vidas e nosso legado de mudanças positivas.

CAPÍTULO TRÊS

Totalmente Comprometido

Segundo Grau de Conexão

*Não somos nada mais do que o
somatório dos nossos relacionamentos.*

— Richard Reed, Cofundador da
Innocent Drinks e Investimentos JamJar

Após seu inovador artigo sobre CFCs ter sido publicado na revista *Nature,* em 1974, Sherry Rowland e Mario Molina estavam em maus bocados, apanhando da indústria, de políticos e até mesmo de colegas. A maioria dos cientistas os criticou severamente por defenderem a mudança com base nas pesquisas acadêmicas que eles mesmos haviam realizado. Durante a década seguinte, os convites de Sherry para falar em conferências foram retirados silenciosamente, e outros nunca vieram. Estudantes de pós-doutorado em química deixaram de solicitar bolsas de estudo para ingressar nos laboratórios deles. "Isso realmente feriu[1] seus sentimentos", disse sua esposa, Joan, no documentário da PBS *Ozone Hole: How We Save the Planet* [Buraco de Ozônio: Como Salvamos o Planeta, em tradução livre]. "Mas o que íamos fazer, parar? Não."

A descoberta de que os CFCs estavam esgotando a camada de ozônio aprofundaria a relação de Sherry e Mario e alteraria o curso de suas vidas. Embora eles não tivessem se inscrito para a vida pública, agora não havia como voltar atrás, apesar das incríveis forças contrárias. Eles sabiam que tinham de estar totalmente comprometidos para levar as pessoas a ouvi-los, mas nunca imaginaram o quão difícil isso seria.

Naquela época, a produção mundial de CFCs, de 900 mil toneladas por ano, havia chegado a representar uma fatia de US$8 bilhões[2] da indústria química. A indústria, especialmente a norte-americana DuPont e a britânica Imperial Chemical Industries (ICI), enquanto grandes produtores de CFC, não estava pronta para ceder. Executivos, clientes e associações da indústria atacaram a hipótese de Sherry e Mario e atacaram seu caráter. Disseram que os químicos estavam seguros. Sherry e Mario não tinham provas. A DuPont publicou[3] um anúncio de página inteira questionando a legitimidade da pesquisa. Uma revista de comércio de produtos químicos[4] acusou os dois cientistas de serem espiões soviéticos.

"Eles estavam sob fogo cerrado — isso era péssimo", disse Donald Blake, então um jovem químico atmosférico, pupilo de Sherry. Don continuaria a trabalhar com Sherry na UC Irvine por 34 anos, tendo chegado ao Departamento de Química como doutorando em 1978. "Mas Sherry me dizia para me acalmar", disse Don. "Ele era duro na queda e nunca se exaltou." E também protegeu sua equipe a todo custo. "Ele se colocaria na frente de seja lá o que viesse da indústria ou de quem quer que fosse", disse-me o filho de Donald, Jeffrey.

O que os críticos não eram capazes de compreender é que Sherry e Mario não queriam estar certos. Eles prefeririam ter continuado suas vidas como acadêmicos do que como guerreiros da linha de frente. Mas os fatos científicos estavam na frente deles e eles queriam que o público e os formuladores de políticas entendessem a importância disso para a sobrevivência da humanidade. "Quando chegou para testemunhar no Congresso, Sherry não teve problemas em ir ao Senado e dizer-lhes o que precisavam ouvir", disse Don. Mario também falou, e foi particularmente bem-sucedido na construção de um grupo de aliados com outros cientistas, como Ralph Cicerone, Richard Stolarski, Harold Johnson e Paul Crutzen (cujo trabalho no início dos anos 1970 foi crucial para destacar os perigos dos CFCs).

Mesmo os consumidores não acreditavam que os CFCs eram um risco. Em 1980, a Agência de Proteção do Meio Ambiente solicitou ao público um feedback sobre as possíveis restrições dos CFCs. Eles receberam uma resposta esmagadora de 2.300 cartas. Apenas 4 apoiaram restrições[5], as outras 2.296 se opuseram ferozmente a elas.

Apesar dos desafios, Sherry e Mario permaneceram resolutos. Sua confiança, respeito e crença um no outro e suas descobertas nunca foram abaladas. A força de sua Conexão Profunda deu-lhes a resiliência que precisavam para se manterem focados no seu objetivo. Juntos, eles foram capazes de resistir à crítica porque sabiam que algo tinha que ser feito. "Se não for agora, quando será? Se não formos nós, quem será?", Mario lembra-se de Sherry perguntar.

Eles encontraram grande dificuldade para que a mídia prestasse atenção às descobertas publicadas, mas continuaram a falar, respondendo educadamente até mesmo às perguntas mais simples. Apresentaram suas descobertas ao governo, à NASA e a inúmeras organizações científicas e industriais. Eles permaneceram envolvidos com sua missão compartilhada ao estarem juntos, totalmente comprometidos, sabendo que tinham o apoio um do outro. Unidos, trabalharam duro para aperfeiçoar sua comunicação sobre a ciência da camada de ozônio para que, quando tivessem a chance de levantar a questão, cada palavra contasse. Quando o trabalho deles era atacado, permaneceram abertos. Eles anunciariam publicamente o desafio a seus dados e, em seguida, compartilhariam o progresso à medida que os fossem revisando. Eles perceberam que estavam enfrentando dificuldades singulares. "Parecia ficção científica"[6], disse Sherry. "Tenho certeza de que alguns pensaram que era uma piada bem elaborada de nossa parte."

Eles estavam em uma missão clara de fazer tudo o que pudessem para mobilizar o mundo para proteger a camada de ozônio. E, felizmente para todos nós, tinham uma crença tão profunda um no outro e nos dados científicos que nunca desistiram.

Sherry e Mario, e outros cientistas, como Paul, foram guias para a próxima geração de cientistas. Eles viraram o mundo científico de cabeça para baixo quando entraram e agiram de acordo com suas descobertas, em vez de simplesmente publicá-las. Eles provocaram um movimento de cientistas que não estão confinados em seus laboratórios. Adotaram uma abordagem global e fizeram parceria com organizações governamentais, empresariais, de mídia e ambientais, e com o público — qualquer um que os ajudasse a proteger o ozônio. "Rowland inventou um novo tipo de ciência[7], e nunca mais veremos o mundo da mesma maneira", disse Susan Trumbore, professora de Ciências da Terra da Universidade da Califórnia, Irvine, onde conheceu Sherry. "Por causa de Rowland e alguns outros como ele, o globalismo é um conceito natural para os cientistas da minha geração."

Ainda assim, esses foram tempos particularmente difíceis para Sherry. Ele pagou um alto preço por se posicionar, colocando em risco tanto sua carreira de sucesso quanto sua reputação. Contudo, ele sempre soube que sua família estava com ele, não importava o que acontecesse. Sherry e Joan compartilhavam uma integridade que nunca vacilava, e Joan ficava com raiva sempre que Sherry ficava sob o fogo da indústria química. "Todos sabiam que não deviam mexer com ela", disse-me a filha, Ingrid. Joan estava envolvida com o marido em todos os passos, ajudando-o a permanecer comprometido com o que sabia ser certo. Quando a indústria enviava provocadores para interromper uma apresentação que Sherry estava dando, ele simplesmente os ignorava. "Ele era tão grande e tão digno, que apenas olhava, e, às vezes, ria", disse Ingrid.

Don descreveu o relacionamento de Sherry e Joan como um "modelo para a vida de casados." Ele creditou a Joan a ajuda para Sherry continuar e alcançar um impacto muito maior do que teria conseguido sem ela. O apoio dela lhe deu um lugar seguro para voltar, quando enfrentou abusos pessoais e o enfraquecimento de seu trabalho científico. E era recíproco: Sherry apoiou e respeitou Joan, encorajando-a a levantar as vozes das mulheres cientistas. Joan se envolveu profundamente com os aspectos científicos gerais da redução do ozônio e, como Sherry escreveu em sua biografia para o Prêmio Nobel, "ela tem sido[8] uma confidente experiente e confiável durante todas as últimas duas décadas de pesquisa sobre o ozônio." Em uma audiência no Senado dos EUA, em 1986, perguntaram a Sherry[9] o que ele faria "se fosse rei". Sua resposta foi que ele perguntaria à rainha, Joan, é claro.

Ele pode ter gostado de ciência, mas ele amava Joan muito mais. "Seu primeiro amor foi a esposa e a família, e seu segundo amor, a química", disse Jeffrey. Sherry foi sempre totalmente comprometido com Joan e seus filhos. Quando Jeffrey sofreu um terrível acidente de carro, Sherry imediatamente tirou uma licença do emprego, mesmo que tenha sido durante um momento crítico para o trabalho. Ele ficou no hospital com Jeffrey todos os dias, por cinco meses.

Por último, mais de dez anos depois de publicarem suas conclusões e de se comprometerem totalmente a continuar a lutar, Sherry e Mario receberam a validação de que precisavam. Uma investigação realizada pela equipe de cientistas britânicos que trabalhavam perto do Polo Sul revelou um "buraco" na camada de ozônio sobre a Antártida. Logo outros estudos confirmariam que o escudo protetor estava desaparecendo a uma velocidade surpreendente.

Mas essas novas descobertas foram apenas o começo. O mundo agora precisava se unir para livrar a atmosfera dos CFCs, um objetivo que poderia ter parecido quase impossível, não fosse pela lealdade e confiança que Sherry e Mario compartilharam. Eles nunca vacilaram de seu compromisso um com o outro para inspirar o que nenhum deles poderia ter conseguido sozinho: fazer o mundo ouvir.

Um Compromisso com o Compromisso

Comprometer-se com algo maior prepara você para o comprometimento total, permitindo-lhe sentir-se seguro no relacionamento e sabendo que há 100% de apoio mútuo. O comprometimento total lhe dá a liberdade de fazer algo maior, deslocando seu olhar para fora, para além de si mesmo.

Um relacionamento completo é uma decisão consciente de estar lá um para o outro e para sua missão, não importa o que aconteça. Jacqueline Novogratz chama isso de "assumir um compromisso com o compromisso." É um lar para voltar, um lugar onde você está seguro para estar vulnerável e correr riscos porque sabe que alguém está lá para acolhê-lo.

Em última análise, estar totalmente comprometido significa dar 100% de amor incondicional. O autor Gregory David Roberts, uma vez, me disse: "O amor é uma busca apaixonada pela verdade diferente da sua." No entanto, somos bombardeados com conselhos sobre uma abordagem autocentrada e condicional do amor — como você pode obter amor e o que ele pode dar, em vez de como dar amor incondicional aos outros e aprender com a verdade deles. Você também será pressionado a encontrar percepções, as mais diversas, sobre o papel do amor em negócios e amizades saudáveis.

A mãe de Jacqueline Novogratz dizia que nunca se deve perguntar se alguém o ama. A pergunta deve ser sempre: *Estou amando o suficiente?* Considero essa pergunta simples uma bela ferramenta para testar se estamos nos entregando totalmente a todos os nossos relacionamentos — negócios, amizades e românticos. Recuar um pouco para nos protegermos acabará por minar a relação. Nunca alcançará o comprometimento total profundo do casal Tutu, dos colegas Mario e Sherry, de Gabby e Mark — bem como as outras Conexões Profundas extraordinárias neste livro.

Tornar-se totalmente comprometido não é uma maneira automática de ser ou um resultado, nem é tão simples como estalar com um sapatinho de vidro. É preciso coragem e trabalho duro. É preciso paciência e abordagens criativas para o conflito.

Felizmente, os benefícios valem mais do que isso.

Retornar ao Centro

Eu tinha praticado as perguntas no quarto do hotel. Até ensaiei com o taxista no caminho para Atlanta. No entanto, eu ainda estava morrendo de medo quando entrei no Carter Center. Aquela seria uma das primeiras entrevistas que conduzi para este livro, e do outro lado, estaria um dos meus heróis da vida. No ensino fundamental, vergonhosamente, vesti-me como um amendoim para fazer a campanha dele para presidente. Embora eu tivesse trabalhado com o presidente Carter por dez anos em conexão com os Elders, isso era diferente. Tratava-se de um estudo de sua parceria pessoal com a esposa, Rosalynn.

Preparamos a entrevista em uma sala de reunião um pouco abafada, sem janelas, com bandeiras norte-americanas como pano de fundo. O presidente e a Sra. Carter entraram na sala e se sentaram um pouco rígidos, lado a lado. As primeiras palavras dele para mim foram: "Você tem trinta minutos."

Rosalynn imediatamente sussurrou: "Shh, Jimmy, não seja tão apressado."

Começaram com a história de como se conheceram e se apaixonaram. Isso ocupou os trinta minutos alocados. Eles ficaram tão imersos em suas histórias sinceras de comprometimento de sete décadas que pensei que poderíamos conversar a noite toda. Uma das reflexões mais comoventes foi o número de vezes em que o Presidente Carter atribuiu a Rosalynn o estatuto de pessoa mais importante da Casa Branca durante sua presidência, seus olhos e ouvidos em todos os EUA e no resto do mundo.

A história de ambos começou na pequena cidade de Plains, Geórgia, em 1927, o ano em que Rosalynn nasceu. O presidente Carter tinha 3 anos e morava na casa ao lado. O romance deles teve início cerca de quinze anos depois, no primeiro encontro, quando ele estava em casa, em um fim de semana de folga da Academia Naval dos EUA.

Na manhã seguinte ao primeiro encontro, a mãe do presidente Carter estava preparando o café da manhã e perguntou o que ele havia feito na noite anterior. Ele disse: "Fui ao cinema com uma moça." Ela perguntou quem era a moça. Quando ele disse: "Rosalynn Smith", sua mãe perguntou: "O que você achou de Rosalynn?" Sem hesitar, ele disse a ela: "É com ela que vou me casar."

No dia seguinte, ele pegaria o trem da meia-noite de volta à Academia Naval. Sua mãe encorajou Rosalynn a esperar por ele na estação de trem para dizer adeus. Ela foi, então eles se beijaram. Setenta e cinco anos, quatro filhos, doze netos e quatorze bisnetos depois, eles agora detêm o recorde de casamento mais duradouro de qualquer presidente dos EUA.

O que mais me impressionou foi a sinceridade deles, especialmente sobre quão difícil pode ser a caminhada. Eles nunca passam um dia sem discordar, mas todas as noites falam sobre quaisquer diferenças antes de ir dormir. Essa postura sobre o fracasso era revigorante. Um de seus momentos mais difíceis no casamento foi quando "perderam a Casa Branca". Eles chegaram em casa e estavam questionando o que fazer para as décadas à frente, jogados em uma situação em que, pela primeira vez, em seu casamento, estavam em casa o dia todo, todos os dias, juntos — uma mudança radical de seus dias como o primeiro casal dos EUA.

Para enfrentar o que viria a seguir, decidiram escrever um livro juntos, *Everything to Gain: Making the Most of the Rest of Your Life* (sem tradução para o português)[10]. Houve apenas um pequeno porém: eles não conseguiam concordar com os detalhes de algumas das narrativas históricas que compunham sua vida.

"Uma das piores coisas que já tentamos fazer foi escrever um livro juntos", disse Rosalynn. "Nós escrevemos, mas foi o mais perto que chegamos de..." Ela deixou suas palavras seguirem, e eu sabia que ela estava evitando a palavra *divórcio*. "Isso realmente pôs em perigo o nosso casamento", ela finalizou, e se calou.

Parcerias

O presidente Carter acrescentou: "Quase terminamos por causa daquele maldito livro."

Durante a escrita, deixaram de falar um com o outro, comunicando-se apenas por meio de um único computador na mesa da cozinha. O presidente Carter escrevia uma mensagem e, após ele sair, Rosalynn respondia. (Isso foi muito antes da internet.) Esse arranjo continuou por algum tempo até que eles entraram em contato com o editor, pedindo-lhe para mediar a discórdia. O editor teve a ideia de que Rosalynn teria sua versão da história com um *R* ao lado do parágrafo e Jimmy teria a sua com um *J*. Independentemente dessa pequena inovação editorial ter ou não salvado o casamento, criou um espaço seguro para eles falarem em vez de escreverem e os ajudou a aprender a enfrentar as dificuldades e a se manterem unidos.

"Bem, geralmente quando falhamos, é um fracasso comum, é algo que nós dois não conseguimos fazer", disse o presidente Carter. "Se falhamos, fazemos o melhor que podemos e aprendemos com essa experiência. O fracasso comum vem porque estamos juntos nisso desde o início."

Parte do segredo para ficarem inteiramente comprometidos era dar espaço um ao outro e cultivar interesses compartilhados, como corrida, esqui (pela primeira vez por volta dos 50 anos), pesca e observação de pássaros. E eles, é claro, continuaram juntos em sua luta incansável pela paz e pelos direitos humanos por intermédio do Carter Center.

Mesmo rigidamente sentados lado a lado durante a entrevista, em vez de encarando um ao outro, a atmosfera entre eles era tudo, menos formal. Eles brincavam, riam, faziam caretas e simplesmente brilhavam com o amor e a crença um no outro. O que os conecta vai além de suas experiências compartilhadas na Casa Branca, do trabalho no Carter Center e dos quatro filhos. Sua Conexão Profunda não significa que eles têm um relacionamento perfeito, mas eles compartilham um nível de compromisso que pode suportar qualquer coisa. Ser inteiramente comprometido significa que você pode crescer em suas próprias direções, mas sempre voltar para o centro, um para o outro.

As últimas palavras do presidente Carter para mim naquele dia foram: "Como você pode ver, temos uma vida boa."

Rosalynn concordou: "Sim, é uma vida boa."

Intensidade em Forças Opostas

A relação dos Carters está fundamentada em suas origens semelhantes, mas algumas das conexões mais fortes que estudei surgiram em meio a profundas divisões. Uma história de parceria é tão impressionante que parece não ser verdadeira.

Em 1995, o único filho de Azim Khamisa, Tariq, um estudante universitário de vinte anos, entregava uma pizza em San Diego. Depois de bater em muitas portas sem resposta, ele voltou para o carro. Enquanto estava sentado no banco do motorista para sair, ele foi baleado e morto por Tony Hicks, de quatorze anos, como parte de uma iniciação em uma gangue.

O que aconteceu naquele dia foi trágico. O que aconteceu a seguir é extraordinário.

Em que pesem a dor e a escuridão inimagináveis, Azim perdoou o assassino do filho. Ele até convidou a família de Tony para sua casa, para falar sobre o que havia acontecido, na tentativa de curar as feridas de todos os lados. Sentados juntos na sala de estar de Azim, eles criaram o espaço seguro para uma conversa sincera em que ambos os lados poderiam estar vulneráveis. Eles compartilharam abertamente seus sentimentos e suas experiências e se entristeceram com elas em um espírito de perdão e empatia. "Eu não tive essa reação de que ele deveria ser pendurado no poste mais alto, apesar de ter matado meu único filho", disse Azim. "Preferi ver que ele era uma vítima da sociedade. O inimigo não era o garoto de quatorze anos, mas as forças sociais que fazem muitos jovens desviarem do caminho, em especial jovens negros."

Após a reunião inicial, Azim manteve contato com o tutor de Tony, seu avô Ples Felix, e eles iniciaram uma amizade. Como muitas parcerias de sucesso, Azim e Ples não poderiam ser mais diferentes. Azim é muçulmano e era um banqueiro de investimentos antes de seu filho ser baleado. Ples é batista e foi um Boina Verde. Eles se descrevem como dois opostos se unindo para um propósito comum, brincando que eles certamente não podem ser comparados a Martin Luther King e Gandhi, com base em seus primeiros planos de carreira.

Passo a passo, Azim e Ples aprofundaram o relacionamento. À medida que aprendiam mais sobre as estatísticas horríveis da violência contra os jovens nos Estados Unidos, sabiam que tinham de fazer alguma coisa, e concordaram que a única coisa que podiam fazer juntos era garantir que os jovens não acabassem mortos como Tariq, ou na prisão como Tony. Encontraram um propósito comum na tragédia.

Quando se encontraram pela primeira vez, eles sentiram uma sensação imediata de conexão em um nível espiritual. Um era cristão e o outro era muçulmano, então ambos estavam comprometidos com o amor, a compaixão e a empatia. Isso serviu de base para construir confiança. Azim compartilhou: "Leva tempo, precisa de consistência, precisa de mudança de comportamento. Acho que ser capaz de confiar em alguém é algo que nós humanos não fazemos da noite para o dia." Ele continuou a falar sobre como a missão deles serviu como uma bússola para um comportamento consistente: "O propósito é realmente maior do que eu ou você individualmente. Fazemos parte de uma história que é maior do que nós dois."

Ao longo dos anos trabalhando juntos, eles construíram confiança e provaram que fariam qualquer coisa um pelo outro. Criaram um ambiente no qual pedir ajuda é uma força, não uma fraqueza. E o conflito é uma oportunidade de aprender um com o outro. Eles construíram um relacionamento tão profundo que se referem um ao outro como irmãos. "Não há nada que nos impeça de nos vermos e de ficarmos juntos como irmãos, desde que entendamos que somos um", disse Ples. Azim acrescentou: "Ples e eu somos diferentes, mas nos respeitamos e nos amamos como seres humanos, como raça humana."

Azim criou a Fundação Tariq Khamisa e estendeu a mão para pedir a Ples que se juntasse a ele no trabalho para impedir que as crianças se matassem e para espalhar a importância do perdão e da empatia. Eles multiplicaram o impacto de sua conexão mais de um milhão de vezes, passando por toda parte para compartilhar sua história de perdão, compaixão e amor, apesar das divisões. Juntos, eles se conectaram com milhares de alunos do ensino básico, fundamental e médio, modelando a beleza de cruzar divisões raciais, religiosas, políticas e outras para criar uma amizade unida contra a violência, a divisão e o medo.

Uma jovem que reconheceu Ples de uma apresentação da escola veio e se sentou ao lado dele no transporte público. Ela lhe contou que quando ouviu Azim e ele palestrarem, decidiu que nunca estaria envolvida em gangues. Ela orgulhosamente compartilhou que havia terminado a escola e conseguido um ótimo emprego. Um feedback como esse dá a Azim e Ples uma sensação de realização que os faz querer passar o resto de suas vidas imersos em sua missão.

Azim e Ples adoram falar sobre o poder das "forças opostas". Ninguém jamais teria imaginado que os dois seriam amigos, mas suas diferenças e história de perdão são exatamente o que fazem as pessoas ouvirem.

No final da nossa conversa, Azim resumiu o que significa fazer parte de uma parceria completa: "É importante em qualquer parceria que ela tenha que transcender a conexão cognitiva e até emocional", disse ele. "É preciso chegar a essa profunda conexão espiritual para você se manter, confiar, ser respeitoso, para você poder olhar para o conflito como uma oportunidade de ser capaz de criar amor e unidade."

Amigos Antes de Parceiros

Como Azim e Ples, Ben Cohen e Jerry Greenfield não podiam ser mais diferentes: Ben é um visionário que não tem limites, enquanto Jerry é um gênio operacional que faz as coisas acontecerem. Ainda assim, a parceria deles funciona. "Não só temos habilidades diferentes, mas, em termos de personalidade, Ben é muito empreendedor, fazendo coisas que ele não sabe como fazer", disse Jerry. "Ele tende a ser muito franco e espontâneo. Algumas pessoas podem dizer impulsivo, mas nós dizemos espontâneo. Eu sou muito mais comedido, então acho que, juntos, essa combinação é realmente muito boa."

Ben acrescentou: "Jerry me impediu de fazer um monte de *merdas*."

Eles também têm diferentes abordagens para a liderança. "Jerry é muito mais diplomático", explicou Ben. "Ele também é muito melhor em apresentar e explicar as coisas às pessoas, de uma forma que elas sejam capazes de entender." Ben acredita que a abordagem de Jerry é como eles mantiveram sua equipe inspirada a longo prazo. "Houve um estágio durante o crescimento da Ben & Jerry's", disse Ben, "quando eu andava pela empresa e dizia: 'Oh, isso é errado, isso é uma merda, isso é porcaria, não faça isso', ele estava andando atrás de mim, dizendo: 'Bem, o que Ben realmente queria dizer era, você sabe, fazer isso e fazer aquilo.' Ele dizia isso de uma maneira que as pessoas pudessem ouvir."

Totalmente Comprometido

Quando perguntei ao Ben e ao Jerry o segredo do sucesso deles, qual foi a resposta imediata? Ser totalmente comprometido. "Você tem que ser comprometido. Comprometido!", exclamaram em uníssono, e em seguida, riram alegremente. Ben continuou: "Como você acha que fizemos Ben & Jerry's acontecer? Estávamos ambos comprometidos. Estávamos todos completamente comprometidos!"

Envolveram-se totalmente graças ao compromisso com um propósito comum. Enquanto construíam sua primeira loja, que funcionava como um cinema ao ar livre, ambos arregaçavam as mangas e faziam qualquer tarefa que precisasse ser feita, incluindo servir sorvetes e proporcionar noites de cinema (Ben era o projetista e Jerry era o segurança). Eles aumentaram sua confiança e respeito um pelo outro mediante o trabalho árduo de construção de um negócio que faria a diferença para sua comunidade. Quando conseguiam uma pausa de um dia de 24 horas de trabalho, "desmaiavam" em cima dos congeladores. No processo, eles sacrificaram basicamente tudo para fazer o negócio funcionar. Tudo, exceto a amizade. "Você ficava exausto no final do dia, tanto que não havia mais nada que você quisesse fazer", disse Jerry. "Colocar tudo em algo é muito satisfatório, sabendo que está fazendo o máximo que pode."

Ao trabalharem juntos, os dois desenvolveram um mantra, "amigos antes de parceiros." Esse mantra destaca uma das histórias mais extraordinárias de amizade profunda, com o benefício colateral de um negócio extremamente bem-sucedido.

Em muitas das entrevistas, a palavra *amizade* foi frequentemente usada para descrever ser comprometido, não importa que tipo de relação fosse. Houve muitas discussões sobre querer recuperar o conceito de "melhor amigo" das mídias sociais, onde um "amigo" pode ser obtido com o clique de um botão em vez de um relacionamento significativo.

Ben compartilhou: "Acho que muitas parcerias são parcerias de conveniência. Alguém quer fazer alguma coisa, ou ambas as pessoas querem fazer alguma coisa, mas eles não podem fazê-la sozinhos. Eles realmente não se conheciam antes, e se reúnem, mas não têm o básico da amizade para começar." Para Ben e Jerry, no entanto, a amizade autêntica e o trabalho árduo mútuo em direção a um propósito comum são alicerces para o comprometimento. A confiança também é um fator importante: "Para nós, acho que muito disso está na confiança. Sendo amigos, vocês apenas confiam um no outro", explicou Jerry.

O amor não é falado com muita frequência no mundo dos negócios, por isso foi revigorante que Ben e Jerry discutiram seu amor um pelo outro livremente. Tudo o que eles falavam centrava-se no amor. Quando perguntei sobre o que era mais gratificante em sua parceria, Jerry disse: "Bem, sou muito grato pelo amor, pela amizade e pelas viagens que sou capaz de fazer — lugares aonde nunca iria. É muito bom."

E Ben prosseguiu: "Temos um enorme respeito e amor pelo outro."

Trabalho Duro Mútuo

O tema de trabalho duro mútuo para permanecer totalmente comprometido foi um tópico consistente e importante em todas as parcerias que entrevistei. Todas as conexões têm que praticar o sacrifício próprio, no qual os parceiros estão dispostos a fazer o que é certo para os objetivos coletivos, mesmo que isso signifique recuar em relação a um objetivo individual. Muitas das parcerias falaram sobre como esse "sacrifício" por seu parceiro realmente acabou trazendo os seus maiores presentes.

Quando o jornalista e escritor Nicholas Kristof perguntou em uma celebração de bodas de ouro sobre o segredo de um longo casamento, ele esperava todos os tipos de histórias românticas imprecisas. O que o impressionou, contudo, foi que todos os casais disseram: "É um trabalho duro — o trabalho árduo é o que faz durar."

Certa vez, conversando com Nicholas e sua esposa, Sheryl WuDunn, uma antiga jornalista e autora, ele me disse: "Sheryl e eu temos um relacionamento maravilhoso. Somos tão complementares de muitas maneiras, e nos amamos profundamente, mas isso também requer comprometimento e trabalho árduo da parte de ambos. E isso tem que ser fundamentado no respeito mútuo e na vontade de se comprometer, mesmo quando você tem certeza de que está certo."

Sheryl respondeu, brincando: "O quê? Trabalho duro?"

Com três filhos e empregos de alta pressão que exigem longas viagens, há o trabalho árduo inevitável na simples coordenação da vida cotidiana. Eles reconheceram que ter filhos acrescenta outra dimensão de complexidade e, às vezes, limita o que você pode fazer profissionalmente. Mas também "enriquece enormemente toda sua vida", compartilhou Nicholas, "e, no final do dia, é um legado com o qual você estará fundamentalmente mais preocupado e valorizará mais." A relação próxima com seus filhos ajudou-os a permanecerem comprometidos um com o outro.

Outro aspecto importante do trabalho árduo é cavar tempo para estar presente um com o outro. "Você tem que prestar atenção na outra pessoa", explicou Sheryl, "e não esquecer que ela é um ser humano e tem desejos e necessidades. Não é tomar alguém como garantido." Esse entendimento permite que eles façam sacrifícios e trocas para garantir que haja um equilíbrio justo na parceria. Para Nicholas e Sheryl, isso, muitas vezes, significava conter seus medos individuais quando um deles viajava para uma área de alto risco. "Ambos ponderamos sobre essas escolhas um pouco desconfortavelmente, e isso, às vezes, nos deixa um pouco ansiosos", disse Nicholas. "Mas acho que funciona porque temos essa base de profundo respeito mútuo, amor e compreensão."

Eles compartilharam uma história sobre estar na China durante a repressão na Praça Tiananmen. Quando as tropas começaram a abrir fogo contra as multidões, Nicholas correu em direção à praça para garantir que ele pudesse mostrar ao mundo o que estava acontecendo. "Eu não acho que qualquer outro cônjuge realmente poderia entender isso", disse Sheryl. "Mas isso cria essa enorme empatia, simpatia e medo, tudo fundido em um." Nicholas continuou: "Quando você está sendo alvejado — nosso complexo também foi alvejado, então você se preocupa um com o outro, sente uma sensação de indignação ao ver crianças sendo mortas. Foi uma coisa incrivelmente traumática de se passar, mas acho que realmente nos uniu." Eles compararam isso a irem para o acampamento juntos, o que ajudou a construir um vínculo inquebrável de entendimento compartilhado.

A outra dimensão crítica do trabalho árduo que mantém as parcerias integradas é o trabalho árduo para algo maior. Ver alguém se comprometer e dedicar sua vida a um objetivo que importa aumenta o respeito, a confiança e o amor pelo parceiro. Isso é ainda mais importante quando se trata de um objetivo compartilhado. Trabalhar duro juntos garante que não haja ressentimentos devido a um desequilíbrio no esforço e constrói um vínculo por meio de suas experiências diárias, como vimos com Ben e Jerry.

Sheryl e Nicholas conhecem muito sobre o trabalho árduo em direção ao propósito comum de acabar com as injustiças e iniquidades fundamentais. Durante suas carreiras, eles relataram nas linhas de frente de vários desastres naturais e tiveram encontros em primeira mão com praticamente todas as guerras das últimas décadas. Saber tudo isso sobre eles tornou suas palavras ainda mais reais para mim.

A profundidade do seu comprometimento em relação a este assunto ficou nítida nas observações finais de Nicholas. "Eu adoro a companhia da Sheryl. Quando Sheryl está viajando, sinto como se faltasse um pedaço de mim. Sinto-me completo apenas quando Sheryl está por perto."

Esse trabalho árduo recíproco não pode ser subestimado, mas o trabalho árduo em nível individual também é importante. Ser comprometido exige que trabalhemos em nós mesmos para levar nosso eu autêntico a uma relação. O trabalho duro deve começar dentro de nós antes que possamos ser um grande parceiro para outra pessoa e alcançar algo maior juntos. "Há um velho ditado que diz que 95% das pessoas[11] tentam mudar o mundo", disse Jo Confino, ex-editor executivo do *HuffPost* e agora parceiro da Leaders'Quest, "e apenas 5% tentam mudar a si mesmas."

Uma Consistente Visão de Longo Prazo

Robin Chase, fundadora da Zipcar, sinaliza uma diferença crítica entre muitas das relações em sua vida e a conexão que ela compartilha com sua filha, Cameron Russell, modelo, storyteller [divulgadora de histórias coletivas visando a determinado fim comunitário] e ativista: "Ela cuida do meu bem-estar a longo prazo quando tantos outros estão focados no ganho a curto prazo." Em sua entrevista, Robin falou sobre como tantas conexões em nossas vidas são investimentos transacionais em vez de a longo prazo, que ajudam os outros a prosperar. Por exemplo, Cameron é completamente sincera com a mãe quando sente que um parceiro de negócios ou uma decisão não servirá seu melhor interesse a longo prazo, enquanto muitos outros podem ter tentado impulsionar a parceria para obter ganhos a curto prazo.

Parcerias

Um parceiro também sabe quando nos desafiar a fazer jus a nosso algo maior. Robin compartilhou exemplos de momentos em que Cameron a empurrou para sair de sua zona de conforto e expressar suas opiniões sobre sustentabilidade e liderança compartilhada, sabendo que isso era importante para o propósito de vida de Robin. Embora Robin estivesse acostumada a fazer o que fosse preciso para construir e administrar um negócio de sucesso, ela não estava acostumada a fazer tudo e compartilhar suas vulnerabilidades e pontos de vista pessoais sobre os problemas. Cameron continuou a encorajá-la, ajudando-a moldar suas histórias e, aos poucos, Robin superou seu medo. Cada vez que ela falava, ficava mais corajosa. Agora, ambas estão construindo legados de mudança a longo prazo, sendo defensoras sinceras do meio ambiente e de uma melhor maneira de fazer negócios.

Quando perguntada sobre o que as ajudou a garantir que ficassem comprometidas no longo prazo, quando tantos outros pais e seus filhos se distanciam com o passar dos anos, Robin enfatizou um sistema de valores compartilhados, que também as ajudaria a navegar em tempos difíceis e "equalizar o relacionamento".

Uma visão compartilhada e comprometida não é exclusiva para famílias que crescem juntas e parcerias que você encontra em seus primeiros anos. Pode vir de todas as formas e tamanhos, e em todas as fases da vida.

A história de Ray Chambers e Peter Chernin é um exemplo perfeito disso.

Ambos tiveram sucesso, longas carreiras em negócios e filantropia. Eles poderiam ter passado o resto de suas vidas desfrutando dos benefícios de seus muitos êxitos, mas, em vez disso, uniram forças para ajudar a acabar com a malária.

Ray construiu uma carreira de sucesso em *private equity* em Wall Street, onde supervisionou grandes negócios como a compra da Avis em 1985, quando era presidente da Wesray Capital. Mas, no final dos anos 1980, ele começou a se concentrar em tempo integral na resolução de problemas sociais. Ray dedicou inúmeras horas e recursos a uma série de iniciativas de impacto, desde a ajuda à revitalização da sua cidade natal de Newark, Nova Jersey, até o voluntariado como enviado especial ao secretário-geral da ONU. Em 2006, Ray estava trabalhando na África com o economista Jeffrey Sachs quando viu uma foto de um quarto cheio de crianças dormindo em uma aldeia rural do Malawi. Então descobriu que elas não estavam realmente dormindo. Todos estavam em coma devido à malária. A maioria deles logo morreria. Até hoje, Ray ainda vê essa imagem em sua mente.

Ray aprendeu tudo o que podia sobre a malária, uma doença mortal[12] que afeta milhões. Só em 2019, quase um quarto de bilhão de pessoas contraiu a doença. A malária mata mais de 400 mil pessoas por ano, a maioria delas crianças com menos de 5 anos de idade. A tragédia é que a malária é evitável e pode ser curada.

Em uma reunião em Sun Valley, Idaho, em 2006, Ray se conectou com Peter, então presidente e COO da News Corp e CEO do Grupo Fox Networks. Em sua função, Peter supervisionou operações globais nos cinco continentes. Ray estava à procura de um parceiro, e Peter, embora possa não ter percebido naquele dia, estava pronto para se dedicar a algo maior que se tornaria parte do trabalho de sua vida. Juntos, Ray e Peter fundaram a Malaria No More, uma organização sem fins lucrativos que visa a trazer uma mentalidade empresarial para a tarefa de erradicar a malária. Entre Ray e Peter e as outras Conexões Profundas que eles construíram ao longo dos anos, eles arrecadaram mais de US$16 bilhões e evitaram centenas de milhões de casos de malária.

Peter e Ray chegaram à parceria com uma mentalidade de aprendizagem ao longo da vida e são ambos insaciavelmente curiosos. Mesmo estando à frente de muitas empresas e organizações, eles abordaram

Parcerias

esse novo capítulo em suas vidas com profunda humildade e entusiasmo para aprender um com o outro e com seus parceiros. Eles decidiram ser presidentes conjuntos da organização Malaria No More, e começaram a trabalhar trazendo parceiros de todos os setores: o Banco Mundial, o Fundo Global, o governo dos EUA, o *American Idol*, organizações, sem fins lucrativos, trabalhando para combater a malária e muito mais. Eles se tornaram convocadores mestres e colaboradores e construíram uma rede de parceiros que aumentou exponencialmente seu impacto.

Nenhum deles estava tentando ser o herói e reclamar o crédito. Ambos estavam em um ponto de suas carreiras em que eram profundamente gratos por suas vidas abençoadas e estavam focados em como poderiam acabar com a malária. "Nós nunca tentamos estar sob os holofotes ou em foco", compartilhou Peter. "Mostramos humildade e modéstia um com o outro e a todos ao nosso redor."

Ray e Peter, dois empresários ferozmente competitivos, riram quando perguntei se eram competitivos um com o outro. O objetivo é muito grande, e a confiança e o respeito entre eles é enorme, então não há espaço para competição e outras distrações mesquinhas. A única vez que eles incentivam a concorrência saudável entre si é em torno de encontrar as melhores soluções para eliminar a malária.

É muito mais fácil ser comprometido e ficar envolvido quando não há batalha para reconhecimento ou primeiro lugar. Por eles terem se conhecido e se associado mais tarde na vida, Ray e Peter tiveram a experiência, a humildade e a sabedoria para entender o grande valor da colaboração com alegria. "Você pode realizar exponencialmente mais em uma parceria. Isso estende infinitamente seu alcance", disse Peter. "Mas também é muito mais divertido e muito mais gratificante saber 'Ei, nós fizemos isso juntos.' Ray é insanamente obstinado e extremamente paciente. Para ele, ser paciente é fundamental para construir coletivos maiores, assim como ficar fora dos holofotes. Eu diria que foi a humanidade e a coragem que nos mantiveram avançando."

Uma parte central do segredo deles está na "aderência", como Peter mencionou, e "não em ser um filantrópico superficial." Após dezesseis anos, inúmeros obstáculos, uma colaboração global bem-sucedida e intersetorial e uma Conexão Profunda fundamentada em grande amor e respeito um pelo outro, Ray e Peter estão claramente envolvidos no longo jogo para a malária deixar de ser uma das doenças mais mortais do mundo.

E é evidente para ambos de que nunca desistirão.

Barreiras ao Comprometimento Total

Forças opostas e a corrente elétrica da diferença podem causar estragos em um relacionamento se não estiverem canalizadas na direção certa. Por outro lado, pessoas muito semelhantes, muitas vezes acabam competindo uma com a outra, não se esforçando para serem melhores.

O maior obstáculo para o comprometimento total é quando um dos parceiros parece ter abandonado a relação. Se um parceiro sentir que está investindo mais tempo e energia do que o outro, a distância se tornará a norma e o relacionamento sofrerá. Um desequilíbrio no compromisso é uma das cinco principais armadilhas nos relacionamentos, conforme definido por muitos cientistas, terapeutas e psicólogos, de cuja sabedoria nos valemos neste livro.

"Existem dois tipos[13] de crescimento separados", diz a terapeuta de casais Esther Perel em um podcast para o *Knowledge Project*. "Há brigas, conflitos crônicos ou conflitos maiores; ou há desengajamento, indiferença e separação... Essa é realmente a coreografia de nos separarmos. É uma luta constante, ou é tão distante que você nem percebe se o outro está lá ou não."

O aclamado terapeuta de casais John Gottman se refere ao que ele chama de "lances de atenção"[14] — os momentos constantes, quase irreconhecíveis, de estender a mão um para o outro dentro de um relacionamento. Lances são ações. Por exemplo, uma pessoa no relacionamento pode reclamar com a outra sobre um dia ruim no trabalho. O parceiro ignora as reclamações ou oferece palavras de incentivo ou empatia? Em bons relacionamentos, onde há comprometimento total, Gottman diz, esses lances são reconhecidos 86% das vezes. Em relacionamentos ruins, as pessoas tomam conhecimento deles em apenas 33% das vezes.

Qualquer relacionamento terá altos e baixos conforme as pessoas passarem por suas questões pessoais e sua própria evolução. O equilíbrio é importante para que as pessoas não se sintam isoladas e sem o devido reconhecimento por longos períodos. Pode ser que alguém esteja atravessando um período difícil, como cuidar de um pai idoso ou uma fase particularmente desafiadora no trabalho. Saber que a outra pessoa tem empatia compassiva e está lhe dando segurança é muitas vezes tudo o que é preciso para emergir mais forte desses inevitáveis períodos de dificuldade e desequilíbrio. Também é importante ter espaço para conversas sinceras para que ambos os parceiros possam compartilhar abertamente como estão se sentindo de uma forma que crie soluções em vez de aumentar qualquer divisão crescente. Às vezes, a falta de interesse se liga a uma incapacidade de ser vulnerável, na qual alguém não está disposto a dar 100% de si mesmo. Quando isso acontece, a outra pessoa começa a se desvincular também.

Deixando o Medo de Lado

Aceitar e compartilhar suas próprias vulnerabilidades é um dos caminhos mais rápidos para se tornar totalmente comprometido. Muitas vezes, isso começa quando você deixa seus medos de lado.

Keith Yamashita, fundador da SYPartners, e Todd Holcomb, principal consultor da Becoming Human, se conheceram há cerca de 25 anos em um retiro nas Ilhas San Juan, na costa norte de Washington. Eles foram atraídos um pelo outro por intermédio da paixão compartilhada por melhorar o mundo ao redor e seu senso de otimismo e possibilidade.

Por algum tempo, Keith e Todd tiveram tudo: um casamento feliz, dois filhos lindos e um negócio próspero. Então Todd adoeceu muito: contraiu a doença de Lyme.* Pela primeira vez, Todd enfrentou uma doença incapacitante. Keith parou de trabalhar durante uma época atribulada para cuidar de Todd e dos filhos.

Foi nesse espaço vulnerável que Todd percebeu a profunda importância da conexão entre eles. O compromisso que Keith mostrou ao sacrificar tudo para estar lá para Todd abriu um espaço seguro para ele deixar de lado quaisquer medos que anteriormente tinha sobre o relacionamento e mergulhar completamente, não mais tentando reter uma parte de si mesmo para o caso de as coisas não darem certo com Keith. "Você tem que estar disposto a amar antes de ser amado", Keith me disse, "e tem que estar disposto a confiar antes que confiem em você." Todd percebeu que se pode estar intimamente ligado como um nós, e ser independente ao mesmo tempo. Na verdade, talvez seja essa interação entre liberdade e conexão que permita que as parcerias sobrevivam.

---

* Doença transmitida por carrapatos causada pela bactéria *Borrelia burgdorferi*. [N. da T.]

Os dois homens continuaram a falar sobre como o comprometimento total permitiu que eles fossem as versões mais amorosas de seus eus originais. "Quando você parar de se preocupar com a perpetuação do nós — ou seja, vamos continuar até o último suspiro como um nós", Keith compartilhou, "você pode ser mais aventureiro e sair e ser totalmente você mesmo e constantemente retornar ao nós." A segurança do compromisso total que tinham entre si lhes permitiu correr riscos, pois sabem que vão se apoiar mutuamente para o resto da vida.

O medo de apostar tudo também esteve presente na entrevista de Chris Anderson e Jacqueline Novogratz. Quando estavam prestes a se casar, Jacqueline estava aterrorizada por perder sua independência e a liberdade de seguir sua missão. Para aliviar seus medos, Chris a surpreendeu no casamento e acrescentou a promessa: "Eu nunca vou te segurar."

Treze anos após o casamento (e dezessete anos após o início do relacionamento), Jacqueline e Chris ainda se sentem seguros e capazes de correr riscos, sabendo que estão 100% lá um para o outro e sempre terão o apoio um do outro. Hoje, o conselho de Jacqueline para os jovens que buscam a Conexão Profunda em todos os tipos de relacionamentos é "perceber que, se você assumir o compromisso de maneira real, isso o libertará. Parece muito contraintuitivo, mas isso permite que você voe."

Você é Totalmente Comprometido?

Quando pensamos estar totalmente comprometidos, podemos imaginar alguém que seja uma imagem espelhada de nós em tudo o que for familiar. Na realidade, pontos fortes e fracos complementares podem, muitas vezes, tornar um relacionamento mais forte. Os parceiros totalmente comprometidos dão um ao outro o espaço seguro para serem eles próprios, para celebrarem em vez de esconderem suas diferenças.

Por sua vez, uma corrente elétrica de diferença ajuda as pessoas a permanecerem totalmente comprometidas, minimizando a concorrência e desafiando cada um a se esforçar além de sua zona de conforto.

Alex Rappaport, cofundador da empresa de educação Flocabulary, diz que o truque é despertar as pessoas para a importância de estar totalmente envolvido com alguém. Ele perguntou: "Como incentivamos as pessoas a olharem para fora de si mesmas em busca de apoio e habilidades adicionais e complementares, não ser orgulhoso a ponto de pensar que você pode fazer tudo? Esse é o caminho."

Aqui estão algumas perguntas a fazer a si mesmo e ao parceiro para determinar se vocês estão totalmente comprometidos:

1. **Vocês têm o apoio um do outro a longo prazo?**
   Como vimos com Sherry e Mario, quando você está fazendo algo audacioso, é crítico ter alguém ao lado, especialmente quando se está sendo atacado de todos os lados. Conexões totalmente comprometidas são aquelas em que você confia que alguém sempre estará a seu lado, e essa mesma pessoa ou pessoas permitirão que você assuma riscos enquanto ajuda a minimizar seus medos. Em ambientes seguros e confiáveis, bons relacionamentos se tornam como laboratórios de possibilidade, estimulando a inovação e criando espaço para testar novas ideias e habilidades perfeitas de Conexão Profunda. Nesses relacionamentos, você pode estar confiante de que seu parceiro realmente tem seus melhores interesses a longo prazo em mente.

2. **Vocês estão lá quando precisam um do outro?**
   "Quando seu parceiro fala, o mundo para", diz Paul Bennett, da IDEO. Eles estão 100% lá para você e você para eles — um lar para poder voltar.

64 Parcerias

3. **Vocês são portadores da verdade um para o outro, mesmo quando ela é desconfortável?** Todos os relacionamentos permitem que você veja coisas que talvez não tenha visto anteriormente em si mesmo, nos outros ou no mundo. Seu parceiro age como um espelho, dando-lhe uma imagem verdadeira de seus pontos fortes e uma chamada de despertar amorosa quando você está fora e precisa se afastar (como vimos com Ben e Jerry). Em última análise, eles lhe dão a visão e a liberdade para ser a melhor versão de si mesmo.

4. **Vocês se apoiam mutuamente como um eterno incentivador?** Um mais um é igual a muito mais do que dois em uma relação em que há comprometimento total, ajudando-o a alcançar objetivos muito mais audaciosos do que jamais conseguiria alcançar sozinho. Essas parcerias são centros de aprendizagem, alimentando o fogo da curiosidade, da admiração e do entusiasmo. Eles estão constantemente ajudando os parceiros a se erguerem mutuamente.

5. **Vocês fornecem um porto seguro um para o outro?** As parcerias totalmente comprometidas permitem que os indivíduos aperfeiçoem suas habilidades interpessoais, como abrir espaço para conversas sinceras e gerenciar conflitos de maneira saudável. Isso capacita o crescimento individual e cria confiança para aumentar a profundidade e o significado de todos os relacionamentos em suas vidas.

6. **Você é amoroso o suficiente?** Concentre-se em dar amor, não apenas em recebê-lo.

Estar totalmente comprometido não significa anular-se em uma relação. Significa encontrar-se por meio de suas Conexões Profundas. Elas lhe dão o espaço seguro e confiança para encontrar seu melhor eu e a liberdade de buscar algo maior. Isso não significa que você tem que estar colado 24/7; em vez disso, significa que não importa o que aconteça, cada um terá o apoio do outro. Vocês estarão lá um para o outro nos melhores e piores momentos.

CAPÍTULO QUATRO

O Ecossistema

Terceiro Grau de Conexão

*Eu penso mais do que qualquer outra coisa, é
como as pessoas constroem seus personagens e
como eles se comportam no mundo.*

— Uzodinma Iweala, autor, médico, produtor
de filmes e CEO do Africa Center

Quando o geofísico Joseph Farman[1] e sua equipe, Brian G. Gardiner e Jonathan Shanklin, no British Antarctic Survey viram os dados pela primeira vez, pensaram que algo devia estar errado.

Os dados mostraram um declínio preocupante no nível de ozônio perto do Polo Sul. Joe era conhecido por sua minuciosa atenção aos detalhes e rigor científico. Então, eles fizeram os mesmos cálculos de novo, várias vezes. Eles realizaram verificações sistemáticas de qualidade em anos de dados. E testaram o equipamento. Os resultados permaneceram os mesmos. Eram dados terríveis, como disse Joe algumas vezes.

Eles haviam acabado de encontrar uma das mais importantes descobertas científicas do século XX.

Quando Jonathan se juntou à equipe de pesquisa de Joe, estava cético sobre a pesquisa de Mario e Sherry. "Bem, isso é um monte de lixo", disse ele. "Como é que latas de aerossol podem destruir a camada de ozônio?"[2] Ele decidiu traçar um gráfico mostrando dados históricos de 1956 e dados atuais que provariam que as pessoas não precisavam se preocupar com o uso de latas de spray. Seu ceticismo diminuiu rapidamente quando começou a observar padrões perturbadores nos dados que ajudaram a levar à descoberta do buraco na camada de ozônio e desencadearam o imperativo moral para corrigi-lo. Anos depois, ele escreveu sobre o impacto prejudicial que a humanidade está exercendo no meio ambiente: "Talvez a lição mais surpreendente do buraco na camada de ozônio seja a rapidez com que nosso planeta pode mudar."[3]

Em minha entrevista com Jonathan, ele falou calorosamente de sua amizade de décadas com Joe e Brian. Eles eram personagens improváveis: Joe, o gênio matemático, Brian, o físico, um comunicador brilhante e a cola que os manteve unidos, e Jonathan, o cientista experimental entusiasmado cuja análise de dados e visualização iluminaram o assunto. Seus diferentes pontos fortes entrelaçados para formar um vínculo inquebrável. A confiança e respeito inabalável um pelo outro trouxe à tona o melhor de cada um. A amplitude combinada de conhecimento científico exigia credibilidade global.

O que Joe e seus parceiros, Jonathan e Brian, descobriram em 1984 foi um buraco na camada de ozônio sobre a Antártida. Examinando os detalhes, concluíram que, de fato, a combinação das baixíssimas temperaturas da Antártida e os CFCs causou uma perda acelerada de ozônio a cada primavera. Felizmente, a Grã-Bretanha investiu na coleta de dados científicos desde 1956 e eles foram capazes de mostrar que os danos estavam ocorrendo rapidamente. Em 1985, Joe, Jonathan e Brian publicaram suas descobertas em um artigo na *Nature*[4], a mesma revista que havia publicado a pesquisa de Sherry e Mario onze anos antes.

Pouco depois de a equipe britânica publicar suas descobertas, Susan Solomon, uma química especializada em questões atmosféricas da Administração Nacional Oceânica e Atmosférica (NOAA), liderou a Expedição Nacional de Ozônio à Antártida[5] para coletar dados adicionais e entender como os CFCs encontrados em produtos de consumo, eletrodomésticos e até mesmo navios de guerra poderiam causar danos à camada de ozônio tão longe de onde estavam sendo usados. As descobertas de Susan validaram o que tantas pessoas duvidaram. Sua pesquisa foi seguida por muitos outros estudos científicos, todos apontando na mesma direção.

Os dados eram irrefutáveis: a pesquisa de Sherry Rowland e Mario Molina esteve certa o tempo todo.

"Tivemos que ser pacientes por mais de uma década", disse Mario.

Essas descobertas corroboraram a afirmação de Sherry e Mario de que a crise era global e revelaram ao mundo a responsabilidade moral da ação global. Logo a crença combinada que Sherry e Mario tinham um no outro e na necessidade urgente de proteger a camada de ozônio se espalharia no mundo, preparando outros para alcançar o impossível.

Todos com quem falei sobre a colaboração global bem-sucedida para proteger a camada de ozônio descreveram Sherry e Mario como gigantes de caráter moral e integridade. Sherry, um membro do corpo docente, poderia legitimamente ter levado a maior parte do crédito por descobrir o impacto dos CFCs. Em vez disso, sempre dividiu o crédito com Mario.

Parcerias

Sherry e Mario inspiraram o surgimento de um grupo fundamental de cientistas comprometidos, líderes mundiais, formuladores de políticas, líderes empresariais e negociadores, cada um desempenhando um papel diferente, mas todos trabalhando em direção ao mesmo objetivo audacioso: finalizar um acordo global para interromper o uso dos CFCs e garantir que ele fosse rapidamente implementado. Eles construíram uma rede de amizades guiadas por um forte ecossistema moral. Este ecossistema era instintivo para eles, com respeito, confiança e generosidade, autenticamente vivo em tudo o que faziam, criando um ambiente de bondade, compaixão e graça.

No centro, construindo impulso e constantemente mantendo todos nos trilhos, havia algumas conexões muito profundas. Duas dessas Conexões Profundas eram amigos próximos de Sherry e Mario: Mostafa Tolba e Stephen O. Andersen.

Mostafa Tolba, um notável representante da ONU e arquiteto-chefe do Protocolo de Montreal, uniu-se a Mario e Sherry na crença de que se as pessoas certas se unissem para colaborar, o mundo poderia proteger a camada de ozônio. O respeito e a empatia de Mostafa por seus parceiros e as necessidades e problemas de países menos industrializados foram fundamentais para que o mundo se unisse. Stephen O. Andersen, economista da Agência de Proteção Ambiental dos Estados Unidos (EPA), recebeu a tarefa de ajudar indústrias de todo o mundo a acabar com o uso de CFCs. Stephen se tornou um dos aliados de confiança de Mostafa. O melhor dos líderes comunitários, ele era amigável, simpático e autêntico. Os dois tornaram-se parceiros extraordinários — Mostafa, um decidido e confiável líder egípcio, e Stephen, um norte-americano de Logan, Utah, com o dom de fazer as pessoas se sentirem parte de algo maior, como uma família focada em algo que impactaria muitas gerações futuras.

Mostafa protegeu ferozmente a missão. Ele não tolerava pessoas que deixassem seus próprios interesses atrapalharem, ou que perturbassem as virtudes que ele considerava sagradas para manter a comunidade em geral prosperando. "Esta é uma pessoa que amava tanto outras pessoas e a terra que não podia resistir a ser severo e conseguir o que era melhor para o meio ambiente e as pessoas que amava", lembrou-se Stephen. Seu foco inflexível no propósito mais alto ganhou a confiança de todos e permitiu que ele construísse pontes. Ele podia pegar duas pessoas com posições totalmente diferentes, descobrir quais eram suas perspectivas e encontrar uma solução.

Mostafa reuniu uma comunidade de diversos profissionais que ajudaram a estabelecer um acordo, todos usando suas habilidades complementares. Pouco a pouco, eles respeitosamente discutiram e debateram seu caminho para soluções compartilhadas. E, em 15 de setembro de 1987, o Protocolo de Montreal foi adotado[6], iniciando o processo de proibição de CFCs e outros produtos químicos para evitar danos adicionais à camada de ozônio. Por fim, 197 países o assinaram. Foi uma conquista monumental.

Mas um acordo não é nada sem um plano para implementá-lo. Stephen foi fundamental para liderar essa implementação e continuar comprometido com seu sucesso hoje, mais de trinta anos depois. Em 1989, Stephen, Mostafa e outros parceiros criaram grupos de órgãos de implementação, incluindo o Painel de Avaliação Técnica e Econômica (TEAP, na sigla em inglês). Esse grupo foi fundamental para reunir especialistas na indústria, ciência e política para eliminar os CFCs e inventar substituições.

Stephen tinha uma estratégia para construir primeiro uma equipe próxima e depois um movimento: prestando atenção às relações e nutrindo o ecossistema que promovia a amizade, ele identificou os melhores colaboradores que queriam trabalhar pesado juntos. Então,- começou a fortalecer as conexões entre eles. Construiu um ambiente de confiança e apreciação. Stephen também percebeu a importância da empatia e compaixão. Ele zerou os interesses das pessoas, procurou entender suas culturas e desafios pessoais e depois mostrou profundo respeito e empatia, prestando atenção em cada detalhe, até o que ele usaria para torná-los mais confortáveis quando se encontrassem.

Onde Mostafa era o visionário, Stephen era o líder que arregaçou as mangas e fez acontecer. Seu caminho para chegar lá era "suspender a descrença e o cinismo[7], imaginar o sucesso, observar o processo e fazer as coisas funcionarem." Ele evoluiu o ecossistema de virtudes que Sherry e Mario incorporaram na comunidade desde o início. Stephen concentrou suas ações em respeito e generosidade, sempre elogiando as pessoas e celebrando suas vitórias. Ele frequentemente enviava cartas de gratidão[8] da ONU aos chefes dos membros do TEAP, dando-lhes a oportunidade de se deliciarem com o louvor pelo seu trabalho. Stephen fez um esforço extraordinário para mostrar compaixão autêntica à comunidade. Quando um membro do Comitê de Solventes[9], Jorge Corona, ficou muito doente devido a um parasita, Stephen mobilizou o resto do grupo, organizou uma busca mundial pelo tratamento, que era muito caro, e organizou o financiamento, salvando a vida de Jorge.

Sherry, Mario, Stephen e Mostafa modelaram o ecossistema de virtudes para um coletivo em expansão de cientistas, economistas e representantes da indústria para definir os detalhes e iniciar a implementação.

"O que eles implementariam[10] e como se basearam... um círculo cada vez maior de amigos [que] trabalharam incansavelmente sob condições de confiança pessoal", compartilhou Mostafa. Os laços de confiança e respeito que inspiraram aumentaram a velocidade, o nível de inovação e a eficácia do processo de implementação do Protocolo de Montreal.

Eles foram sábios o suficiente para saber que, à medida que a comunidade crescesse, precisariam criar estruturas para manter próspero um ecossistema colaborativo maior. O acordo do Protocolo de

Montreal foi, ele próprio, um enorme êxito, mas o trabalho de implementação estava apenas começando.

Um Ecossistema para o Bem Coletivo

Falar sobre valores e virtudes é fácil — todos nós os experimentamos estampados nas paredes do escritório e entrelaçados em discursos políticos. É muito mais difícil vivê-los de forma consistente. Sherry e Mario viveram seus valores a cada momento, como um sistema operacional espiritual que guiou cada palavra e cada ação.

Este ecossistema moral apareceu de alguma forma em todas as parcerias que entrevistei, trazido à vida por meio da prática diária de virtudes essenciais. Com o tempo, essas virtudes se tornam respostas reflexivas, criando um ambiente de bondade, graça e compaixão entre nossas Conexões Profundas e todos os nossos relacionamentos. Esse ecossistema faz com que seja possível e sustentável — e, da mesma forma que é importante, torna-se a base para algo maior.

Essas virtudes não são uma pirâmide ou uma escada. Elas estão interconectadas — um ecossistema vivo e em mudança. As virtudes podem se alimentar e se fortalecer mutuamente, ou se alguma delas for negligenciada, prejudicar as outras. Em uma parceria, as virtudes não aparecem magicamente. Construir o ecossistema requer muito trabalho, curiosidade e prática, até que se torne o centro de tudo o que você faz, uma maneira de ser todos os dias, mesmo nos momentos mais corriqueiros. Foi o que aprendi ao conhecer os renomados antropólogos Wade Davis e Carroll Dunham, amigos há mais de quarenta anos.

De pé na casa de Wade Davis em Bowen Island, no Canadá, cercado por artefatos que ele reuniu em suas viagens globais como fotógrafo e antropólogo, senti como se tivesse sido transportada para outro mundo, em que a diversidade cultural é considerada sagrada. Cada estante, mesa, parede e até mesmo o chão pareciam exalar um pouco de magia. No meio de tudo isso, sentei-me e ouvi Wade e Carroll Dunham conversarem por três horas. Fiquei tão encantada que acabei perdendo não uma, mas três balsas consecutivas de volta ao continente.

Enquanto discutimos a ideia de um ecossistema moral, eles abriram meus olhos para o quão cruciais, mas negligenciadas, são nossas virtudes coletivas. Como Carroll disse: "Quando olhamos para a cola que mantém as sociedades unidas, é o construto daqueles que estão focados em nós como um indivíduo, ou somos parte de um coletivo maior? Se for só eu *versus* nós, toda a equação é profundamente diferente."

Wade e Carroll compartilharam histórias sobre ecossistemas biológicos em que trabalham juntos para servir o bem coletivo. O maior e mais antigo organismo vivo do mundo, chamado Pando, é uma colônia de árvores, do tipo álamos-trêmulos[11], em Utah. Seu sistema radicular conectado tem mais de 80 mil anos. Essa comunidade de árvores permanece viva cuidando umas das outras, protegendo-se mutuamente de doenças e incêndios e garantindo que qualquer árvore que precise de água ou nutrientes os receba por meio de um antigo sistema radicular. Podemos aprender com a reciprocidade que está viva e bem adaptada aos ecossistemas deste planeta maravilhoso, bem como repensar nossa relação com a natureza, passando da extração transacional para a regeneração e renovação.

Da mesma forma, as culturas humanas (e parcerias) sobrevivem porque olham para o coletivo, além do indivíduo. Nossa cultura nos veste de valores éticos e morais, informando nossa capacidade de grande bem... ou grande mal. Perdemos esse ecossistema moral, bem como o respeito pelas diferentes culturas, que é uma das principais razões pelas quais o mundo está sendo dilacerado. Em seu lugar, ganhamos um senso elevado de individualismo.

A mudança não é uma ameaça aos ecossistemas culturais, Carroll enfatiza: *poder* é a verdadeira ameaça. As atuais estruturas de poder incentivam o ganho individual e garantem que o controle seja mantido por um pequeno grupo de indivíduos. O foco está no poder *sobre outros*, por lucro de curto prazo e fama, em vez de uma *parceria compartilhada e igualitária* de longo prazo para todos. Precisamos descobrir como podemos reacender valores morais e éticos neste novo mundo digital que nos unirá. Um lugar para começar é por meio da construção de ecossistemas de virtudes com nossas Conexões Profundas.

As ideias de Carroll e Wade, sábias e perspicazes, aliadas às das mais de sessenta parcerias neste livro, me ajudaram a ver como **seis virtudes principais** podem nos ajudar a transcender as divisões culturais, expandir nossas aspirações e construir Conexões Profundas com mais pessoas:

- **Confiança Duradoura** não se restringe a aprender a confiar uns nos outros. Isso é importante, é claro, mas também é aprender a confiar no desconhecido — confiar na própria vida. Aprender a viver sem medo e confiar que as escolhas que você faz funcionarão, permite que você esteja em estado de graça, sentindo-se pleno e em paz. Isso lhe permite estar totalmente presente e trazer todo seu "eu" para a parceria.

- **Respeito Mútuo Inabalável** para que a contribuição única de cada pessoa para um relacionamento seja mantida. Em vez de tentar transformar todos em uma versão de si mesmo, celebre as diferenças. Isso começa com uma escuta profunda e respeitosa e com a abertura a ideias com as quais você pode não concordar, mas está disposto a tentar entender.

- **Crença Combinada** eleva parcerias, relacionamentos e comunidades, ajudando as pessoas a acreditarem umas nas outras e em algo maior. "Esquecemos que a crença e a metáfora [são o que] sempre impulsionaram o espírito humano", diz Wade. "A medida de uma cultura não é apenas o que se faz, mas a qualidade das aspirações, as metáforas que impulsionam para a frente."

- **Humildade Compartilhada** começa por reconhecer que cada pessoa e cada cultura tem algo a contribuir para a sociedade. Nas palavras de Wade, precisamos "quebrar a tirania da miopia cultural." Sermos humildes sobre o que não sabemos é fundamental para relacionamentos saudáveis. Como diz Wade sobre seu próprio campo: "Toda a mensagem da antropologia é condensada em uma ideia simples: as outras pessoas do mundo não são tentativas fracassadas contra você." Portanto, devemos sempre iniciar relacionamentos sem suposições, sem julgamento.

- **Generosidade Nutridora** aparece em todas as histórias de Wade e Carroll sobre sabedoria indígena, focando na ideia de competir em quanto podemos dar em vez de quanto podemos receber. Wade apontou para o povo nômade Penan da Malásia, que mede a riqueza pela força de suas relações sociais: "Não há palavra para obrigado na língua deles porque compartilhar é um reflexo", mencionou Wade.

- **Empatia Compassiva** pode ser vista como a capacidade de se colocar no lugar de outra pessoa e não a diminuir por suas diferenças. Isso nos permite celebrar ativamente diversos sonhos e aliviar o sofrimento.

Depois da minha conversa com Carroll e Wade, Wade me deixou explorar seu escritório, um baú de tesouro cultural, por um pouco mais de tempo. Cada objeto em exposição tem uma história humana por trás, repleta do profundo senso de admiração e respeito de Wade por outras culturas — desde os anciãos aborígenes na Austrália, aos inuítes no Ártico, aos irmãos anciãos na Colômbia, aos gabra no Quênia, aos penanos em Sarawak. Um ecossistema simbólico das virtudes que conectam culturas e celebram a diversidade.

Em última análise, Carroll e Wade sempre voltaram à compaixão e ao amor universais como o resultado de viver as seis virtudes, superando todas as divisões humanas. Como eles descrevem, um amor abundante é uma generosidade radiante de espírito, não uma mercadoria limitada. Podemos construir esse amor em nossas Conexões Profundas, praticando essas seis virtudes para nos ajudar a sermos mais gentis e mais amorosos com todos com quem nos conectamos.

Explorando o Ecossistema

O ecossistema está vivo com a prática diária de seis virtudes essenciais. Gerenciar o equilíbrio e o fluxo entre as virtudes interconectadas é fundamental para construir profundidade em nossos relacionamentos. Por exemplo, muita humildade pode minar sua crença combinada em algo maior, ou a falta de generosidade pode desmoronar suas bases de confiança e respeito.

Não é um processo fácil. Viver essas virtudes significa fazer a coisa certa, mesmo quando essas decisões exigem escolhas difíceis. Vimos isso quando Leah Tutu confiou e respeitou a decisão de seu marido de falar contra o apartheid*, mesmo que isso significasse que ele fosse preso ou morto. Essa foi certamente uma decisão dolorosa para Leah, pois ela não queria perder o marido, mas acreditava que era a coisa certa para ele e o propósito maior.

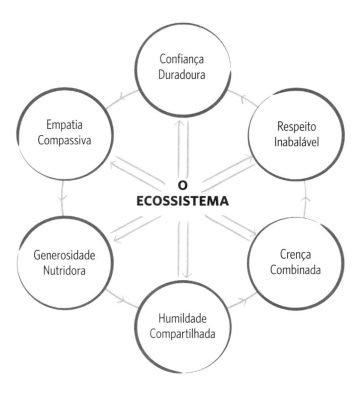

Com o tempo, elas se tornam respostas reflexivas, criando um ambiente de bondade, graça e amor incondicional.

---

* Apartheid foi um regime de segregação racial implementado na África do Sul em 1948 pelo pastor protestante Daniel François Malan — então primeiro-ministro —, e adotado até 1994 pelos sucessivos governos do Partido Nacional, no qual os direitos da maioria dos habitantes foram cerceados pela minoria branca no poder.

Essas virtudes conectadas ajudam a criar segurança psicológica em parcerias e coletivos. O Projeto Aristóteles do Google, liderado por Julia Rozovsky[12], considerou que esse sentimento de segurança era um dos fatores-chave para o sucesso de uma equipe.

Como o ecossistema moral está no centro de Conexões Profundas bem-sucedidas, o resto deste capítulo explora cada uma das seis virtudes por meio da experiência das mais de sessenta parcerias, incluindo dicas práticas para cada uma delas, para ajudar a incorporar essas virtudes em seus próprios relacionamentos.

Primeira Virtude: Confiança Duradoura - Fé Mútua

A confiança é, de longe, o elemento mais crítico do ecossistema de uma parceria. "A confiança é muito importante. Se você não confia em alguém, isso não funciona", compartilhou Henry Arnhold, cofundador da Fundação Mulago. Ele passou a descrever uma confiança duradoura — na qual se confia um no outro com a própria vida, fundamentando-se em algo maior do que si mesmo, com uma crença consistente nas boas intenções um do outro — como um componente essencial no cultivo de vidas e organizações significativas.

Fundamentar nossos relacionamentos na confiança é crucial para nosso bem-estar e nossos negócios. O estudo Edelman Trust Barometer[13], que entrevistou 34 mil pessoas em 28 países todos os anos durante duas décadas, mostra que "nos últimos 20 anos, vimos uma queda na confiança, mas um aumento em seu valor. A confiança surgiu, como a liberdade e a segurança, como um barômetro de uma sociedade de sucesso."

Em quem nós confiamos mudou significativamente ao longo das últimas duas décadas da pesquisa de Edelman. Na verdade, a pirâmide da confiança virou de cabeça para baixo: no início dos anos 2000, depositávamos nossa confiança nas autoridades, enquanto hoje reservamos nossa confiança em "gente como a gente". Nossos colegas, amigos e comunidades locais são agora nossas fontes da verdade no mar de notícias falsas que explodiram com as mídias sociais e a politização da mídia. Nossas Conexões Profundas tornaram-se nossos centros mais cruciais para a verdade e confiança.

Muitos de nós pensamos em nós mesmos como tendo uma natureza de confiança, mas muitas vezes nossas ações contam uma história diferente. Queremos ter fé nos outros, mas se a nossa confiança foi quebrada repetidamente, podemos ver a vida através de uma lente de suspeita e medo. Adotamos padrões de comportamento que, vistos objetivamente, revelam nossa desconfiança. Questionamos as intenções dos outros e voltamos a cair no conforto de nossas próprias agendas. Com o compromisso e o apoio de estar totalmente envolvido com as Conexões Profundas, podemos mudar, mas é preciso esforço e um plano voltado para isso.

A confiança duradoura é ainda mais difícil, e muitas vezes mais gratificante, quando você adota a conexão com pessoas fora do seu círculo interno. E, no entanto, isso pode ser feito, mesmo entre completos desconhecidos. Considere o sucesso global do Airbnb.

Parece óbvio agora, mas quando os cofundadores Joe Gebbia, Brian Chesky e Nate Blecharczyk fundaram o Airbnb em 2007, a ideia de acolher desconhecidos em sua casa parecia radical, até mesmo ingênua. Os investidores, e basicamente todos os outros, não acreditavam em suas histórias — eles tinham certeza de que desconhecidos nunca confiariam uns nos outros nesse grau.

A equipe se propôs a combater essa hesitação, desenhando um modelo de negócio em torno da confiança e da conexão. Ofereceram fotografias profissionais gratuitas aos anfitriões, providenciaram avaliações de clientes e criaram um sistema de reputação para reforçar ainda mais a confiança. Os líderes do Airbnb dispuseram-se a ouvir para descobrir quais as informações de que os hóspedes precisavam para se sentirem seguros e garantiram aos anfitriões que o Airbnb estava ao seu lado, caso algo não corresse bem.

Os três amigos e cofundadores sabiam, instintivamente, que as medidas que mais importariam seriam aquelas que encorajassem a Conexão Profunda — entre si, com a equipe, com os anfitriões, com os hóspedes e com as comunidades locais. Eles também perceberam que todos esses grupos estão interconectados e desempenham um papel no fortalecimento de seus negócios.

A maioria das empresas gasta muito tempo criando e monitorando todos os tipos de medidas — lucratividade, retenção de clientes e funcionários, custos e muito mais. Raramente elas se concentram na profundidade da conexão e no nível de confiança — com clientes, equipes e comunidades em que operam. Você consegue sentir a falta de confiança quando entra em uma empresa onde ela não está presente. Uma corrente erosiva corre sob as conversas pelo corredor, a informação não flui, a alegria está em falta, a burocracia está em alta.

Joe, Nate e Brian entenderam isso e construíram uma empresa única baseada em conexão e confiança. Isto foi facilitado, pois o relacionamento entre eles havia começado pela amizade. Eles não tinham nenhuma intenção além de querer desfrutar da companhia um do outro. Estavam sempre pensando sobre o que era melhor para o outro e para a empresa, antecipando as necessidades um do outro e celebrando a combinação de suas diferentes perspectivas para criar melhores ideias. Eles queriam criar uma cultura dentro da empresa que espelhasse a confiança fundamental que acreditavam existir — e que eles considerassem sagrada em sua própria Conexão Profunda um com o outro.

Para criar confiança, a equipe do Airbnb percebeu que precisava que os funcionários compreendessem que não há necessidade de competir uns com os outros; a única pessoa com quem se pode competir

82 Parcerias

é consigo mesma. Este foi um primeiro passo importante para desenvolver o respeito um pelo outro — e a confiança de que seus colegas de trabalho o apoiarão. Isso, então, abre um espaço seguro de transparência e abertura. As conversas duras são aceitas e têm resultados produtivos porque as pessoas confiam nas boas intenções umas das outras.

Esse modelo de conexão e comunicação parecia estar funcionando bem, à medida que a empresa crescia rapidamente. No final de 2019, seu 12° ano de atividade, recebia mais de mil currículos para cada vaga. Os rumores de planos do Airbnb para uma oferta pública de ações se tornaram uma das estreias de mercado mais esperadas de 2020. Em seguida, surgiu a Covid-19 e as viagens pararam.

Diante de uma enxurrada de comunicações dos clientes que queriam cancelar suas reservas e receber seu dinheiro de volta, Joe, Brian e Nate tomaram a decisão de romper com a política da empresa e oferecer reembolsos integrais. Eles tomaram a decisão e a implementaram sem consultar primeiro a rede de centenas de milhares de anfitriões cujas vidas dependem de reservas. Os anfitriões se sentiram enganados. Após doze anos criando confiança e boa vontade em todo o mundo, os fundadores perceberam que haviam decepcionado sua comunidade.

Para outra empresa, essa quebra de confiança poderia ter sido o fim do negócio. Para Joe, Brian e Nate, foi uma oportunidade de mostrar humildade. Para se desculpar. Para entrar em contato com sua comunidade e pedir outra oportunidade. Eles tiveram conversas difíceis que apenas são possíveis quando você cria uma cultura de sinceridade e confiança. A partir dessas conversas, surgiu a decisão de criar um fundo de US$250 milhões para seus anfitriões, acompanhado por uma nota de desculpas de Brian: "Embora eu acredite que fizemos a coisa certa ao priorizar a saúde e a segurança, lamento que tenhamos comunicado essa decisão aos hóspedes sem consultar vocês — como parceiros deveriam fazer", disse Brian. "Ouvimos sua opinião e entendemos que poderíamos ter sido parceiros melhores."[14]

A história de Joe, Nate e Brian é importante, pois vai além da Conexão Profunda de uns com os outros — com a equipe, anfitriões, hóspedes e as comunidades em que operam. É um ótimo exemplo de conexão e confiança em um mundo que incentiva o oposto.

A confiança, é claro, assume uma feição diferente dependendo da forma de parceria, mas, em todas as circunstâncias, somos capazes de *projetar nossas parcerias como padrão para confiança.*

Aqui estão alguns princípios orientadores:

Suponha boas intenções. Não tire conclusões precipitadas sobre as ações da outra pessoa, ficando imediatamente com medo ou desconfiança. A confiança cresce quando você está confiante de que o outro tem em mente seu apoio, bem como o benefício coletivo do relacionamento. Um forte propósito ajuda a incorporar boas intenções em cada ação. Elas aprofundam a confiança instantânea em algo duradouro e profundo.

Deixar de confiar e passar a fazê-lo de modo consistente exige um salto de fé, o que, por sua vez, incentiva mais confiança.

Crie um espaço seguro e honesto para que a confiança cresça. Isso tem um significado muito literal: criar um ambiente onde você e seu parceiro possam se comunicar com segurança. Isso requer tempo e momentos regulares que construam estabilidade, história e alegria. Você verá uma série de excelentes exemplos desses momentos no próximo capítulo. Quando, com suas Conexões Profundas, você faz da honestidade e da abertura uma prioridade central, as pessoas não evitam conversas difíceis.

Seja transparente e claro. É mais fácil ser sincero e aberto quando você tem a transparência como um princípio. Uma empresa de software[15], a Buffer, levou isto a extremos. Todos seus pacotes de compensação e dados de diversidade estão disponíveis online, com o código-fonte aberto e disponível para qualquer pessoa, e eles são transparentes sobre seu futuro mapa de produtos. Isso os ajudou a construir uma comunidade muito mais conectada e direta, mantendo os membros da equipe focados na produtividade, em vez de preocupados com a justiça.

Um quadro operacional que inclua papéis e responsabilidades claros é fundamental para permitir que a confiança prospere. Ele possibilita que as pessoas sejam ouvidas, tomem decisões, assumam riscos, sejam eficientes e façam algo extraordinário.

Faça das conversas difíceis a norma. Não tenha medo de falar com frequência sobre as coisas difíceis. No Airbnb, eles falam sobre "elefantes, peixes mortos e vômito"[16]. A ideia era abrir o diálogo em toda a empresa. "Os elefantes são as grandes coisas na sala de que ninguém está falando, os peixes mortos são aquilo que aconteceu há alguns anos e que as pessoas não conseguem superar, e o vômito é que, às vezes, as pessoas só precisam tirar algo da cabeça e você precisa de alguém para apenas sentar e ouvir." A ideia é se comunicar abertamente, sempre, para que as pessoas sejam livres para se expressar mesmo quando o que têm a dizer é difícil de ouvir.

A confiança também pode ser desviada pelos fantasmas de experiências passadas. Quando dedicamos um tempo para aprender e entender os pontos problemáticos uns dos outros (assim como também assumimos a responsabilidade pelos nossos), podemos nos ajudar mutuamente a trabalhar em situações desencadeadoras quando elas surgem, reforçando o sentido da parceria como um espaço seguro. A pior coisa que você pode fazer é desassociar-se, ignorando os causadores de estresse em si mesmo e nos outros até que os tremores se transformem em um terremoto que poderia destruir o relacionamento.

Permitir que erros criem confiança. Não importa o quão cuidadosamente você constrói um relacionamento, há momentos em que a confiança pode ser quebrada, especialmente nos estágios iniciais, em que você e seu parceiro não têm um senso de história compartilhada para ajudá-lo a entender por que alguém está fazendo algo que pode parecer prejudicial. Reconhecer e assumir a responsabilidade por erros pode ajudar muito a construir confiança.

Observe sua linguagem corporal. Revirar os olhos ou virar as costas quando alguém está falando com você pode ser tudo o que é preciso para minar a confiança. A confiança era tão profundamente gerada na parceria de Ben e Jerry que você podia senti-la em cada palavra que usavam, sua linguagem corporal e até mesmo suas risadas. Nos quinze anos que os conheço, nunca vi sequer um momento em que essa confiança fosse traída por um olhar, comentário ou ação sabotadora.

Confie em si mesmo. Em última análise, construir uma confiança duradoura com outra pessoa é impossível, a menos que você já tenha esse tipo de confiança em si mesmo. Muitas das pessoas com quem conversei descreveram questões fundamentais a serem feitas a si mesmo no intuito de entender melhor como se tornar um parceiro mais confiável:

- Você confia em suas intenções e habilidades?
- O que precisa de seu parceiro para ajudar a aumentar a autoconfiança?

- Você está totalmente comprometido em um relacionamento de confiança em vez de medo?

- Há algo mais claro que conduza sua vida e suas parcerias?

"A capacidade de dar sem sentir que é um sacrifício, que a vitória está na doação, é uma espécie de confiança", diz Will Marshall, cofundador da Planet, uma empresa de satélites. "Uma confiança no universo, mas também em aprender a confiar que, se você se dedicar a um objetivo grande e audacioso, será seu melhor 'eu' e encontrará um caminho para tecer isso em seu trabalho ou vida diária." À medida que você se entender melhor, passará a reconhecer que outras pessoas também estão simplesmente tentando ser melhores. Esse entendimento permitirá que você colabore com elas de forma mais eficaz.

Segunda Virtude: Respeito Mútuo Inabalável — Liberdade para Viver Sua Verdade

A confiança nunca florescerá sem respeito. Ambos estão profundamente interligados. Já os vi em todos os relacionamentos de sucesso que examinamos. Na verdade, os dois quase sempre foram mencionados em rápida sucessão quando perguntei aos entrevistados sobre o que mantinha suas parcerias conectadas.

Embora a confiança seja uma crença na qual alguém pode ser confiável e suas intenções são boas, o respeito é a maneira como tratamos uns aos outros, como aceitamos e admiramos as pessoas por quem elas são. São virtudes gêmeas no cerne do ecossistema: a confiança garantirá que um sempre proteja o outro, e o respeito mútuo ajudará cada um a se tornar seu melhor e autêntico "eu".

Respeito pode parecer bom senso. É claro que respeitamos todos com quem realmente nos conectamos. Entretanto, um olhar severo para o cemitério de nossas relações passadas revela o quão difícil é criar o ambiente certo para o respeito florescer. Quando acertamos, criamos *respeito mútuo inabalável*, capaz de resistir a erros, constrangimentos e momentos em que nosso *auto*rrespeito pode ser um pouco instável. Quando honramos uns aos outros, esse respeito irradia.

Robert P. George e Cornel West passaram a infância em ambientes muito diferentes a quase 5 mil quilômetros de distância. Robert foi criado[17] nas colinas da Virgínia Ocidental, neto de mineradores de carvão, e Cornel cresceu em meio ao ativismo racial explosivo da Califórnia na década de 1960. Hoje, Robert é amplamente reverenciado como um dos pensadores cristãos conservadores mais influentes do país. Cornel se tornou um membro inspirado da organização política Socialistas Democráticos da América, uma voz franca para a política de esquerda que esteve na vanguarda do movimento de justiça racial.

Cornel e Robert têm muitas crenças polarizadas, mas uma Conexão Profunda floresceu de sua amizade de quatorze anos. Esses dois intelectuais, ambos acadêmicos em uma das Ivy League — um conjunto de oito renomadas universidades norte-americanas — (Robert foi para Princeton e Cornel começou em Harvard e saiu para voltar ao Seminário Teológico da União), falam um do outro com reverência e admiração; e também sobre seu amor um pelo outro. Quando se sentam juntos, suas cabeças se inclinam um para o outro como se estivessem naturalmente unidos — talvez para se certificar de que ouvem cada palavra.

Enquanto o mundo em volta estava sendo destruído pela polarização e um grau do que ambos chamam de "decadência espiritual", esses dois amigos permaneceram conectados e dedicaram suas vidas ao ensino, às bolsas de estudos, a defender as coisas em que acreditam e ao engajamento e aprendizado de colegas que buscam a verdade e com quem têm desentendimentos, incluindo um ao outro.

Fazem isso ouvindo atentamente uns aos outros e criando um espaço para visões opostas sem perder o respeito entre eles. "Temos alguns pontos profundos de acordo, apesar de nossas diferenças políticas", disse Robert. "Estamos comprometidos com a busca da verdade. Estamos comprometidos com ideias, com o tipo de discurso civil que torna possível a busca da verdade e com a liberdade de expressão, que é a condição de tal discurso." Como resultado, disse, eles formaram "uma pequena equipe evangelista para esses princípios e valores".

Para Cornel, respeitar alguém que tem visões profundamente diferentes é o caminho para o crescimento. A questão, disse ele, é ser "inquieto". Mas só funciona se houver humildade, uma abertura ao autoexame e respeito por visões diferentes. Robert sente da mesma forma que alcançar os outros com respeito às diferentes opiniões é o caminho para uma maior compreensão, mas admite que não é fácil. As pessoas precisam se forçar a fazê-lo, e isso requer humildade e coragem. "Isso não significa que você está pré-comprometido a mudar de lado, mas significa que você está reconhecendo sua própria falibilidade", disse ele.

"É preciso coragem para sair de sua bolha", disse Cornel, "para ir além de qualquer rótulo e categorias que outros impuseram." O importante é ouvir uns aos outros, respeitar uns aos outros, "e esperar que alguém seja abençoado o suficiente para ser capaz de ter a profunda irmandade, fraternidade ou amizade com a qual fomos abençoados, de modo que possa ser transformador em sua própria vida fazer de alguém um ser humano muito mais amoroso, corajoso, de mente crítica, humilde e tenaz."

Suas últimas palavras de conselho foram sair e encontrar um amigo que *o deixe inquieto*. Ter profundo respeito, mesmo entre as discordâncias, para permitir que visões diferentes desafiem e moldem seu pensamento.

O respeito ajuda a reverter a falta venenosa de civilidade humana básica no mundo, como Robert e Cornel estão demonstrando ao superar discordâncias muito grandes. Não se trata de respeitar o que alguém pode se tornar, trata-se de respeitar quem ele é agora. "Amor é respeitar seu parceiro no lugar em que ele está", diz Jo Confino, que você conheceu no capítulo três.

Qualquer tipo de parceria pode ser concebida de acordo com o padrão de respeito. Por intermédio das entrevistas, identifiquei **seis princípios comuns** que constroem o respeito mútuo inabalável:

Blocos de Montar, Não Quebra-Cabeças. Procuramos erroneamente parceiros que acreditamos serem imagens espelhadas de nós mesmos e que nos servirão como a peça perfeita do quebra-cabeça. Richard Reed, um dos fundadores da Innocent Drinks, rejeitou firmemente essa abordagem. Concentre-se, em vez disso, em saber se as habilidades de alguém complementam as suas, se suas vantagens equilibram suas desvantagens. Ele o comparou a respeitar as diferenças uns dos outros e criar uma estrutura de blocos de montar, com todos os tipos de formas e tamanhos diferentes construindo para cima e para fora em direção a algo maior e maravilhoso. Às vezes, a estrutura se sentirá perturbada pela multiplicidade de peças diferentes que compõem o todo, mas o ecossistema moral correto levará à construção das coisas mais extraordinárias. Nossas virtudes devem corresponder, mas nossas perspectivas ou habilidades podem (e muitas vezes devem) diferir. Honrar e respeitar as diferenças fortalece os relacionamentos ao longo do tempo, empurrando-nos para a grandeza.

O Mundo Para. "O mundo para" quando você está ouvindo seu parceiro. Paul Bennett, sócio da IDEO e cônjuge do fotógrafo Jim Cooper, voltou a essa frase várias vezes durante sua bela entrevista, carregada de criatividade. Eles discutiram como o respeito é tanto sobre ouvir profundamente e estar presente quanto sobre elogios e afirmações.

Cornel e Robert brincaram que alguém bisbilhotando suas conversas pode ficar perplexo com longos períodos de silêncio — momentos em que eles ouviram profundamente as opiniões opostas um do outro e estão refletindo e testando seu próprio modo de pensar.

Todos nós tivemos a experiência de tentar comunicar algo importante para alguém que está mentalmente em outro lugar, não ouvindo nada. Também somos culpados de fazer o mesmo. Isso não é apenas desrespeitoso, mas também prejudica a conexão, minando a vontade de ambas as pessoas de compartilhar, prejudicando sua confiança. O autor, diretor de cinema e empresário, Uzodinma Iweala, disse: "Em primeiro lugar, você precisa ouvir. Não ouvir alguém é como dizer a essa pessoa: *você não existe.*" É o maior sinal de desrespeito.

Discordar Sim, Desrespeitar Nunca. Diferenças de opinião são a essência de um bom relacionamento. Para ter essas diferenças sem discórdia, devemos aprender a discutir e respeitar as opiniões sem nos lançarmos em uma guerra de palavras emocionalmente carregadas.

Parte desse processo vem de deixar de lado qualquer senso de competição. "Sempre tivemos um senso de respeito pelas opiniões um do outro", disse Richard Reed. "[Na Innocent Drinks,] sempre tomávamos decisões como uma trindade, ouvindo os argumentos um do outro, chegando à lógica, aos fatos e às razões, em vez de [ficarmos] presos no ego e na competição."

Cultivar o Respeito. Assim como a confiança, o respeito tem uma conexão mutuamente benéfica com o primeiro grau, Algo Maior. O respeito cresce apoiando os esforços uns dos outros para realizar algo significativo. Saber quando alguém está focado em fazer a diferença para os outros e não apenas para si mesmo, e estar lá para eles nesse processo, é fundamental para o crescimento do respeito mútuo.

Uma Teia de Respeito. A comunidade desempenha um papel importante e bem-vindo na criação e adoção do respeito. A vida diária tem o condão de desgastar o respeito em uma parceria quando ambos veem um ao outro em seu melhor e pior. Muitas vezes, alguém na sua comunidade em geral pode desempenhar um papel objetivo ao lembrá-lo por que seu parceiro é tão unicamente especial — reacendendo a chama de respeito um pelo outro.

Assim como você deve confiar em si mesmo para confiar nos outros, essa teia de respeito deve começar com o por si próprio — uma compreensão e apreciação de suas próprias habilidades únicas. Supõe-se que Mark Twain tenha dito: "A pior solidão é não se sentir confortável consigo mesmo." Respeitar a si mesmo e estar confortável com quem você é lhe dá a força e a abertura para respeitar inabalavelmente os outros.

Um Pedestal Imperfeito. Um dos maiores obstáculos ao respeito mútuo é colocar nossos parceiros em um pedestal. Quando cometem um erro humano e caem, entramos em uma espiral negativa de desapontamento e crítica. Devemos fundamentar nossa admiração um pelo outro na realidade. Ninguém é perfeito, e se tentarmos manter as pessoas em padrões irrealistas, o respeito será corroído, e o tecido das nossas parcerias se desgastará além dos reparos.

Respeito e confiança abrem a porta para a crença uns nos outros e a crença de que juntos pode-se alcançar algo muito maior.

Terceira Virtude: Crença Combinada — Tornar Possível o Impossível

A crença combinada, construída sobre o alicerce da confiança e respeito, é como ter seu próprio fã-clube pessoal animando e torcendo por você. É uma confiança compartilhada entre si, bem como uma fé de que juntos vocês podem tornar o impossível, possível. Essa crença o empurra para ser a melhor versão de si mesmo e impulsiona até mesmo as ideias mais difíceis e audaciosas para a realidade. A crença combinada é um pouco como o combustível que ajuda você a chegar a algo maior, acreditando um no outro e acreditando em suas ideias, mesmo quando os outros podem pensar que você está louco.

A crença combinada nem sempre significa partilhar exatamente os mesmos sonhos, como vimos com Cornel e Robert. Significa que na parceria há uma confiança mútua subjacente, um respeito por abordagens diferentes e a consciência de um terreno comum.

Em setembro de 2003, durante minha primeira semana na Virgin Unite, Richard Branson me entregou uma carta de Nelson Mandela e de sua mulher, Graça Machel. A carta foi uma resposta positiva a uma carta anterior de Richard e seu querido amigo Peter Gabriel, sobre sua ideia compartilhada de The Elders, uma visão para um grupo de líderes moralmente corajosos trabalharem pela paz e pelos direitos humanos. Quando me entregou a carta, Richard disse: "Mandela e Graça estão dentro. Você pode nos ajudar a fazer The Elders acontecer?" Meu primeiro pensamento foi: *Oh, meu Deus, acabei de sair de um ótimo emprego na Austrália para vir trabalhar para um homem louco, com ideias ultrajantes.* Então me recompus do susto, recolhi minha descrença e comecei a trabalhar.

Em maio de 2006, organizamos uma série de encontros na Ilha Necker, nas Ilhas Virgens Britânicas, para cocriar a ideia de The Elders. No primeiro dia, nervosa e semicerrando os olhos à luz do sol da manhã, fiquei descalça na grande sala ao estilo balinês em frente a um grupo de filantropos, fundadores de tecnologia, ativistas sociais, chefes de fundações, líderes religiosos e líderes governamentais de todo o mundo. Eu nunca poderia ter me imaginado na mesma sala com uma coleção tão ilustre de pessoas, muito menos me apresentando a elas com um *flip chart*. (Peter e Richard não utilizaram a apresentação de PowerPoint que passamos meses criando, pois achavam que não era humanizado o suficiente — o que foi uma sábia decisão.)

Como o nervosismo tornava difícil segurar minha caneta com firmeza, concentrei-me nos olhos azuis penetrantes do presidente Jimmy Carter, sentado ao lado do Arcebispo Tutu na primeira fila. Eu pensei: *Nossa, ele está ouvindo tão atentamente. Deve estar adorando esta ideia.*

Ele não gostou.

Momentos depois, o presidente Carter levantou-se. "Eu não acho que essa ideia faça sentido", anunciou ele. "Não acredito nisso."

Eu queria enfiar minha cabeça em um buraco no chão e desaparecer para sempre. Rapidamente, olhei para a parte de trás da sala e vi Peter e Richard, boquiabertos, congelados, em choque.

Durante o intervalo, nós três fomos ao escritório de Richard com o coração pesado. O que nós e tantos outros[18] tínhamos colocado tanto amor e trabalho duro para moldar tinha acabado de ser esmagado na frente de uma sala repleta de pessoas que foram essenciais para tirá--lo do chão. Não foi um bom começo. Depois de alguns momentos de discussão confusa (eu nunca tinha visto Richard ou Peter sem palavras antes), respiramos fundo, unimo-nos em nossa crença na ideia e um no outro e voltamos para a sala. Fomos abalados e humilhados, mas não derrotados.

O que aconteceu a seguir foi extraordinário. Todos na sala colaboraram para cocriar uma ideia melhor e mais forte. Peter, Richard e eu, juntamente com os principais parceiros Scilla Elworthy e Andrea

Brenninkmeijer, revezamo-nos recebendo pequenos grupos para preencher algumas das lacunas da ideia, permanecendo sempre fiéis ao conceito em que acreditávamos tão profundamente: um grupo de anciãos globais trabalhando corajosa e independentemente pela paz e direitos humanos, mas nunca assumindo que tínhamos todas as respostas. Em vez disso, restringimos a ideia de The Elders, encorajando coletivamente o desarmamento nuclear, trabalhando nos bastidores para eliminar os conflitos e lutando pelos direitos humanos, como acabar com o casamento infantil e incentivar a justiça climática.

A descrença inicial do presidente Carter resultou de sua preocupação de que o esforço seria apenas um "fórum de discussão", levando a mais palavras e nenhuma ação. Para garantir que não fosse o caso, ele e o Arcebispo Tutu se reuniram por cinco dias para moldar o propósito e os valores de The Elders. Eles muitas vezes riam das diferentes maneiras de trabalhar um do outro, com o presidente Carter querendo começar ao amanhecer e trabalhar até a noite, e o Arcebispo Tutu querendo pausas durante todo o dia para refletir e orar. A perspectiva coletiva do grupo tornou o conceito final muito melhor (é claro) do que a nossa apresentação de PowerPoint não utilizada.

Essa sabedoria que alcançamos por meio da crença combinada foi capturada no discurso de Mandela na fundação de The Elders, em 18 de julho de 2007, quase um ano depois do momento de querer enfiar minha cabeça no chão na Ilha Necker. Todos os anciãos assistiram com respeito enquanto Mandela subia ao palco e falava sobre como os governos ao redor do mundo estão lutando para responder aos nossos problemas globais interligados. Seu rosto se iluminou quando compartilhou sua crença de que esse grupo de anciãos, que não tinha outras intenções ou interesses investidos, poderia ajudar a enfrentar o que muitas vezes parecem ser questões intratáveis. Ele definiu uma estrela-guia para The Elders que ainda é verdadeira hoje: "Reunidos aqui hoje, temos os ingredientes de um grupo assim. Usando sua experiência, sua coragem moral e sua capacidade de superar as preocupações paroquiais de nação, raça e credo, eles podem ajudar a tornar nosso planeta um lugar mais pacífico, saudável e igualitário para se viver."

O presidente Carter e o Arcebispo Tutu, ao lado de muitos outros nesse grupo inicial, tornaram-se os apoiadores mais firmes de The Elders ao longo dos anos. Em maio de 2016, o presidente Carter, ao se retirar do grupo após ter completado 92 anos, ergueu um copo e brindou aos colegas, dizendo-lhes: "The Elders foi uma das coisas mais significativas que fiz na minha vida."

A crença combinada ajudará você e suas organizações a atingir seu maior potencial, como aconteceu com The Elders.

Aqui estão **quatro maneiras** de parcerias bem-sucedidas que são capazes de sustentar uma crença combinada ao longo do tempo.

Sem Divisas, Sem Limites. A crença combinada lhe dá a liberdade de viver uma vida de possibilidades exponenciais juntos, rompendo fronteiras e limitações que podem detê-lo se você estiver por conta própria.

Alex Rappaport e Blake Harrison são os fundadores da Flocabulary, uma empresa que oferece vídeos musicais educacionais de *hip hop* para ajudar milhões de jovens a dominar vocabulário, matemática, ciências e muito mais. É como se *Vila Sésamo* encontrasse o cantor Jay-Z. Alex me disse: "É mais fácil saltar se você estiver segurando a mão de alguém. Saber que outra pessoa é tão louca quanto eu é uma sensação muito boa."

Isso não significa que a crença combinada incentive riscos imprudentes e ridículos. "Sinto que você é a outra metade do meu cérebro. Você é o cético para o meu impulsivo a maior parte do tempo, o que é ótimo", disse Alex a Blake. "[Eu me pergunto] estou perseguindo um objeto brilhante que, na verdade, não significa nada para o nosso negócio? E, muitas vezes, você puxa meu balão de volta para a Terra." Eles descobriram maneiras de desafiar um ao outro, se tornarem advogados do diabo para garantir que sua crença combinada oxigenasse suas melhores ideias sem destruir os sonhos de cada um.

Jerry Greenfield descreve a abordagem de Ben Cohen à vida como uma das "sem divisas, sem limites." Isso os levou a aventuras de uma vida que expande em vez de limitar sua crença combinada em uma melhor maneira de fazer negócios.

Âncora de Confiança. Quando o Presidente Carter se mudou para a Casa Branca em 1977, Rosalynn Carter declarou que não tinha intenção de ser uma típica primeira-dama. Ela não queria ficar confinada ao papel tradicional de anfitriã. Em vez disso, usou sua plataforma para defender questões importantes que eram impopulares na época, como a saúde mental.

Rosalynn nem sempre foi tão confiante. "Eu estava muito insegura sobre o que era capaz de fazer, e Jimmy acreditava que eu poderia fazer qualquer coisa", disse ela.

Como mencionado no capítulo três, o presidente Carter considerava Rosalynn a pessoa mais importante da Casa Branca durante sua presidência. "Rosa estava profundamente envolvida em feiras nacionais e internacionais e, quando eu não podia ir a uma missão importante, Rosa o fazia em meu lugar — não minha secretária de estado, mas Rosa", disse ele. "Visitou sete países da América Latina para fortalecer as relações internacionais e curar feridas. Teve que lidar com questões muito preocupantes, como a proliferação nuclear e o comércio de drogas. Ela assumiu enormes responsabilidades relacionadas a todos os aspectos do governo dos Estados Unidos."

A confiança é ao mesmo tempo uma saída e uma entrada de crença combinada. Não confiança egoísta, mas uma confiança que cresce por meio de feedback honesto de seus parceiros totalmente comprometidos.

Competindo Consigo Mesmo. A autoconfiança e a melhoria constante de si mesmo são as bases para uma crença combinada mais ampla com outros. Muitas vezes, o que tira isso do caminho é a ênfase de nossa cultura na competição em detrimento da colaboração. Quantas vezes já nos sentamos em jantares e vimos casais em que um tenta ser mais esperto que o outro? Ou participamos de uma reunião de negócios em que todos tentam ser a pessoa mais importante da sala?

É como Bertrand Piccard disse sobre seus esforços de voo utilizando a energia solar com seu parceiro, André Borschberg: "O objetivo não é ser melhor do que o outro e transformar em uma competição; o objetivo é ser melhor do que o que éramos antes. Tenho que ser melhor do que era antes. André precisava ser melhor do que era antes. Competindo com nós mesmos."

Elevação. Pat Mitchell alcançou muito em sua vida: ela é ex--CEO e ex-presidente da PBS, presidente da CNN Productions, fundadora da TEDWomen e muito mais. Ainda assim, ficou claro durante minha entrevista com ela e seu marido, Scott Seydel, um líder de negócios bem-sucedido, que a coisa mais importante que eles já fizeram foi nutrir sua Conexão Profunda.

"Eu valorizo tantas coisas sobre essa parceria, e todos os dias penso comigo mesmo que sou a mulher mais sortuda do mundo", compartilhou Pat. Em uníssono, eles continuaram: "Nós levantamos um o outro."

E se, em cada interação com as nossas Conexões Profundas, perguntássemos como poderíamos elevá-las neste momento? Como posso escolher focar no positivo em vez do negativo? Como posso celebrar seus pontos fortes? Como posso fazer uma pausa para mostrar o quanto valorizo e acredito nelas? Como posso usar essa abordagem para levantar outras pessoas?

Quarta Virtude: Humildade Compartilhada – Domine Seu Ego

A humildade compartilhada tem tudo a ver com lembrar o quão pouco sabemos a encarar as coisas com uma mentalidade curiosa e de aprendizagem. Essa virtude depende da presença de uma crença combinada; uma sem a outra causará estragos em uma parceria. Se a crença combinada não for temperada com humildade, egos mais inflados podem superestimar suas próprias habilidades e subestimar as do parceiro, levando a um desequilíbrio insalubre no relacionamento. Se você tem humildade sem crença, será difícil fazer algo maior.

A humildade compartilhada é confiança fundamentada – uma compreensão de nossas próprias limitações e do ego saudável que emergirá disso.

Quando cheguei aos escritórios da Draper Richards Kaplan (DRK), um fundo global de filantropia de risco, esperava encontrar e entrevistar os três cofundadores, Bill Draper, Robin Richards Donohoe e Rob Kaplan (que estava ligando de Dallas). Em vez disso, o pequeno escritório estava repleto de cinco vozes: Bill, Robin, Rob, Jim Bildner, o sócio-gerente, e Christy Chin, uma sócia na época. Bill, Robin e Rob decidiram que não queriam ser entrevistados sozinhos ou levar o crédito pelo trabalho da equipe, já que a cultura da DRK baseia-se no outro.

Em 1994, Robin ainda era estudante de MBA em Stanford e Bill ficou impressionado com sua liderança em uma reunião da universidade. Eles tomaram um longo café da manhã e, ao final das quatro horas, decidiram criar uma empresa de *private equity* juntos — um estudante de 26 anos com 4 anos de experiência ao lado de um dos primeiros capitalistas de risco dos EUA, que também ocupava a segunda posição mais alta na ONU como administrador do Programa das Nações Unidas para o Desenvolvimento. Bill descreveu a parceria deles em sua maneira típica de se autodepreciar: "Os opostos se atraem. Você tem a juventude e o poder cerebral de um lado — o lado dela — e tem a idade e a experiência do outro."

Robin ficou atordoada quando Bill a convidou para ser sócia, e agradavelmente surpresa com sua humildade. Ele insistiu que se tratava de uma parceria equitativa e que o nome dela tinha o mesmo peso. Quando Robin tentou convencê-lo do contrário, porque ela achava que era muito jovem e ele poderia querer um parceiro mais sênior mais tarde, a resposta de Bill foi: "Por que você está duvidando de si mesma? Você é minha sócia e quero seu nome na porta." Essa mesma crença levou Rob a ingressar na sociedade mais tarde.

Por dezessete anos, Bill e Robin almoçaram juntos todos os dias, um ritual que aprofundava o relacionamento deles. Robin ficou imediatamente impressionada com a capacidade de Bill ouvir autenticamente a jovem de 26 anos. Ela também se lembra de ter aprendido uma lição importante com ele no início, quando ele entrou em um táxi e perguntou ao motorista: "De onde você é? O que gosta de fazer?" Bill tenta aprender com todos que conhece.

A gênese da DRK foi em 2001, quando, depois de muitos anos de gestão bem-sucedida de seus negócios de *private equity*, Draper Richards, Bill e Robin decidiram iniciar o que se tornaria a DRK, um fundo concentrado em apoiar empreendedores de impacto social e ambiental em estágio inicial — fundado muito antes de seu tempo, antes que os investimentos de impacto se tornassem populares. Robert Kaplan, que foi professor de liderança em Harvard e que mais tarde foi presidente e CEO do Federal Reserve Bank de Dallas, se juntou a eles em 2010. A parceria está agora no seu terceiro fundo, este de US$65 milhões, dedicado a empresários com potencial para mudar o mundo para melhor.

Os membros da equipe da DRK vêm de todos os tipos de formação. Eles criaram estruturas para se beneficiar de suas diferenças e domar egos, levando a um exemplo extraordinário de um local de trabalho altamente colaborativo. "Quando tocamos, estamos tocando como uma sinfonia", disseram os parceiros, "porque em nosso DNA tiramos uma variedade de componentes para que eles não estejam competindo [uns com os outros]; eles estão competindo em *como posso tornar minha vida um material para os outros*." Desde o início, eles colocaram em seu âmago a sensação de estar sempre juntos naquilo, compartilhando tanto o fracasso quanto o sucesso. Eles também criaram as estruturas de incentivo certas, substituindo as recompensas baseadas no lucro de curto prazo por aquelas ligadas ao impacto compartilhado de longo prazo. Tirar o foco de incentivos individuais distorcidos que promovem o ego incentiva os membros da equipe a fazer tudo o que puderem para apoiar seus empreendedores sociais a partir de um lugar de humildade compartilhada.

Seu impacto é medido nas vidas atendidas por seu portfólio, a quem chamam de "família." Ao longo dos anos, a DRK ajudou a adquirir organizações como Room to Read, Kiva, Education SuperHighway e One Acre Fund, todas agora empresas sociais multimilionárias que impulsionam mudanças significativas no mundo.

Robin, Bill e Rob enviaram uma mensagem clara de humildade em tudo o que fazem trazendo seus colegas para a entrevista. A humildade compartilhada consistente — na forma como nos aproximamos, como abordamos diferentes culturas e como abordamos o ambiente e diferentes sistemas de crenças — é fundamental para nutrir Conexões Profundas.

Abaixo estão **cinco princípios** para ajudar a incorporar humildade em seus relacionamentos e vida.

Não faça suposições. DRK tem tudo a ver com o serviço aos outros, não com os currículos da equipe. Ela tem um compromisso compartilhado com o bem, livre de suposições restritivas sobre quem pode agregar valor e quem não pode.

A humildade compartilhada em uma parceria começa com a desistência de quaisquer suposições que você possa ter sobre seu parceiro e chegando a cada conversa de mente aberta e pronta para aprender. Também é uma habilidade importante aprender a garantir que você não perca uma parceria que possa mudar sua vida.

Entenda suas limitações. Andy Kuper e Jim Roth, fundador e cofundador da Investimentos LeapFrog, que investe em empresas que prestam serviços financeiros e de assistência médica a famílias de baixa renda, acreditam que quando você tem uma ideia audaciosa, é impossível fazê-lo por conta própria. Tem que ser feito por uma "pequena frota de capitães."

Se você precisa de um lembrete fácil, não há melhor maneira de entender suas limitações do que sair e olhar para as estrelas, ou subir montanhas, ou mergulhar no vasto oceano. A natureza é o verdadeiro grande equalizador, mantendo-nos humildes e com os pés no chão, fazendo-nos perceber o quão insignificantes algumas de nossas explosões de ego realmente são. A natureza também pode nos ensinar sobre o poder do coletivo e nos inclinar em direção a algo maior. Vale lembrar as palavras de Amory Lovins, cofundador do RMI (Instituto Rocky Mountain): "Eu diria que aprendemos tudo com a natureza. Onde mais você aprenderia alguma coisa?"

Diversidade de valores. Celebrar em vez de temer a diversidade é fundamental para a humildade compartilhada. Isso não se aplica apenas a diferentes culturas, mas também a todos os tipos de diversidade, da raça ao sexo, da orientação sexual às opiniões políticas. Curiosamente, muitas das parcerias bem-sucedidas com as quais falamos se dividem em grandes diferenças. Essa corrente elétrica de diferença tornou-as ainda mais fortes.

Esteja a serviço — não no controle. O senso de humildade em todas as parcerias foi auxiliado por seu foco em algo maior e pela realização de que estamos a serviço de nossos parceiros e de nossa missão — não no controle deles. Como Paul Bennett mencionou sobre seu casamento com Jim, "Acho que um dos melhores subprodutos do nosso relacionamento é que meu ego desapareceu de uma maneira muito saudável. Sinto-me disponível nesta relação. Sinto-me em serviço no meu trabalho."

Livrar-se da pulsão pela propriedade total, de ter que ser o responsável, permite que você se concentre mais no impacto e no bem-estar do seu parceiro. Um ousado algo maior verifica quaisquer egos que possam atrapalhar a visão mais ampla. Como Andy, da Investimentos LeapFrog, compartilhou: "E as próximas milhões de pessoas? E quanto aos próximos bilhões de pessoas que poderíamos alcançar e cujas vidas poderíamos impactar?"

Lorde Hastings, um membro da Câmara dos Lordes no Reino Unido, e sua amiga Gloria Abramoff, que ele conheceu e com quem trabalhou na BBC por muitos anos, passaram a maior parte do tempo em que eu os entrevistei generosamente elogiando um ao outro. "Nós fomos além de um mundo ditatorial de controles e ordenação", propôs Lorde Hastings. "Estamos em um mundo de conversa, colaboração e parceria — como podemos fazer isso melhor juntos. Trazer o melhor de todas as habilidades e talentos que podemos encontrar para a sala, em vez de ser eu quem sabe a única maneira de fazer isso."

Ninguém faz nada sozinho. Em 2018, visitei o Museu do Apartheid em Joanesburgo, África do Sul, para comemorar o que teria sido o centenário de Nelson Mandela. Grande parte da discussão e celebração ocorreu em uma sala com o nome de George Bizos[19]. George foi um dos renomados advogados que defendeu Mandela e outros heróis antiapartheid no famoso Julgamento de Rivônia em 1963–1964. Tornou-se uma figura jurídica crucial que lutou por muitos dos líderes do Congresso Nacional Africano. Bizos era um querido amigo e parceiro de Mandela, do Arcebispo Tutu e de muitos outros.

Tivemos sorte que George, então com noventa anos, estava conosco naquela noite no museu. Depois de um concerto comovente do Coral Evangélico de Soweto, fui até ele para agradecer por tudo o que fez para acabar com o apartheid.

Ele se virou para mim com um brilho nos olhos e disse: "Ninguém faz nada sozinho."

Quinta Virtude: Alimentando a Generosidade – Doe Livremente

Em seu livro *Dar e Receber*, o professor da Wharton School, Adam Grant, mostrou[20] que os tomadores, que se concentram no interesse próprio, podem vencer a curto prazo, mas as pessoas se cansam de doar constantemente a eles. São os doadores, desde que eles se protejam de serem explorados, que têm melhores perspectivas de sucesso e felicidade a longo prazo.

A generosidade é uma virtude essencial no ecossistema das mais de sessenta parcerias bem-sucedidas com as quais conversei. Nenhuma delas foi baseada na relação desequilibrada de um tomador. Em vez disso, a enorme generosidade criou um ecossistema mutuamente benéfico de doações equilibradas. Os indivíduos nessas parcerias encontraram um ritmo de generosidade que nutria a todos, alicerçado na sabedoria de que você sempre recebe mais do que dá.

No dia 3 de março de 2017, às 19h, o célebre conservacionista Dereck Joubert e sua esposa[21], Beverly, estavam caminhando pelo acampamento no Delta do Okavango, em Botswana, preparando-se para comemorar o aniversário de Dereck, que coincide com o Dia Mundial da Vida Selvagem. Depois de um dia inteiro filmando na savana africana, eles estavam ansiosos por uma noite relaxante juntos.

Eles viraram a cabeça quando um som bufante na escuridão chamou sua atenção. Em poucos segundos, antes mesmo que pudessem compreender o que acabavam de ouvir, Dereck e Beverly foram carregados por um búfalo africano. Após golpear Dereck com seus chifres, quebrando várias costelas, o búfalo bateu com violência um dos chifres em Beverly, empalando-a debaixo do braço, penetrando o pulmão até a garganta.

De repente, Beverly estava sendo arrastada pelo búfalo para fora do acampamento. Dereck lutou para se levantar e persegui-los. Ele conseguiu chutar o búfalo na perna direita e, quando ele balançou a cabeça em resposta, Beverly foi jogada no chão. Dereck correu para Beverly, mas antes de chegar a ela, o búfalo atacou novamente. Instintivamente, Dereck correu em direção ao búfalo, colocando-se entre o animal e Beverly em um esforço para protegê-la. Ele foi atropelado, adicionando um osso pélvico quebrado às costelas fraturadas.

Depois desse segundo golpe, no entanto, o búfalo recuou para a escuridão. Ao conseguir voltar com dificuldade ao acampamento, Dereck enviou uma mensagem de socorro, pegou analgésicos para Beverly (e para si mesmo) e começou a prestar primeiros socorros para estabilizar Beverly enquanto esperava a chegada dos serviços de emergência. Várias horas depois, quando Beverly começou a perceber toda a extensão de seus ferimentos, ela gentilmente pediu a Dereck para parar a medicação — ela queria estar plenamente consciente se tivesse que se despedir dele.

Ela havia perdido quase três litros de sangue quando a assistência médica chegou, ao amanhecer. Passadas onze horas do incidente, chegaram ao hospital mais próximo em segurança após o voo para a África do Sul. Foi uma experiência angustiante e inacreditável, e eles tiveram sorte de ter sobrevivido.

Dois anos antes do acidente, Dereck havia me dito que a generosidade altruísta desempenhava um grande papel em sua relação: "Se algo acontecesse com Beverly, eu a salvaria primeiro." Mal sabia ele que um búfalo africano lhe daria a oportunidade de fazer exatamente isso.

Felizmente, a maioria de nós nunca terá de ir ao extremo de jogar nossos corpos entre nosso parceiro e os chifres da morte para mostrar generosidade. Tudo o que é necessário é um esforço contínuo para encontrar maneiras de ser útil aos outros. Tudo o que temos a fazer é alcançar a alegria de doar.

Aqui estão **cinco maneiras** pelas quais você pode colocar a generosidade em ação.

Placar da Gratidão. A gratidão é uma bela expressão da generosidade. É parte integrante de uma relação duradoura e de uma vida saudável.

Jacki e Greg Zehner, ex-executivos da Goldman Sachs que iniciaram uma fundação para a justiça social, têm um placar de gratidão — não pontuações literais, mas uma competição de quem pode ser mais generoso e grato ao outro. Quando praticamos explorar o mundo a partir da gratidão, agradecendo e inspirando uns aos outros em vez de criticar, infundimos generosidade em todas nossas ações.

A maioria dos parceiros que entrevistei tem rituais para garantir que eles nunca subestimem um ao outro e que expressem gratidão pelo mundo ao redor. Irmãos e cofundadores da Life is Good, Bert e John Jacobs, me contaram como, quando crianças, sua mãe fazia um pedido à mesa de jantar da família todas as noites para lembrá-los de serem gratos: "Diga-me algo de bom que aconteceu hoje." Muitos dos outros parceiros compartilhavam uns com os outros algo pelo qual eram gratos todos os dias. É uma maneira maravilhosa de começar o dia e mudar sua perspectiva, sendo grato por tudo que o cerca.

Sorte Compartilhada. Muitas das parcerias de negócios que examinei construíram cuidadosamente estruturas baseadas na generosidade para compartilhar a prosperidade com todos na empresa. "Cada pessoa no negócio tem uma participação", Sangu Delle (que você conheceu no capítulo dois) me disse. "Todos fazem parte de um acordo de participação nos lucros que fazemos no final do ano. Todos, da recepcionista e o segurança à pessoa que limpa as janelas, pois fundamentalmente nosso objetivo é poder criar uma situação em que haja prosperidade compartilhada e que não se restrinja às pessoas no topo."

A fortuna partilhada não tem de ser medida simplesmente como ganho financeiro. Ela também pode ser expressa compartilhando uma oportunidade ou recebendo alguém em seu círculo mais amplo de amigos.

Glória Compartilhada. A glória partilhada multiplica o sentimento de generosidade e lhe permite celebrar suas Conexões Profundas. Lembra-se de como Sherry sempre compartilhou o reconhecimento por descobrir o impacto dos CFCs na camada de ozônio com Mario, levando ambos a ganhar o Prêmio Nobel? Da mesma forma, você seria desafiado a encontrar quaisquer artigos de mídia sobre o Detroit Vegan Soul que não apresentem ambas as fundadoras da empresa, Erika e Kirsten. Elas estão atentas em garantir que ambas tenham a chance de ser o rosto público para seu negócio de sucesso. Mas a glória compartilhada nem sempre tem que vir na forma de um grande prêmio ou um artigo de primeira página. Pequenas e frequentes afirmações ajudam a construir respeito e confiança um no outro. Ademais, uma recusa em compartilhar a glória pode fazer com que uma parceria se desfaça, como você verá no capítulo seis.

Altruísmo Extremo. Uma pesquisa da Fundação John Templeton descobriu que a generosidade tem suas raízes em nossa biologia e história evolutiva. Dereck e Beverly compartilharam comigo uma bela perspectiva sobre a generosidade que ganharam ao observar uma manada de elefantes. Sempre que havia uma percepção de ameaça, as fêmeas no rebanho rapidamente e de modo deliberado postavam-se na frente dos outros elefantes para protegê-los. "Era a forma mais básica de altruísmo", explica Beverly. "As fêmeas do rebanho estavam enviando uma mensagem muito contundente, generosa e protetora: 'Leve-me primeiro e salve os outros.' Esse tipo de altruísmo extremo deve nos envergonhar como seres humanos e nos envergonhar como uma cultura envolvida em si mesma."

Eu Não, Nós. Muitos de nós estamos tão focados em uma crença na separação e no individualismo que nos esquecemos amplamente de cuidar uns dos outros no espírito da generosidade. Como Jo Confino disse lindamente: "Criamos uma sociedade de apego." Ele passou a compartilhar que precisamos mudar isso para "não se trata de mim, mas de nós." Vamos olhar para esses tempos de individualismo, de capitalismo de acionistas ["shareholder capitalism"], de racismo sistêmico e de grande desigualdade como um dos maiores atos coletivos de egoísmo que o mundo conheceu.

Ser comprometido e dar de si mesmo 100% é o ato mais importante de generosidade. Ser generoso com seu tempo, consigo mesmo e com o outro pode ser um ato de compaixão que lhe dá a oportunidade de construir uma profundidade de compreensão e empatia que você nunca poderia perceber por conta própria.

Sexta Virtude: Empatia Compassiva — Ação Amorosa

Imagine ser tirado de sua casa enquanto cortava a grama e forçado a entrar em um carro da polícia. Imagine ser informado por um policial que não importava se você não cometeu o crime. Você é culpado apenas por ser Negro.

Imagine ser colocado em uma cela de prisão e pensar que esse pesadelo acabaria logo, pois certamente alguém perceberia esse enorme mal-entendido.

Imagine então ser jogado em uma cela de 1,70 m² no corredor da morte, sem provas contra você.

Então, imagine permanecer naquela cela por 28 anos.

Essa é a história de Anthony Ray Hinton. Ele foi condenado injustamente pelos assassinatos de dois gerentes de restaurantes fast-food em Birmingham, Alabama, em 1985.

Às 9h30 de 3 de abril de 2015, Ray foi libertado da prisão, sua condenação foi completamente anulada e todas as acusações contra ele foram retiradas. Transcorridas quase três décadas, ele deixou a prisão como um homem inocente.

Ray sobreviveu a essa terrível provação em grande parte graças a duas Conexões Profundas. Lester Bailey, seu melhor amigo de infância, que dirigiu aproximadamente 415 km em cada sentido todas as semanas por 28 anos para visitar Ray na prisão. O outro foi seu advogado

O Ecossistema **109**

e amigo, Bryan Stevenson, fundador da Equal Justice Initiative, que por mais de dezesseis anos trabalhou incansavelmente para provar a inocência de Ray e finalmente libertá-lo. A história deles é a mais pura demonstração de empatia compassiva.

Quando pensamos em empatia, achamos que é a capacidade de ficar no lugar de outra pessoa, uma tentativa de entender a realidade emocional de alguém e como ela está se sentindo. Isso pode ser abusivo, como ser um observador do sofrimento de outra pessoa.

A empatia compassiva vai além disso. Não é apenas se colocar no lugar do outro, é caminhar ao lado dele de uma maneira respeitosa e equitativa e ajudar a aliviar seu sofrimento. Empatia compassiva significa tomar medidas amorosas, fornecer apoio que é guiado pela pessoa que está passando pela situação e sabe o que é necessário. O psicólogo de Stanford, Jamil Zaki, se refere a isso como uma preocupação empática. "Empatia é um termo abrangente que captura pelo menos três maneiras de nos conectarmos com as emoções um do outro", explica. Ele continua a delinear três tipos diferentes de empatia: "Empatia emocional, que está indiretamente pegando os sentimentos de outra pessoa. Empatia cognitiva é sua tentativa de entender o que outra pessoa está sentindo e por quê. E então a preocupação empática ou compaixão é sua motivação para melhorar o bem-estar dos outros."[22]

Lester e Ray eram amigos desde a infância. Eles faziam tudo juntos. Depois que Ray foi preso, Lester poderia ter ligado para Ray algumas vezes por semana e lhe dito o quanto sentia e depois continuar com sua vida. Em vez disso, ele dirigiu dez horas por semana para garantir que estava lá para Ray, esperando por ele com amor e graça.

Por quatorze anos após sua prisão injusta, Ray não conseguiu a ajuda legal necessária para provar sua inocência. Bryan foi encontrá-lo na prisão depois de receber uma ligação de Ray em 1999. "Ele causou uma boa impressão"[23], compartilhou Bryan. "Atencioso, sincero, genuíno, compassivo, engraçado, era fácil querer ajudar Anthony Ray

Hinton." Bryan poderia simplesmente ter sentido a dor de Ray e ido embora, deixando Ray morrer no corredor da morte. Ele não fez isso. Bryan tomou medidas amorosas todos os dias durante dezesseis anos para provar a inocência de Ray.

Ray, por sua vez, tinha empatia compassiva consistente pelo que Bryan e Lester estavam passando. Ele se refere a isso como "trinta anos dentro e trinta anos fora", para destacar sua dor compartilhada. Ray estava constantemente preocupado com as ameaças de morte e ataques que ambos sofreram por estarem a seu lado, preocupado que Bryan estava trabalhando muito duro, preocupado se Lester ficaria chateado se ouvisse que outro recurso foi recusado. Ele fez tudo o que podia para ajudar a minimizar o sofrimento deles, confortando Bryan e Lester quando receberam más notícias sobre seu caso. Ele até usou o humor para levantar o espírito quando seu próprio coração estava partido.

Mesmo em sua dor inimaginável de ser injustamente encarcerado no corredor da morte, Ray vivia com empatia compassiva permeando todos seus relacionamentos, desde os guardas que o mantiveram em cativeiro até seus companheiros de prisão. Ele até encontrou uma maneira de ser empático com Henry Francis Hays, um notório membro da Ku Klux Klan que havia brutalmente linchado um inocente rapaz Negro de dezenove anos de idade em 1981.

Ray e Henry se conheceram[24] em um clube do livro que Ray tinha começado na biblioteca de direito na Holman Correctional Facility. Ray não sabia quem era Henry quando se juntou ao grupo mais íntimo, mas logo descobriu sobre o passado de Henry. Ray e os outros do clube do livro decidiram não continuar a cadeia de ódio e, em vez disso, praticar a empatia compassiva. "Todos sabiam que Henry sentia-se envergonhado[25], e aqui estávamos nós, cinco homens Negros no sul tentando confortar o homem branco que seria conhecido para sempre por fazer o último linchamento de um menino Negro."

Ray soube de Henry que sua mãe, seu pai, todos em sua família o ensinaram a odiar os Negros desde o dia em que ele nasceu. Henry também tinha sofrido espancamentos cruéis nas mãos de seu pai a vida toda. "Por toda a vida ele aprendeu a odiar[26], e eu me senti mal por ele que essa mãe e pai não o amaram o suficiente para mostrar-lhe amor", disse Ray. "Eu pensei, tenho amor suficiente que me foi dado por minha mãe, e realmente acredito que eu poderia dar ao mundo inteiro. Comecei a conversar com ele e tentei desprogramá-lo para mostrar que não sou diferente dele."

Os dois homens aprofundaram seu relacionamento por meio de conversas honestas durante as reuniões do clube do livro. Ray tomou medidas amorosas ao nunca julgar Henry, ao ouvir e compreender autenticamente o *porquê* de ele haver se tornado uma pessoa tão cheia de ódio e violência. Henry foi transformado pelo amor compassivo de Ray. Pouco antes de sua execução, ele compartilhou que as mesmas pessoas que ele aprendeu a odiar foram as mesmas que o ensinaram a amar.

A empatia compassiva começa com escuta profunda, compreensão e ação amorosa. Como Jo Confino disse: "Compreender é amar." No entanto, nos dias sempre conectados de hoje, muitas vezes não temos tempo para realmente ouvir e entender uns aos outros, muito menos para tomar medidas para ajudar a aliviar o sofrimento. Fissuras em um relacionamento surgem quando as pessoas se sentem não ouvidas, mal compreendidas, ignoradas ou abandonadas em sua dor. Construir empatia compassiva em todos os relacionamentos requer trabalho.

Aqui estão **cinco maneiras** de parcerias bem-sucedidas neste livro que fortaleceram essa virtude em suas vidas.

Abandonando o Julgamento. Azim (que você conheceu no capítulo três) poderia facilmente ter caído em uma espiral de ódio, vingança e amargura depois que seu único filho, Tariq, foi baleado pelo neto de Ples, Tony, naquela noite em janeiro de

1995. No entanto, não o fez. Ele tinha tamanha empatia compassiva que perdoou Tony e não o julgou. Ele entendeu que não era culpa do rapaz de quatorze anos, mas sim da sociedade, que colocou Tony nessa posição.

Quando Tony saiu da prisão cerca de 24 anos depois, Azim e sua filha, Tasreen, o acolheram sem julgamento e o trouxeram para trabalhar na Fundação Tariq Khamisa. "O maior obstáculo à empatia, compaixão e perdão é o julgamento", compartilhou Azim. Deixar de julgar o libera para realmente entender e compreender seu parceiro — e depois agir em serviço com empatia apaixonada, como ele faz com Tony.

Experiências Próximas. Bryan Stevenson frequentemente fala sobre a importância da proximidade: aproximar-se um do outro de uma maneira significativa para realmente nos entendermos e aos problemas que precisamos resolver juntos. Isso é importante para as nossas Conexões Profundas por alguns motivos. Primeiro, a proximidade nos ajuda a compreender melhor a história do nosso parceiro, onde cresceu, quais foram suas lutas, quais injustiças enfrentaram, quando estiveram mais alegres e muito mais. Em segundo lugar, a proximidade nos ajuda a entender melhor a diferença que estamos tentando fazer por meio do nosso algo maior. Quando caminhamos ao lado das pessoas que estão na linha de frente de quaisquer problemas que estamos tentando resolver, estamos perto o suficiente para ouvir suas respostas e soluções.

Permissão para Ser Vulnerável. A empatia compassiva só pode ser aprofundada se o espaço seguro certo for criado para que as pessoas sejam vulneráveis. Não é apenas entender a dor de outra pessoa; é ter a coragem de compartilhar e conhecer sua própria dor. Sua vulnerabilidade permite que seu parceiro seja vulnerável. "São as pessoas que têm a coragem de tocar na sua dor e fazê-lo de uma forma que abre o coração de todos os outros e é literalmente como um diapasão", compartilhou Jo Confino. "Se você está preparado para mostrar sua própria vulnerabilidade, o que você faz é dar permissão a outras pessoas para serem vulneráveis."

Estou ciente de como é difícil estar vulnerável no local de trabalho. Meu pai, que queria proteger sua filha da zona de guerra que podem ser os EUA corporativo, constantemente me dizia: "Como mulher, você não pode chorar, não pode mostrar nenhuma vulnerabilidade, pois não será levada a sério." Tornei-me mestre em morder a língua, permanecer calma, em esconder meus sentimentos... até que um dia eu estava me equilibrando em um dos degraus superiores da escada corporativa. Eu caí em lágrimas em uma reunião da diretoria em frente ao presidente da empresa.

Em uma reunião com o presidente no dia seguinte, fiquei tão envergonhada com minha explosão emocional que minha carta de demissão estava pronta para ser entregue a ele. Mas ele fez algo inesperado. Abriu seu coração e compartilhou comigo uma história sobre uma época em que ele era CEO de uma empresa que estava em uma disputa judicial séria. Ele havia sido interrogado o dia todo por uma imponente junta de advogados. A pressão era tão intensa que, em dado momento, em meio às perguntas difíceis vindas de todos os lados, ele desatou a chorar.

Essa história sincera de vulnerabilidade que ele compartilhou foi um grande presente para mim. Deu-me permissão para ser vulnerável e vê-la como uma força que abre portas para conexões mais profundas. Aliviada da minha vergonha, rasguei a carta de demissão.

Paciência Urgente. Nenhum dos parceiros que entrevistei dominou todas as virtudes com um estalar de dedos. É preciso trabalho árduo, paciência e abertura para permitir que ambos cometam erros. Também é necessária empatia compassiva para entender que a mudança não é fácil. Juntamente com um senso de urgência sobre querer ajudar a elevar um ao outro para sua melhor versão possível, mantenha espaço para paciência à medida que cada pessoa evolui em seu próprio ritmo.

Paciência urgente vinculada a seu algo maior pode significar tomar medidas imediatas para mudar um sistema alquebrado, ao mesmo tempo que tem paciência para deixar aquilo passar. Bryan teve isso de sobra durante sua luta ao longo da vida para mudar o sistema de justiça criminal nos Estados Unidos e ao longo de sua luta de dezesseis anos por Ray. Outras vezes, essa urgência assume uma necessidade imediata de aliviar o sofrimento de alguém e, em seguida, a paciência para sentar-se com ele conforme emerge de sua dor.

Liberdade por Meio do Entendimento Compartilhado.
Em 2018, viajei com Ray, Lester e os Elders para a África do Sul para celebrar o que teria sido o centésimo aniversário de Mandela. Fizemos um passeio turbulento de barco da Cidade do Cabo até a Ilha Robben para visitar a prisão onde Mandela e muitos outros presos políticos estiveram presos por décadas.

Nosso guia turístico, Thulani Mabaso, nos encontrou no cais quando descemos do barco e caminhamos pelo que agora era uma porta de entrada acolhedora para a Ilha Robben. Thulani tinha experimentado uma situação diferente em 1985, quando foi trazido para a ilha como prisioneiro político, onde permaneceu e foi brutalmente torturado durante os seis anos seguintes.

Quando chegamos à pequena cela de 4 m² onde Mandela foi mantido em cativeiro com apenas um tapete fino para protegê-lo do chão de cimento frio, Ray, compreensivelmente, não suportou entrar nela. Thulani sentiu a dor de Ray e agarrou seu braço, e os dois entraram no pátio juntos. Enquanto os observava abraçados ao lado do pequeno jardim que Mandela e outros haviam plantado há muitos anos, pude sentir a empatia compassiva entre esses dois grandes homens. Uma ligação significativa que ajudou a libertar os dois de uma experiência partilhada impensável.

CAPÍTULO CINCO

Momentos Magnéticos

Quarto Grau de Conexão

Nossa parceria é fluida. Não é instável. Não é difícil. Ela flui. E, às vezes, ela flui para baixo, mas nós conseguimos fazê-la subir.

— Tony Hawk, presidente da Tony Hawk Inc.
e fundador do Projeto Skatepark

Stephen O. Andersen estava esperando pelo momento certo.

Era o fim de um longo dia de negociações sobre o ozônio em Paris quando Stephen chamou a delegação russa para um canto. Como muitos outros presentes naquele dia, o Dr. Ya. T. Shatrov, cientista-chefe da delegação russa, tinha desempenhado um papel central no programa espacial soviético. O programa espacial era fonte de enorme orgulho para o país.

Stephen passou a recontar as muitas contribuições científicas da Rússia não só para o Protocolo de Montreal, mas para avançar a compreensão do mundo sobre o espaço. Ele então presenteou o grupo com uma lembrança: uma coleção de selos postais soviéticos comemorando a exploração espacial soviética, que Stephen havia encontrado anos antes quando estava garimpando itens em um mercado de pulgas. Os russos estavam profundamente comovidos por sua generosidade; muitos cientistas tinham lágrimas nos olhos. Os selos, ao que parece, embora não fossem particularmente valiosos, teriam sido impossíveis para os russos obterem por conta própria. Os cientistas então começaram a descrever como eles haviam contribuído para o programa espacial. Eles sorriam com orgulho e gratidão. Permaneceram conectados e, anos depois, os cientistas russos trabalharam com Stephen para documentar quão alarmados estavam quando a pesquisa soviética confirmou a hipótese de Sherry e Mario.

Stephen adorava dar presentes atenciosos de profundo significado para os membros da comunidade. Ele sabia instintivamente a importância da conexão em negociações eficazes e como promover momentos de significado e afeição cuidadosamente criados, que muitas vezes se transformavam em risadas. Depois de um longo dia, os negociadores de todo o mundo às vezes se reuniam no salão do hotel após o jantar para relaxar do dia agitado e esquecer o quanto estavam longe de casa. Uma noite, por ocasião do aniversário de alguém, Stephen circulou pela mesa e pediu a cada um cantar feliz aniversário em sua própria língua.

Ele rotineiramente reconhecia os indivíduos publicamente por seu bom trabalho, identificando e celebrando "Campeões do Ozônio" por fazer algo extraordinário. Ao longo dos anos, em nome da EPA, ele distribuiu centenas de prêmios relacionados à proteção do ozônio e proteção climática, descrevendo o que a realização de alguém significava para ele pessoalmente e saboreando o impacto alegre que teria no grupo. Ele brincou que estava realmente no "negócio de prêmios". "Na verdade, é contagioso", disse ele. "Uma vez que as pessoas se veem como um herói do ozônio, é mais provável que trabalhem em algum outro problema em sua empresa, porque também seria a coisa certa a fazer, e saberiam que não era impossível. E se você ajudar as pessoas a fazer o bem, elas também farão o bem."

Outra prática de Stephen era convidar cônjuges e outros membros da família para as conferências e recepções para trazê-los para a história compartilhada da comunidade. O impacto, disse ele, surpreendeu até a ele próprio. "Tentei humanizar o processo", disse ele. "Percebi que esses cônjuges muitas vezes não sabiam o que o marido ou a esposa havia feito. Mas estavam sofrendo em função das minhas demandas, que tomavam muito do tempo do cônjuge." Então Stephen passou a conversar com os cônjuges, tornando-os aliados na causa e construindo orgulho familiar pelo que havia sido realizado. Assim, um momento magnético levou a outro.

Mostafa, Stephen e as outras pessoas, começaram a construir uma comunidade de Conexões Profundas e amizades que mudam o mundo, deixando de lado seus interesses individuais para construir uma colaboração global épica em nome da humanidade e do planeta. Enquanto Mostafa era o grande mestre, Stephen costumava trabalhar nos bastidores, com energia e determinação características, mantendo os participantes no caminho certo e incentivando a colaboração.

Mostafa e Stephen também tinham seus próprios rituais, passando tempo juntos para debater as melhores soluções e abordagens. Isso podia ficar acalorado às vezes, pois não raro vinham de duas perspectivas muito diferentes, mas sempre terminavam em uma solução melhor do que poderiam ter encontrado por conta própria.

Assim como Stephen, Mostafa entendeu profundamente a importância de criar uma cultura de amizade, e foi um mestre na criação de momentos magnéticos para aprofundar a conexão, especialmente ligados à formação de espaços descontraídos para uma comunicação sincera. Mostafa acreditava que "nas relações sociais informais estava[1] a base das negociações bem-sucedidas do tratado". Ele estava constantemente à procura de oportunidades para colocar as pessoas certas na sala e criar um espaço onde pudessem entender as perspectivas umas das outras. Negociações demoradas seriam salpicadas de momentos de fascínio e admiração quando a comunidade começasse a entender melhor os dados científicos em evolução e a dimensão daquilo em que estavam trabalhando. Esses rituais de curiosidade e inovação foram a espinha dorsal da implementação, pois a indústria, os cientistas, os governos e as organizações sem fins lucrativos trabalharam em conjunto para chegar a novas soluções para substituir os CFCs.

Décadas após o Protocolo de Montreal ter sido assinado e sua implementação bem encaminhada, momentos magnéticos cuidadosamente trabalhados ainda criaram maravilhas na comunidade do ozônio. "Havia uma palpitação na sala, algum tipo de vibração", disse o professor Kevin Noone, um meteorologista químico da Universidade de Estocolmo, rememorando, anos depois, uma reunião da comunidade do ozônio. "Tinha a ver com relacionamentos. Foi um pouco como quando você assiste às competições de *snowboard* e todos eles estão se cumprimentando, seguindo em frente, ajudando uns aos outros em vez de competir."

À medida que inovação após inovação surge, esses momentos de sucesso se tornam combustível para avançar em direção ao objetivo compartilhado dos negociadores, permitindo que eles enfrentem muitos obstáculos ao longo do caminho.

Tradições, Rituais e Práticas

Em 18 de julho de 2007, Nelson Mandela marcou seu octogésimo nono aniversário ao fundar o The Elders, um coletivo com o objetivo compartilhado de enfrentar questões globais difíceis. Foi acompanhado por líderes que ele e sua esposa, Graça, haviam selecionado naquela manhã de outubro de 2006 em sua casa, incluindo o Arcebispo Tutu, o ex-presidente dos EUA, Jimmy Carter, o ex-secretário-geral da ONU, Kofi Annan e a ex-presidente da Irlanda, Mary Robinson. A cerimônia de fundação foi em Constitution Hill, em Joanesburgo, África do Sul, onde muitos heróis antiapartheid tinham sido presos no auge do governo do apartheid da África do Sul. O músico Peter Gabriel levou a multidão às lágrimas ao encerrar a cerimônia com sua música "Biko", escrita sobre o herói antiapartheid Steve Biko, assassinado pelo brutal regime em 1977.

Lembro-me de estar ao lado do palco, curtindo o momento, e pensar: *Conseguimos! Lançamos este incrível coletivo no mundo. O trabalho árduo está feito.*

Não estava.

Em grande parte da vida, eu erroneamente acreditava que os relacionamentos deveriam se formar espontaneamente, sem a necessidade de esforço e planejamento. Como já deve ter percebido, não era o caso. As Conexões Profundas não são um presente concedido pelo universo. Requer o que agora chamo de *momentos magnéticos*: experiências intencionais que permitem que as pessoas estejam presentes juntas. Momentos magnéticos dão espaço para a espontaneidade e admiração para florescer. Criá-los requer ponderação, planejamento e esforço, mas eles valem a pena em virtude da maneira como aumentam a profundidade e o significado das conexões que você forma.

Parcerias

Mostafa e Stephen planejaram cuidadosamente momentos magnéticos que ocorreram de forma consistente, incluindo um encontro anual onde todos na comunidade do ozônio se reuniam pessoalmente e construíam uma atmosfera familiar que a partir de então prevaleceu por décadas. Os momentos magnéticos tomam a forma de rituais, tradições e práticas diárias. Eles aprofundam a admiração e o amor nos relacionamentos. Vemos momentos magnéticos nas histórias de cada grande parceria: o casal Carter todas as tardes na Varanda Truman da Casa Branca para debater sobre seu dia; Anthony Ray Hinton e Lester Bailey indo ao barbeiro juntos todos os sábados; Richard Branson e Peter Gabriel jogando água um no outro sempre que estão se levando muito a sério, e Azim e Ples plantando uma árvore com os alunos em todas as escolas onde compartilham sua história.

Como veremos, os momentos magnéticos se dividem em quatro categorias principais: alegria e diversão, curiosidade e admiração, espaço para comunicação sincera e tempo com uma comunidade solidária. Eles são "magnéticos" porque, em última análise, nos aproximam, aprofundam nossas conexões e nos ajudam a permanecer conectados sem ficarmos atados.

Antes de vir para a Virgin Unite, eu tinha trabalhado em startups, e o ritmo frenético dessa vida tinha empurrado a alegria para baixo na minha lista de prioridades. Inicialmente, criei uma agenda para os encontros dos Elders que mantinha todos trabalhando das oito da manhã às seis da tarde, algo que eu considerava um uso eficiente do tempo de todos. Richard Branson rapidamente rasgou minha agenda proposta, parando o trabalho no almoço para que as pessoas pudessem ficar à vontade à tarde, um ritual que mantivemos nos últimos quinze anos. Ele estava certo. As Conexões Profundas ao longo da vida, que mudam o mundo, o verdadeiro propósito desses encontros, emergem não das sessões matinais, mas daquelas tardes relaxadas de brincadeiras, daqueles momentos magnéticos. Há um velho ditado: "Você aprende mais sobre uma pessoa em uma hora de divertimento do que em um ano de conversa."

Esses momentos se tornam o registro afetivo de sua história compartilhada, ao qual você recorre repetidamente para se lembrar por que ama alguém. São marcadores daqueles momentos de alegria que nos fazem rir em voz alta, as ocasiões em que um momento juntos mudou profundamente nossas vidas para sempre, páginas vivas com algo maior transportado para as histórias de muitas outras pessoas. Muitas vezes, eles também têm algum tipo de manifestação física que serve de lembrete, deles e de sua conexão com os outros. Independentemente da forma que assumam, os momentos magnéticos aprofundam a ligação e aumentam a compreensão partilhada. Em resumo, eles criam a energia que fortalece seu ecossistema de virtudes, eleva as pessoas acima do drama, cria continuidade e constantemente alimenta o fogo para manter viva uma Conexão Profunda.

Foi em minha entrevista com Richard Reed, cofundador da Innocent Drinks, que essa ideia se cristalizou. Essa companhia tem tudo a ver com rituais de conexão cheios de alegria.

O levantar de uma sobrancelha

Como estudantes da Universidade de Cambridge no início dos anos 1990, Richard Reed, Adam Balon e Jon Wright se uniram por causa de um amor compartilhado pela vida noturna. Depois de se formarem, iniciaram carreiras separadas, mas se agarraram a um sonho para começar um negócio juntos. Em uma viagem de *snowboard* em 1998, eles imaginaram um negócio de *smoothies* de frutas.

Richard, Adam e Jon gastaram seis meses e £500 para criar uma variedade de misturas frutadas que podiam vender em um festival de música em Londres. Para obter feedback sobre seus *smoothies*, eles

124 Parcerias

colocaram duas lixeiras no estande: uma com um sinal que diz "sim" e outra com um "não." Os clientes foram convidados a jogar seus copos vazios na lixeira "sim" se gostassem tanto do smoothie a ponto de achar que os três amigos deveriam largar seus empregos e começar um negócio de smoothie de frutas. No caso de não passarem no teste de sabor, pedia-se que jogassem os copos na lixeira "não." No final do festival, o caixote do "sim" estava transbordando e o "não" continha apenas três copos. Assim, a Innocent Drinks nasceu.

Os três cofundadores começaram sua empresa com base no compromisso com a excelência — ingredientes puros, saudáveis e naturais — e propósito social. A certa altura, doavam quase metade dos lucros para a caridade. Quando perceberam que isso os levaria à falência, mudaram a proporção para 10%. Eles criaram um negócio de muito sucesso e também doaram mais de £10 milhões para boas causas[2].

Richard, Adam e Jon dizem que nunca teriam criado a Innocent Drinks sem o apoio um do outro, especialmente no início, quando lutaram para encontrar investidores e tiveram portas fechadas uma após a outra. Foi um momento brutal, mas quando um dos três amigos estava tendo um dia ruim, os outros dois o punham de pé. Jon era o "guru das operações", Adam o "Sr. Comercial" e Richard o "marca, marca, marca"[3].

Desde o início, Richard, Adam e Jon estavam obcecados em garantir que o sucesso da empresa fosse um esporte de equipe. Eles estabelecem todos os tipos de rituais, tradições e práticas para renovar continuamente sua amizade e construir uma comunidade forte entre seus funcionários e clientes.

Uma dessas práticas é a garantia Innocent's Home Juicing. Se um cliente decidir que um suco de laranja não está suficientemente fresco, alguém da empresa irá até sua casa e fará o suco de laranja no local.

Outro ritual importante para a empresa é a reunião trimestral fora do escritório. No início, essas reuniões foram realizadas no *pub,* no final da rua. Com o sucesso do empreendimento, eles mudaram a reunião para Fins de Semana na Natureza por toda a Europa, de Salzburg a Ibiza. Esses relaxantes fins de semana de formação de equipes apresentavam atrações especiais como o coletivo de DJs, Desert Island Disco. Eles também realizavam a AGM (A Grown-Up Meeting [Reunião de Adultos, em tradução livre]) na sede da Fruity Towers para seus clientes saborearem os smoothies, degustarem bolos e fazerem perguntas. Em uma escala maior, realizaram o Fruitstocks que depois se tornou o Innocent Unplugged, um festival independente para as pessoas se conectarem entre si por meio de atividades como ioga, festas matinais e passeios pela floresta com Fergus the Forager.*

Os rituais da Innocent criaram conexões duradouras e significativas entre seus funcionários e clientes. Em 2003, começaram uma tradição anual chamada Big Knit [Grande Tricotagem, em tradução livre]. Pessoas em todo o Reino Unido são encorajadas a tricotar pequenas toucas para as garrafas da Innocent Drinks e, em seguida, enviá-las para a empresa. A empresa, então, coloca-as nas garrafas antes de distribuí-las para todo o Reino Unido. Quando alguém compra uma garrafa com uma touca, a Innocent doa 25 "pence" para Age UK, uma instituição de caridade que apoia os idosos. Desde o início da tradição, milhares de voluntários tricotaram mais de 7,5 milhões de mini toucas, arrecadando mais de £2,5 milhões para a Age UK e, igualmente importante, construindo uma comunidade incrível e conectada.

Os momentos magnéticos da Innocent não eram todos divertidos e descontraídos. Richard, Jon e Adam acreditavam em criar espaço para momentos mais sérios de conversas sinceras. Um ritual duradouro, uma reunião que os fundadores chamaram de CEO Show, acontecia todas as segundas-feiras à tarde. Eles passavam os primeiros trinta

---

* Fergus Drennan é um experimentalista de alimentos silvestres e educador. Ele ministra cursos informativos de imersão total sobre busca e preparação de alimentos silvestres. [N. da T.]

minutos conversando. Para os restantes noventa minutos, qualquer pessoa na empresa que precisasse de informações sobre uma decisão poderia entrar e se reunir com eles diretamente. Richard, Adam e Jon também iniciaram reuniões mensais de equipe para compartilhar de forma transparente o que estava acontecendo em toda a empresa.

Os três fundadores tinham uma prática de comunicação coletiva que exigia que conversassem entre si e concordassem com uma abordagem compartilhada para qualquer decisão relevante na empresa. Um de seus investidores mencionou que, de todas as empresas em que investiu, eles eram os mais lentos a tomar decisões, mas também tinham a maior taxa de tomar as decisões certas, pois havia três cérebros surgindo com soluções, em vez de apenas um. Quando Richard, Jon e Adam precisavam decidir sobre questões materiais, eles se reuniam, deixavam seus egos na porta, tinham discussões profundamente sinceras e revezavam o papel de advogados do diabo para que pudessem olhar para as opções de todos os pontos de vista. Seu objetivo era garantir o que era certo para o negócio antes de chegar a um acordo. Essa prática de tomada de decisão compartilhada e o vínculo de confiança entre eles fizeram um negócio altamente eficiente, com menos tempo desperdiçado, seja em equívocos, seja em argumentos destrutivos.

Finalmente, em 2013, os três fundadores decidiram que a Innocent Drinks tinha uma grande equipe em posição e poderia continuar a voar sem eles. Em seu último dia, o trio embarcou em uma pequena lancha no canal ao lado do escritório e lentamente se dirigiu ao pub. Naquele dia, enquanto bebiam suas cervejas, decidiram abrir uma empresa de investimento. Moldada por seus princípios de parceria, a JamJar raramente investe em indivíduos. Em vez disso, a empresa se concentra, sempre que possível, em parceiros que se reúnem em torno de uma ideia. Eles procuram empresas que funcionem como reuniões em torno de uma fogueira, onde cada parceiro alimenta o fogo com sua própria contribuição exclusiva.

Decorridos quase trinta anos de colaboração mútua, vários negócios bem-sucedidos e muitos momentos de alegria, Adam, Richard e Jon permanecem melhores amigos, "os primeiros contatos de sua lista telefônica" que, depois de inúmeros momentos magnéticos, se conhecem tão bem que, como Richard disse, "você pode dizer apenas pelo levantar de uma sobrancelha o que eles realmente estão pensando."

Neste ponto, você provavelmente está dizendo a si mesmo: "Eu adoraria ter esses momentos, mas como criá-los, ainda mais em um horário normal?" Na maioria das vezes, é necessário um planejamento cuidadoso e disciplina para criar esse espaço em meio a todas as demandas da vida. Além disso, descobri que **quatro categorias** são úteis para criar seus próprios momentos magnéticos.

Alegria e Diversão: Um Recurso Ilimitado

Apesar de seus muitos sucessos profissionais, nunca achei que qualquer uma das pessoas neste livro se levasse tão a sério. Mas descobri que muitos levam a alegria e brincam a sério, permeando-a em todas as práticas diárias. Na maioria dessas parcerias, momentos frequentes de alegria são a norma. Eles aliviam a tensão, nutrem a vulnerabilidade e promovem uma maneira de ser que constrói confiança, respeito e amor.

Há alegria inerente simplesmente em forjar Conexões Profundas. Como a especialista em atenção plena, Susan Piver escreve: "A alegria da conexão[4], seja com uma pessoa, animal, planta, ideia ou sensação, é a mais profunda de todas as alegrias." A alegria não pode ser fabricada, mas pode ser acolhida em seu relacionamento por intermédio dos momentos magnéticos que você forma e, por sua vez, pode criar memórias que aquecem nossos corações continuamente.

Jo Confino, que você conheceu no capítulo quatro, acredita que a brincadeira alegre é central para tudo o que fazemos: "Você faz muito mais quando está brincando, quando está alegre, quando está leve", disse ele. "É daí que vem a criatividade, a graça, a comunidade. É daí que vêm as conexões, a colaboração." Jo também falou sobre como é importante ficar alegre mesmo quando você sente dor, ou quando alguém comete um erro. Isso dá aos outros a oportunidade de voltar para um lugar de alegria de onde quer que tenham desembarcado. Já vi Jo fazer isso muitas vezes. A alegria é uma prática diária para ele. Ele vai fazer uma piada para aliviar um momento de tensão, ou levantar com palavras gentis alguém que cometeu um erro terrível. Jo usa a alegria para encorajar os outros a seguir em frente, em vez de julgá-los, puni-los e colocá-los para baixo. Ele fez exatamente isso durante nossa entrevista, quando o diretor passou vinte minutos lidando com um problema de bateria. Em vez de ficar irritado, Jo provocou a equipe de vídeo quando eles voltaram com uma claquete. "Paz e Jo, tomada três", disse o diretor.

"Por que não é Jo e Paz?" disse Jo. "Estou furioso." Então ele começou a gargalhar [Paz é o nome de sua esposa].

Quando Richard Branson e Peter Gabriel estavam idealizando The Elders, eles levaram a missão a sério, mas nunca a si mesmos. "Foi muito mais divertido fazer isso com alguém", disse Richard. "Acho que nenhum de nós poderia ter feito isso por conta própria. Tínhamos um propósito final que era tão maravilhoso que, se pudéssemos torná-lo realidade, iríamos dar tudo de nós."

A Conexão Profunda de Peter e Richard é baseada em muitos anos de amizade repleta de risos — e pegadinhas frequentes. Peter é um músico extraordinário e um visionário cheio de grandes ideias. Richard é um empreendedor de sucesso que se concentra em fazer as coisas acontecerem — ou, como eles costumam dizer: "Richard é quem *coloca a mão na massa*, e Peter é o sonhador". Ao longo dos anos, eles respeitaram as diferenças um do outro e trouxeram grande alegria na vida de ambos.

Isso ficou claro durante as reuniões da Ilha Necker, quando os dois amigos competiam para ensinar o Arcebispo Tutu a nadar. "A abordagem de Richard foi apenas jogá-lo na água", Peter brincou comigo, "enquanto a minha foi de levá-lo para um espaço meditativo, e fazê-lo boiar com um *snorkel*." Eles ainda discutem sobre quem desempenhou um papel mais importante no feito, mas não há dúvida de que havia muita risada e alegria quando o Arcebispo aprendeu a nadar.

Mick e Caskey Ebeling se conheceram há 30 anos, quando tinham 20 anos de idade. Eram completamente opostos: ele estava no exército e ela era uma "anarquista hippie." Eles se apaixonaram, casaram-se e, em 2009, fundaram a Not Impossible Labs, uma empresa projetada para mudar o mundo por meio de uma poderosa mistura de tecnologia e história. Eles brincam que se não se conhecessem, ela estaria em algum lugar na montanha sozinha, fazendo meditação, e ele estaria em um escritório, vestindo terno e gravata. Em vez disso, estão criando uma vida de alegria, "vivendo sua verdade" juntos.

Mick e Caskey criaram uma série de momentos magnéticos para garantir que "brincar é como respirar" em sua parceria e família. Alguns desses momentos são espontâneos: "Somos bobos e palhaços e dançamos na cozinha em frente às crianças. Assustamos um ao outro e pregamos peças um no outro", explicou Mick. "Se você não pode brincar e rir, então não está no relacionamento certo."

Eles também criaram seu próprio vocabulário ritual. Uma frase que usam quando alguém está se levando muito a sério é "naseletasé". Quando ouvi essa palavra pela primeira vez, visualizei uma sala especial na casa deles de onde você é banido quando seu ego está fora de controle, mas eles explicaram que significava: "Não se leve tão a sério."

Outra frase que eles usam para se lembrar de viver na aventura e fazer uma pausa para lembrar sua boa sorte é MVS, que significa "a melhor vida de sempre". Para garantir que estão vivendo sua MVS, saem todas as quintas-feiras, só eles, um ritual de "marcar pontos" que os mantém conectados em meio ao caos do trabalho e da criação de três filhos.

Para aqueles que se esquivam da tolice, a alegria pode vir de rituais centrados em experiências e propósitos compartilhados. Os rituais do presidente Carter e de sua esposa foram moldados a partir dos hobbies que lhes trouxeram alegria. Eles dedicaram um tempo para aprender as paixões um do outro, incluindo esqui, pesca e caminhadas. Vi este último ritual em ação em todos os encontros dos Elders. Se eu me levantasse por volta das seis da manhã e saísse para correr, muitas vezes veria os dois, de mais de 90 anos, subindo facilmente as colinas, lado a lado, com guardas de segurança exaustos tentando desesperadamente os acompanhar.

O poeta Ross Gay[5] nos lembra que a alegria não fica, simplesmente, em brincar e felicidade. Em seu ensaio "Joy Is Such Human Madness [Alegria é só Loucura Humana, em tradução livre]", Gay coloca uma questão em versos: "E se juntarmos nossas tristezas, sacou? / Vê se me entende: e se isso for alegria?" Talvez compartilhar momentos de profunda tristeza uns com os outros ajude a nos tornarmos humanos e sermos nossa própria forma de alegria.

Curiosidade e Admiração

"Seria um universo vazio de fato", escreveu Stephen Hawking[6], "se não fosse pelas pessoas que amo e que me amam. Sem eles, a maravilha de tudo isso estaria perdida em mim."

Momentos magnéticos que despertam curiosidade e inspiram admiração fazem da vida uma sala de aula gigante. A curiosidade

Momentos Magnéticos   **131**

mantém as parcerias vivas, em constante estado de fluxo e agitação. Esses momentos nos mantêm admirados com nossos parceiros, bem como com o mundo em geral.

Um tema comum encontrado em muitos rituais de curiosidade é a ênfase em perguntar e ouvir em vez de falar e estar "certo". Por exemplo, Caskey e Mick valorizam a falta de experiência porque isso os leva a encontrar a resposta para seus problemas juntos, em vez de encontrar soluções prontas e inferiores. Eles adotam a prática de começar cada discussão com uma pergunta.

Caskey e Mick estenderam essa maneira de pensar para sua empresa, Not Impossible Labs, introduzindo um ritual para promover a inovação e a curiosidade. Sempre que iniciam um novo projeto, reúnem parceiros improváveis para resolver problemas que outros dizem não poder ser resolvidos. Perguntas e ideias ingênuas, aparentemente não viáveis, são encorajadas e celebradas. Por exemplo, ninguém pensou que os deficientes auditivos poderiam realmente experimentar música ao vivo além de apenas sentir baixas frequências, até que a música Not Impossible nasceu. Eles reuniram pessoas com deficiência auditiva a cientistas, músicos e designers para criar uma solução, um dispositivo vestível que traduz os instrumentos individuais de uma música em vibrações que o amante de música deficiente auditivo sente em pontos específicos de seu corpo. Assim, agora, alguém nessa condição pode realmente sentir precisamente a música. Em outras palavras, eles descobriram como usar a pele como um tímpano!

Também é importante ter rituais que despertem curiosidade quando algo dá errado. Andrew Maxwell Mangino e Kanya Balakrishna, cofundadores do Future Project, realizam um fim de semana intensivo de 48 horas de Dream Summit [Reunião de Sonho, em tradução livre], de sexta-feira à noite até domingo à noite, projetado para criar um novo senso de possibilidade — e reimaginar o trajeto quando o caminho de sua visão estiver obstruído. Eles criam uma experiência, cheia de magia e surpresa, então é algo que eles esperam ansiosamente. Durante o fim de semana, eles sempre enquadram as perguntas com um autêntico sentido de curiosidade positiva, em vez de culpa — e usam a chance de se centrar novamente na visão e no compromisso finais que deram origem ao projeto. Outras empresas, como a Innocent Drinks e Planet, têm tradições anuais para se unirem e reverem o que funcionou e o que não funcionou no ano anterior — e manterem aberto o espaço para sonhar e se perguntar sobre o próximo ano.

Ingrid Rowland compartilhou comigo que o pai dela, Sherry, sempre foi motivado pela curiosidade dele: "Ele só queria invadir a escuridão e lançar luz sobre as coisas complicadas." Essa curiosidade o manteve humilde e conectado com seu parceiro, Mario, quando tentavam descobrir o que convenceria as pessoas sobre os perigos do esgotamento do ozônio, e com seus alunos, quando exploravam diferentes interesses científicos — e com sua esposa, Joan, enquanto exploravam ópera, os melhores movimentos de dança para a música de Frank Sinatra e a admiração um pelo outro por quase sessenta anos.

Muitas das outras parcerias que exploramos também têm rituais de curiosidade ligados à natureza. As irmãs Severn e Sarika Cullis-Suzuki gostam de dizer que cresceram com três pais: o pai, David Suzuki, a mãe, Tara Elizabeth Cullis, e a Mãe Natureza. Há mais de trinta anos, as irmãs estão conectadas em sua missão de usar a ciência e a advocacia para proteger o mundo natural.

Para a família Cullis-Suzuki, a natureza é central para seus rituais familiares mais amplos. Eles acreditam que não há lugar melhor para despertar curiosidade e admiração. Quase todas as histórias que Severn e Sarika compartilharam comigo estavam ligadas a uma tradição que a família havia cultivado ao longo de gerações, particularmente quando se tratava de colher alimentos, valendo-se da generosidade da natureza (algo que a maioria das pessoas que vivem em áreas urbanas já nem sentem mais curiosidade). Os verões eram passados juntos nadando, coletando mariscos, pescando e compartilhando as refeições da pesca preparadas na fogueira. Estes rituais de verão criaram momentos de curiosidade e fluxo. Eles lhes ensinaram a importância de desacelerar para fazer uma pausa e se maravilhar com a natureza — e uns com os outros. Severn e Sarika nos lembram que os rituais de jogo, curiosidade e admiração têm um papel importante na formação de memórias para as gerações vindouras.

Esses alegres momentos magnéticos mantêm a família unida, construindo uma história compartilhada e mantendo-a firme.

A natureza também tem sido central na vida do ativista ambiental Stewart Brand. Em 1966, ele liderou uma campanha[7] para que a NASA divulgasse sua foto de satélite da Terra vista do espaço. Essa imagem mudou a forma como entendemos nosso destino partilhado uns com os outros e com o planeta. Por quarenta anos, Stewart, agora presidente da Fundação Long Now, fez parceria com sua esposa, Ryan Phelan, diretora executiva da Revive & Restore. Sua conexão gira em torno da curiosidade, da fascinação e das perguntas que despertam o pensamento de longo prazo sobre como vivemos em harmonia com o mundo natural. Os dois também são cocapitães, já que fizeram sua casa em um rebocador de madeira de 1912 chamado *Mirene*, ancorado em Sausalito, Califórnia.

Ouvimos dizer, na maior parte de nossas vidas, que ser capaz de "terminar as frases um do outro" é sinal de um bom relacionamento. Stewart vê as coisas de forma diferente: "Eu não consigo terminar as frases dela, e espero que ela não consiga terminar as minhas, ao menos não a maioria delas."

Stewart e Ryan mantêm a vida organizada. Isso é facilitado por viverem em um barco de quase 20 metros de comprimento. Eles também reduzem o quanto puderem o tempo gasto em atividades rotineiras; por exemplo, contratando um profissional de limpeza o mais rápido possível e mantendo contas bancárias separadas para reduzir o

134 Parcerias

esforço administrativo e o conflito. Essa abordagem minimalista lhes dá a liberdade de explorar momentos de curiosidade e admiração. "Eu sempre digo às pessoas que é o segredo do nosso casamento", explica Ryan. "O barco mantém nossas vidas simples e organizadas."

Os dois tomam café da manhã juntos sempre que possível, "reinventando o mundo" com uma xícara de café. Muitas vezes, esses cafés da manhã são gastos discutindo um projeto conjunto, Revive & Restore, que busca reviver espécies extintas usando a tecnologia mais moderna disponível — não é um assunto menor para começar o dia. Os rituais de reinvenção de Stewart e Ryan continuam ao longo do dia enquanto desafiam um ao outro para serem seus melhores "eus", "revirando o fogo e dizendo que isso não é tão bom quanto poderia ser." Todas as noites, tomam banho juntos em uma banheira japonesa.

Comunicação Sincera

Criar espaço para que as pessoas se comuniquem de forma honesta e aberta é fundamental para a construção de Conexões Profundas. Vemos isso nos rituais e tradições da Innocent Drinks. Todas as parcerias que estudamos dedicam tempo para estar presentes juntos, conversar sobre questões, compartilhar sonhos e tristezas, celebrar e dar feedback sincero um ao outro. "A comunicação está no centro disso", disse Peter Gabriel. "Se você se segurar, se complicou."

Jo Confino e sua esposa, a artista Paz Perlman, são um exemplo vivo de comunicação sincera. Ambos têm vidas incrivelmente ocupadas, mas entendem que o amor não é suficiente — uma parceria precisa de nutrição e manutenção para se manter forte. Eles moldaram uma série de rituais e práticas diárias para se manterem centrados e conectados. O principal imperativo da relação deles é estar lá, um para o outro.

Para ajudá-los a estarem presentes, a serem vulneráveis um com o outro, eles criaram um ritual chamado Friday Talk [Conversas de Sexta, em tradução livre], que praticam desde o momento em que se conheceram há mais de quatorze anos. Esse ritual se fundamenta em uma prática criada pelo mestre zen Thich Nhat Hanh* chamado Beginning Anew [Começando de Novo, em tradução livre], que os monges usam regularmente. Todas as sextas-feiras, Jo e Paz vão a um café e cada um tem tempo para falar sobre as coisas positivas que aconteceram naquela semana, para expressar qualquer arrependimento e, em seguida, para levantar qualquer coisa que os aborreça ou preocupe, tudo de coração aberto e sem acusações. A outra pessoa pratica a escuta profunda, sem interrupções defensivas, e depois troca de lugar. Isso ajuda o casal em várias frentes. Muitas vezes, em relacionamentos, pequenas queixas ou aborrecimentos são varridos para debaixo do tapete, mas se acumulam ao longo do tempo e se cristalizam em amargura e ressentimento, assim como estalactites e estalagmites em uma caverna, onde o gotejamento de água eventualmente cria um monólito calcificado. O Friday Talk também evita desgastes durante a semana quando eles encontram uma divergência, pois ambos sabem que têm um espaço formal para se expressar na sexta-feira e, muitas vezes, o tempo até lá permite que as questões sejam colocadas em perspectiva.

Para ajudar um ao outro a alcançar suas aspirações, Jo e Paz criaram um livro de sonhos, no qual eles registram anualmente seus sonhos individuais e compartilhados, e depois trabalham juntos para torná-los realidade. Isso lhes dá espaço para criar uma vida compartilhada de possibilidades e aprofunda sua compreensão do que é importante em suas vidas. A partir dessa colaboração contínua, eles perceberam a profundidade de seu amor compartilhado pela arte — Paz em "mixed media" [arte produzida por diferentes processos e materiais], escultura

---

* Thich Nhat Hanh foi um dos mestres do zen-budismo mais conhecidos e respeitados no mundo moderno, poeta e ativista da paz e dos direitos humanos. [N. da T.]

e impressão de monótipos e Jo com sua fotografia — e aproveitaram a oportunidade para realizar exposições conjuntas em Nova York. Uma delas foi chamada *Call & Response* [Chamado e Resposta, em tradução livre], na qual escolheram pares de obras que conversavam entre si.

Ainda em Nova York, eles também ajudaram a fundar e moderar uma comunidade zen que se reunia semanalmente; incluía caminhada e meditação, bem como compartilhamento profundo. A prática budista zen tem sido parte integrante de sua vida e abordagem de sua parceria, e levou a uma tradição anual de fazer um retiro para Plum Village, o mosteiro de Thich Nhat Hahn, no sudoeste da França. Na verdade, em 2020, eles compraram uma casa a apenas alguns minutos a pé do mosteiro e, durante o pior momento da pandemia de Covid-19, apoiaram os monges na liderança de retiros e workshops online para ajudar a aliviar o sofrimento das pessoas.

Quase todos os rituais de Jo e Paz, como eles me explicaram, são sobre a vida cotidiana. Juntos, eles se concentram em estar presentes um para o outro. "Não somos um casal perfeito", diz Jo. "Não estamos tentando ser uma inspiração para o mundo. Estamos tentando inspirar um ao outro."

O empresário e ativista Sangu Delle chama a comunicação contínua, aberta e transparente de "alimento para a parceria". Ele iniciou a Investimentos Golden Palm com o objetivo de criar um crescimento econômico palpável no continente africano por intermédio do investimento em negócios de tecnologia. Seus irmãos, Banguu e Edmund, trabalham em parceria com ele. Essa parceria tem funcionado ao longo dos anos porque se baseia na confiança e num entendimento partilhado de que eles têm os seus melhores interesses coletivos no coração, bem como uma visão clara da transformação socioeconômica da África.

Os três irmãos pensaram profundamente em práticas e rituais para abrir linhas de comunicação, minimizar conflitos e criar momentos magnéticos. Por exemplo, eles criaram um comitê de investimento independente para tirar seus egos da tomada de decisão. Quando um dos irmãos se sente atraído por um investimento, o comitê intervém para fazer a chamada final, reduzindo o atrito entre eles.

Alguns de seus rituais de comunicação começaram com a mãe, que Sangu brinca dizendo que é a "CEO de nós". Quando eles eram crianças, ela lhes disse para se olharem no espelho todas as noites e se perguntarem: "O que você realizou hoje? Como você ajudou alguém?" Esse ritual continua a influenciar os irmãos hoje. A mãe sempre teve uma celebração coletiva por seus sucessos individuais, mas também acreditava na punição compartilhada. Se um irmão fazia algo de errado, todos eram punidos, o que os ensinava a cuidar e apoiar uns aos outros.

Os irmãos conversam todos os dias ao telefone, mas também garantem que estejam presentes um para o outro e para a empresa nos momentos mais críticos, um ritual telefônico que chamam de Código 10. Quando você recebe uma mensagem de texto com "Código 10", Sangu explica: "A menos que você esteja no meio de uma reunião com o presidente do país", você larga tudo e liga um para o outro imediatamente.

Um desses incidentes do Código 10 aconteceu duas semanas antes de nossa entrevista. Um motorista da empresa de caminhões que contrataram sofreu um acidente grave e precisou de cirurgia imediata. Essa empresa, mesmo sendo de sua responsabilidade, se recusou a pagar a cirurgia de US$13 mil. Um irmão enviou um Código 10 para os outros dois, eles entraram em uma teleconferência e tomaram a decisão unânime de cobrir os custos para garantir que o homem pudesse andar novamente.

138 Parcerias

Os irmãos Delle usam bem o telefone para promover sua conexão. A maioria das pessoas sente-se confortável com mensagens de texto e e-mail para se manter em contato. Contudo, no que diz respeito às videochamadas, nem sempre foi esse o caso. Isso mudou quase da noite para o dia no início de 2020, quando a pandemia de Covid-19 fez as chamadas via Zoom serem o novo normal. O vídeo é uma ótima maneira de as pessoas se manterem conectadas quando não podem ficar juntas no mesmo lugar. Todos os tipos de rituais, como festas de aniversário, casamentos, funerais e até encontros românticos, mudaram para o vídeo. Conexões online podem nos ajudar a começar novos relacionamentos, nos relacionar mais estreitamente e nos fazer sentir amados quando alguém de quem gostamos faz a chamada. O perigo, é claro, é quando a conexão virtual substitui completamente outras formas de conexão, separando-o dos outros e levando a uma falsa autoexpressão. Confiar em demasiado nessas ferramentas pode dificultar a construção de profundidade e significado em seus relacionamentos e distraí-lo de nutrir os relacionamentos que mais significam.

Nada pode substituir totalmente os pontos de contato presenciais. Durante a maior parte de suas mais de quatro décadas de amizade, os três cientistas que descobriram o buraco de ozônio, Jonathan, Joe e Brian (que você conheceu no capítulo quatro), tinham um ritual maravilhoso chamado *"smoko"*, emprestado de um termo usado na Segunda Guerra Mundial para descrever uma pausa para fumar. Nos primeiros anos, o nome foi tomado literalmente, com Joe soprando furiosamente seu cachimbo, deixando Brian e Jonathan tossindo e se engasgando, mas alegremente dispostos a arriscar a poluição de fumaça por seu inestimável tempo juntos. À medida que os anos passavam, mesmo depois de se aposentarem, eles continuavam a se reunir com outros cientistas do departamento às 10h30 todas as sextas-feiras, agora para uma versão um pouco mais saudável com biscoitos e café em vez de fumaça de cachimbo.

Comunidade

Momentos magnéticos com sua comunidade mais ampla ajudam a construir conexões mais fortes com seu parceiro. Cada tapeçaria comunitária tem diferentes desenhos e texturas com base nos relacionamentos individuais e no papel que a comunidade desempenha neles. Amigos, cônjuges, filhos, vizinhos, colegas de trabalho e a comunidade em geral desempenham um papel importante na tapeçaria, assim como vimos com o acolhimento de Stephen das famílias na comunidade do ozônio.

Todas as parcerias precisam de ajuda, em bons e maus momentos. Muitas das pessoas com quem falei referiram-se ao velho ditado africano: "É preciso uma aldeia" — não para criar uma criança, mas para garantir que uma parceria prospere. Jane Tewson, fundadora da Igniting Change, compartilhou algumas palavras de sabedoria do pároco que celebrou o casamento de Jane e Charles Lane, seu maravilhoso parceiro: "Vai ser muito difícil para este casal. Não pense que vai ser fácil, e cada um de vocês precisa estar lá para apoiar esta jornada com eles."

Em sua pesquisa nas Zonas Azuis* (Blue Zones, no original), o explorador e autor da National Geographic Dan Buettner descobriu[8] que uma das comunidades com muitos centenários era Okinawa, no Japão. Um dos segredos da vida longa e saudável dos okinawanos era o que eles chamavam de "moais", grupos de cinco amigos que se comprometeram a se unir e apoiar uns aos outros pelo resto da vida.

Moais não acontecem por acidente. Em japonês, a palavra significa "reunião para um propósito comum". As pessoas recebem um grupo na infância e os membros de cada grupo se apoiam mutuamente em seus interesses sociais, financeiros, de saúde e espirituais. Moais

---

* Zonas Azuis são locais no mundo onde as pessoas são mais longevas, ultrapassando a marca de 100 anos de idade. [N. da T.]

140 Parcerias

se reúnem semanalmente, alguns até diariamente. Eles são um belo exemplo de como um ritual comunitário ao longo da vida pode ajudar a incentivar e catalisar parcerias duradouras e saudáveis.

Existem muitos outros rituais comunitários que podem fortalecer suas Conexões Profundas, desde reuniões culturais, clubes de leitura, tradições familiares e reuniões de interesse especial até rituais formais, como as reuniões do fórum YPO[9]. O YPO é uma comunidade de CEOs bem-sucedidos estruturados em torno de reuniões rituais de fóruns locais estreitos que permitem que os membros criem relacionamentos profundos e de confiança. Os membros do YPO apoiam uns aos outros em torno das questões pessoais e comerciais mais difíceis. Ouvi várias vezes dessas pessoas que as reuniões do fórum lhes dão a chance de trabalhar em desafios e ganhar perspectiva em um espaço seguro, às vezes salvando seus negócios e até mesmo seus relacionamentos pessoais.

Para prosperar, as Conexões Profundas precisam de rituais e tradições que se conectem a comunidades mais amplas. Os membros da comunidade podem atuar como caixas de ressonância, conselheiros e testemunhas para nos responsabilizar e nos lembrar da importância de nossas parcerias. Momentos magnéticos com nossa comunidade mais ampla também podem simplesmente trazer mais alegria e amor para nossas vidas, aprofundando nossas conexões.

A família Willis percebeu a importância dos rituais comunitários por gerações. Deborah Willis e seu filho, Hank Willis Thomas, ambos artistas, estão unidos por meio do amor e da arte. Os momentos magnéticos que os mantêm por perto começaram quando Hank era um menino. Deborah reunia sua família ao telefone para conversar por uma hora de manhã todos os dias e acompanhar as notícias. Hank adorava as histórias que fluíam daquele ritual diário tanto que Deborah tinha que forçá-lo a sair para ir à escola.

Hank é o primeiro a reconhecer que as virtudes que moldam a parceria com sua mãe e sua relação com a família e comunidade também moldaram quem ele é. "Eu realmente não tenho muita escolha a não ser manter esses valores", disse ele, "que são, esperançosamente, dignidade, honestidade, confiança, respeito, amor-próprio e amor um pelo outro. Às vezes, é uma carga pesada. Mas torna a vida mais fácil."

A comunidade é central para a vida de Deborah e Hank e o trabalho que realizam. Eles também acreditam que tem sido central para a sobrevivência dos afro-americanos. Em sua opinião, uma forma de o amor se manifestar nas famílias negras do século XX graças ao ritual da fotografia. Tirar fotos tornou-se uma forma de preservação amorosa da história compartilhada, algo crítico em uma comunidade que tem sido tratada injustamente e cuja narrativa cultural não foi devidamente compartilhada e celebrada.

A família Willis tem um ritual que foi passado de geração em geração: uma política de portas abertas. Todos na comunidade são bem-vindos, desde que venham com amor. Eles não têm que ter as mesmas opiniões ou se parecer com eles: um coração aberto e o amor são fatores determinantes. Esse ritual fortalece sua comunidade, e até proporcionou benefícios inesperados para salvar vidas. Quando Deborah tinha dezesseis anos, teve uma reação alérgica a um medicamento. Para sobreviver, precisou de infusões de sangue tipo O a cada dois dias. A cidade não tinha sangue suficiente, então a comunidade criou seu próprio banco de sangue, doando a Deborah o sangue de que ela precisava.

Esse senso de comunidade e momentos de conexão eram onipresentes na infância do mundialmente renomado skatista Tony Hawk. Sua mãe também tinha um ritual de portas abertas, que encorajava skatistas de todas as camadas sociais a participar dos jantares em família. Esse espírito de abertura e aqueles momentos durante o jantar encorajaram Tony a se tornar o extraordinário atleta e empresário que é hoje. Seguindo os passos de sua mãe, ele criou uma família extensa com seus fãs, com a qual está profunda e pessoalmente envolvido. Ele cria momentos magnéticos atendendo a pedidos na mídia social, ele mesmo postando frequentemente, e doando milhões para construir pistas de skate em comunidades carentes.

A maioria de nós passará mais de um terço de nossas vidas no local de trabalho, por isso é fundamental que estendamos esse senso de comunidade e família para abraçar as pessoas com quem trabalhamos e atendemos. Vimos alguns exemplos de momentos de construção da comunidade com a Innocent Drinks. A empresa global de design IDEO oferece outros exemplos.

Em 1978, David Kelley e um grupo de amigos iniciaram uma empresa para colaborar em projetos significativos. Essa empresa acabou se transformando na IDEO. Eles se mantiveram fiéis à filosofia inicial minimizando a hierarquia e criando um contrato social que enfatiza a colaboração e o apoio mútuo. Tim Brown, ex-CEO e agora presidente da empresa, fala sobre o valor dos rituais, em incentivar constantemente e fortalecer a cultura de uma empresa. Aqui estão alguns rituais da IDEO[10] que constroem conexão mais profunda e senso de comunidade:

- **Celebração do fim de um projeto**. Cada participante é celebrado, inspirando uma sensação de conexão e conclusão.

- **O ritual do humilde vangloriando-se**. Quando alguém novo começa na empresa, a equipe convida-o a compartilhar suas realizações: "Sabemos que você é humilde, mas vá em frente e se vanglorie."

- **Os "três minutos" de ginástica**. Toda a equipe de um departamento coloca faixas cerimoniais e faz um exercício rápido juntos.

- **Revelando esperanças e medos**. No início de cada projeto, eles compartilham suas esperanças e preocupações.

A comunidade de trabalho de Tim também inclui sua família. Desde que Tim começou a trabalhar para a IDEO há mais de 34 anos, ele e sua esposa, Gaynor, desfocaram as linhas entre o trabalho e a vida pessoal, com a IDEO se tornando uma parte central do sucesso de sua parceria. Gaynor não trabalha na IDEO, mas ela ainda é uma parte central da família IDEO. O casal ainda se refere a ter duas parcerias de 30 anos, compartilhadas: uma entre eles e outra com a IDEO.

Um momento magnético inimaginável

Momentos magnéticos não apenas aprofundam as conexões existentes. Eles têm o poder de reunir pessoas com visões completamente opostas, criando uma ponte de respeito e cuidado, apesar das diferenças genuínas. O exemplo mais extraordinário que vi disso foi a relação entre Bob Vander Plaats e Donna Red Wing. Infelizmente, não tive a oportunidade de conhecer Donna antes de seu falecimento, mas passei um tempo aprendendo com Bob sobre a amizade deles.

Em julho de 2014, a organização de Bob, a Family Leader, convidou líderes políticos e religiosos conservadores de todo o país para Ames, Iowa, para sua reunião anual da Family Leader. Donald Trump estava lá e, para surpresa de Bob, Donna Red Wing também. Embora nunca a tivesse conhecido, ele sabia que Donna era a defensora mais atuante dos direitos LGBTQIA+ de Iowa. A organização Family Leader passou incontáveis horas tentando persuadir líderes nacionais a se oporem ao casamento entre pessoas do mesmo sexo. A Coalizão Cristã da América até declarou Donna como "a mulher mais perigosa[11] dos EUA".

No dia da reunião, durante uma pausa entre os palestrantes, Donna se apresentou a Bob e perguntou se ele estaria disposto a encontrá-la para um café algum dia. Ele cordialmente concordou, embora não esperasse que ela desse continuidade. Mas ela ligou para o escritório dele na semana seguinte para marcar o encontro. A equipe dele estava incrédula. Bob e sua equipe rezaram para que tudo corresse bem. O plano era se encontrar em uma cafeteria em Des Moines, a Smokey Row. Mal sabiam então que aquele momento magnético seria o início de um ritual que mudaria ambas as vidas.

Durante o café, Donna explicou que esperava que os dois pudessem ter um diálogo civilizado, apesar de suas grandes diferenças. Ainda que suas opiniões, crenças e visão de mundo divergissem, eles compartilhavam uma esperança de que pudessem aprender e vir a se entender, não convencer o outro de que ele ou ela estava errado. Para alcançar tal nível de discurso civilizado e honestidade, ambos concordaram, seria preciso confiança. No final, Bob, brincando, chamou de "um bom primeiro encontro".

"Não começamos falando sobre as questões que nos dividem", disse ele. "Começamos falando sobre sua família, como ela cresceu, como ela foi a uma igreja luterana, que tinha sido casada, teve um filho e depois um divórcio doloroso", disse ele. Ela contou a Bob sobre sua parceira de longa data, Sumitra, e sobre seu ativismo. Bob falou sobre sua esposa, Darla, e seus quatro filhos, e ele deu a Donna uma cópia do livro que havia escrito sobre criar seu filho Lucas, que nasceu com um grave distúrbio cerebral.

"Nós nos conhecemos como pessoas antes de começarmos a falar sobre questões ou uma agenda ou coisas que dividem", disse Bob.

Bob e Donna continuaram a se encontrar para um café no Smokey Row todos os meses. Sempre que suas discussões sinceras começavam a ficar muito carregadas emocionalmente, eles aprendiam a respirar e mudar o rumo da conversa. Seus momentos juntos foram repletos de curiosidade bem-intencionada para entender melhor as perspectivas um do outro. À medida que sua conexão se aprofundava, seu ritual de café se transformou em grande alegria e aprendizado para ambos. Eles brincaram sobre sua "festa de saída do armário" quando um jornalista descobriu sobre suas reuniões e escreveu um artigo de primeira página sobre sua amizade, encorajando as pessoas a perceber que você pode discordar, mas não precisa odiar.

A conexão emocional entre os dois se aprofundou depois que o filho de Donna teve um filho com problemas de desenvolvimento. "Imediatamente houve um vínculo mais próximo", disse ele. "Foi em um nível humano para humano e não sobre o que me define e o que define você." Eles descobriram que tinham coisas importantes em comum, como a determinação de ajudar a acabar com o tráfico de pessoas. Na época, Bob não fazia ideia de que os indivíduos LGBTQIA+ eram alvos especiais. "Isso abriu meus olhos quando ela foi capaz de me dar histórias reais de indivíduos LGBTQIA+ vítimas do tráfico, como eles caçavam aquela comunidade", disse ele. "Eu fui capaz de ver em um nível mais profundo." Por meio de muitas horas de conversa sincera, eles aprenderam a ver através dos olhos um do outro e se apoiarem um no outro. Eles não mudaram suas próprias crenças fundamentais, mas aprenderam a se conectar em vez de repelir um ao outro. Ambos foram bem recebidos em suas comunidades mais amplas — e juntos resistiram ao peso da raiva que às vezes se seguia a essas apresentações. Bob brincou que uma vez quando Donna estava no hospital, ele e sua esposa foram visitá-la e imediatamente o quarto se iluminou.

No dia em que a Suprema Corte declarou que pessoas do mesmo sexo poderiam se casar em qualquer lugar do país, Donna estava sendo entrevistada por uma emissora de TV local. Quando ela se levantou para sair da cadeira e caminhou para os bastidores, ela encontrou Bob em seu caminho para ser entrevistado para o mesmo programa. Seus olhos se cruzaram e então eles se abraçaram. Bob brincou: "Você vai pagar o café[12] da próxima vez." O repórter ficou maravilhado: "Acabei de ver algo que nunca pensei que veria."

Após quatro anos e muitos momentos magnéticos, Donna infelizmente faleceu em 16 de abril de 2018. Bob foi convidado por sua comunidade para assistir ao funeral e fez um discurso comovente celebrando sua extraordinária amizade, compartilhando o quanto ele realmente amava e respeitava Donna e como ele nunca seria o mesmo graças a ela.

Renove-se

Momentos magnéticos criam um caminho para melhorar sua capacidade de crescer por meio de seus relacionamentos, mas é igualmente importante ser capaz de entender e cuidar de si mesmo. Como mencionei anteriormente, diz o ditado que 95% das pessoas tentam mudar o mundo e apenas 5% tentam mudar a si mesmas. Se você optar por fazer parte desses 5%, procure renovar rituais e práticas que funcionem para você. Elas o ajudarão a abordar seus relacionamentos com o coração aberto e lhe darão força para fazer o trabalho duro necessário para construir Conexões Profundas com os outros.

Momentos magnéticos para se conectar consigo mesmo podem aparecer em práticas diárias, como dar um passeio na natureza, escrever em seu diário, dormir o suficiente, meditar e comer de forma saudável. Outros momentos podem ocorrer durante uma viagem ou fazer aulas de algo novo ou abraçar um desafio físico como caminhadas. Ganhar tempo para momentos em que você pode ir para dentro de si mesmo para se renovar levará a parcerias muito mais fortes com os outros. Dê-se espaço para praticar a autorreflexão e fazer coisas que lhe trazem alegria. Passe algum tempo com bons amigos e família. Muitas das parcerias com as quais conversei me contaram sobre os tempos de estresse em suas vidas, quando estavam tão focados no impacto, no trabalho, na tentativa de ser um bom parceiro, que se perderam. Eles enfatizaram a importância de construir rituais e práticas para corrigir o curso e garantir que você possa dar a si mesmo e a seus relacionamentos o amor, o cuidado e o tempo que merecem.

Práticas diárias de gratidão ajudam a reformular como você vive no mundo. Mude seu foco para "o que é bom", como a mãe de Bert e John Jacobs fez. Tire um tempo para apreciar as maravilhas do mundo ao redor. Na minha vida, meu marido e eu escrevemos cinco coisas pelas quais somos gratos a cada dia e compartilhamos um com o outro. Escolher cinco, em vez de uma ou duas, realmente força você a pensar. Com o tempo, uma lista de gratidão ajuda você a apreciar tudo e todos à sua volta. Tem sido incrível ver como uma prática tão simples aprofundou tão efetivamente nossa própria conexão.

Claro, uma das maneiras mais maravilhosas de cuidar de si mesmo é ser útil aos outros, focando em algo maior do que você mesmo. Tirar um tempo para trabalhar em sua comunidade local, ou lutar por um problema pelo qual você é apaixonado, pode reenergizá-lo. Como Mahatma Gandhi disse uma vez: "A melhor maneira de se encontrar é se perder a serviço dos outros."

Arquitetura de Momentos Magnéticos

Momentos magnéticos, repetidos ao longo do tempo, ajudaram a fazer da Innocent Drinks um sucesso duradouro. Eles fortaleceram todas as parcerias compartilhadas neste livro. Tais momentos se uniram para criar uma "história de nós"[13] e aproximar todas as pessoas em uma parceria. Isso inclui pequenos momentos, como a prática diária de fazer uma xícara de chá para alguém ou compartilhar algo pelo qual você é grato no final de cada dia. Aqui estão algumas coisas a considerar à medida que você molda suas próprias práticas, rituais e tradições para manter todos conectados:

- **Evolua sempre**. Momentos magnéticos nunca são consertados. Eles evoluem conforme a conexão se aprofunda. O esforço consciente que cria resultados bem-sucedidos no início de sua parceria pode evoluir para "a maneira como as coisas são feitas". Você precisará despertar uma nova vida em seus rituais ou práticas, introduzindo uma reviravolta inovadora, como a Innocent fez, indo do pub para o Fins de Semana na Natureza.

- **Respeite a individualidade**. Dê a todos uma chance igual de expressão e deixe espaço para uma discordância saudável. Comprometa-se até mesmo onde você se encontra para ajudar todos a se sentirem seguros e abertos.

- **Compartilhe a posse**. Deixe todos trabalharem juntos para criar momentos magnéticos em vez de forçá-los. Todo parceiro deve usufruir de um senso de propriedade e pertencimento.

- **Consistência é chave**. Quando os momentos magnéticos acontecem regularmente, ajudam a aprofundar a conexão e identificar potenciais conflitos na relação antes que eles tenham a chance de crescer para um tamanho incontrolável.

- **Garanta amplitude**. Para aproveitar ao máximo os momentos magnéticos, incorpore todos os quatro elementos: alegria e diversão, curiosidade e admiração, comunicação sincera e comunidade.

Momentos magnéticos oferecem o espaço para nutrir suas Conexões Profundas. Eles permitem que você ria, grite, chore e simplesmente fique junto. Esses momentos também lhe dão a oportunidade de praticar a gratidão pelo mundo ao seu redor e apreciar melhor o quanto todos estamos interconectados.

CAPÍTULO SEIS

Celebrar o Atrito

Quinto Grau de Conexão

Ficamos felizes cada vez que discordamos,
porque sabemos que vamos aprender algo novo;
haverá algumas faíscas.

— Bertrand Piccard, cofundador, Solar Impulse

Lee Thomas[1], chefe da Agência de Proteção Ambiental e negociador-chefe dos Estados Unidos em Montreal, sai desanimado após um longo dia de negociação com os representantes da Europa. Parecia que eles estavam ficando atolados em conflitos, e as discussões não estavam avançando. Por volta da meia-noite, ele soube que o negociador da Comissão Europeia, Laurens Jan Brinkhorst, havia ido a um bar com colegas.

152   Parcerias

Lee foi até o bar, juntou-se ao grupo europeu e perguntou a Laurens se eles poderiam conversar tomando uma cerveja. Naquela noite, na jovialidade de um bar local, Lee e Laurens chegaram a um compromisso crítico entre os Estados Unidos e a Europa, que foi ratificado na manhã seguinte, às oito da manhã. Eles estavam meio sonolentos, mas a amizade se aprofundou.

Os participantes do Protocolo de Montreal aprenderam repetidamente que as amizades eram essenciais para manter as conversas no caminho certo e desarmar conflitos. Eles investiram um tempo significativo na criação da cultura certa para as amizades florescerem e as melhores estruturas de atrito para ajudar a criar melhores soluções em vez de sabotar o progresso.

Stephen O. Andersen tinha um método para prevenir conflitos, prestando atenção em quem estaria na sala para poder estruturar reuniões, a fim de harmonizar interesses. Primeiro, ele nunca enviava um convite geral, mas começava recrutando os especialistas mais talentosos, experientes e influentes em determinado assunto. Ele identificava essas pessoas com base em investigações cuidadosas, analisando as redes profissionais até encontrar o conjunto certo de habilidades, o tipo certo de personalidade e pessoas abertas a novos modos de pensar. Ele evitava qualquer um que não trabalhasse em equipe. Isso reduzia o número de críticos e pessimistas em uma reunião e evitava pessoas que poderiam retardar as coisas ou envenenar a atmosfera com negatividade. Em vez disso, as reuniões refletiam um senso de otimismo e um profundo desejo de fazer as coisas, enquanto ainda mantinham espaço e respeito por visões muito diferentes.

Em segundo lugar, antes de qualquer grande reunião, Stephen passava um tempo pensando em como isso poderia se desdobrar e mapeava as razões pelas quais alguém poderia ter uma visão contrária. Em seguida, estruturava a reunião para garantir que todos fossem ouvidos e que seus pontos de vista fossem levados em consideração. Ele também garantia, para evitar conflitos, que todos tivessem funções e responsabilidades específicas nas reuniões e nos comitês. Era uma abordagem adrede preparada, baseada em um fundamento de ciência ambiental, técnica e econômica.

Em terceiro lugar, ele estabelecia algumas regras para reuniões (para seus próprios colegas da EPA e outros) — grades de segurança para mantê-los no caminho certo e fora da espiral de negatividade. "Você é bem-vindo nesta reunião"[2], dizia ele aos colegas, "mas se você vier, terá que seguir estas regras: sem referência a coisas passadas que a empresa fez, sem motivos [negativos], sem xingamentos, sem raiva."

Por último, sempre tinha um caminho para harmonizar interesses e um acordo em sua mira. Em algumas noites antes de uma grande reunião, ele até sonhava com as pessoas concordando.

Mostafa Tolba tinha suas próprias abordagens para evitar que o atrito descarrilhasse as negociações, mas, como Stephen, ele começava com conexão e discussão sincera. Para mobilizar um coletivo mais amplo[3] por trás de um objetivo, Mostafa corajosamente deixava de lado seu chapéu diplomático e se tornava um filósofo, um visionário convincente que energizava as pessoas, quase como se as tivesse hipnotizado, para o propósito maior da missão. Ele levava as principais partes para um espaço seguro e lhes pedia para deixar de lado seu "manto de autoridade" e passar para o que Stephen descreveu como "instrução do júri", removendo todos os preconceitos ligados à identidade nacional. Isso os ajudava a enquadrar suas decisões na perspectiva dos cidadãos globais, decidindo o que é certo para a humanidade. Em seguida, o grupo apresentaria uma visão e um conjunto de soluções compartilhadas.

Mostafa frequentemente fazia perguntas respeitosas como: "O que está impedindo os Estados Unidos de concordarem com essa visão e conjunto de soluções? O que precisaria mudar para que isso funcionasse?" Os países então trabalhariam em conjunto, considerando suas questões e possíveis caminhos para soluções. Quando deixavam

154 Parcerias

a reunião privada, vestiam de novo seus mantos de autoridade e retornavam à mesa de negociações, desta vez, com um mapa dos caminhos para uma solução em vez de bloqueios.

Havia autenticidade em Mostafa. Ele sabia que ver de outra perspectiva poderia não mudar sua opinião, mas o ajudava a entender como resolver o problema. Ele sempre procurava uma solução de "terceira via", reunindo as melhores ideias de todas as partes para percorrer um caminho em meio a diferentes perspectivas. Às vezes, Mostafa reunia grupos informais de dez a quinze pessoas de opiniões opostas e depois anunciava que a reunião era privada — ninguém deveria tomar notas ou distribuir documentos, e a identidade dos participantes não era divulgada. Eles deveriam só conversar. Ao fazer isso, as pessoas se comportavam como se estivessem livres de suas obrigações, e foram lembradas da condição humana de todos os outros na sala. "Eles gradualmente se tornavam[4] amigos trabalhando por uma causa comum, mesmo que com opiniões diferentes", disse Mostafa.

Colaborar com alguém radicalmente diferente de você pode levar a coisas incríveis, e as negociações provaram isso várias vezes.

Stephen O. Andersen e Steve Lee-Bapty, um acadêmico e negociador britânico, eram tão diferentes quanto duas pessoas podiam ser, um norte-americano peculiar e otimista e o outro um personagem do tipo Winston Churchill. "Ninguém conseguia descobrir se éramos amigos ou inimigos", disse Stephen com uma risada. Era impossível para as pessoas imaginar como esses dois homens radicalmente diferentes poderiam trabalhar juntos com sucesso. Eles, é claro, usaram isso a seu favor nas negociações. Steve Lee-Bapty se infiltrou junto aos diplomatas e Stephen foi integrado à comunidade técnica. "Ele tentava algo e quando não estava funcionando, eu tentava algo", disse Stephen. "Cada um tinha algo a dar e cada um tinha algo a ganhar com o outro." E no final, eles aproveitaram suas diferenças e alcançaram coisas que nenhum deles poderia sozinho, construindo uma amizade improvável no processo.

Proteger a camada de ozônio não foi um processo fácil. Os delegados dos países discordavam com frequência e representantes de diferentes setores não queriam entrar na briga. Mostafa, Stephen e uma comunidade muito mais ampla superavam cada obstáculo, estando consistentemente abertos a diversas perspectivas e implementando abordagens produtivas para gerenciar conflitos.

Agora era a hora de agir. Eles não tinham tempo a perder com dramas debilitadores.

Aproveitando o Atrito

Mesmo com um conjunto perfeitamente arquitetado de momentos magnéticos, o atrito é inevitável. O truque não está em assumir a tarefa impossível de tentar eliminá-lo. Está em se aproveitar dele para aprofundar sua conexão.

Quando comecei a entrevistar os parceiros que você conheceu neste livro, as pessoas me disseram: "Você tem que encontrar o drama e investigar as lutas, os rompimentos e o lado sombrio dos relacionamentos." Entrevista após entrevista, procurei, sem sucesso, o ponto de discórdia, o momento da perda da razão. Fomos tão programados pela mídia e pela indústria do entretenimento para pensar que situações dramáticas e conflitos furiosos são a norma, que não questionamos mais se realmente tem que ser assim.

Isso não quer dizer que essas histórias de relacionamento são desprovidas de conflito. Essas pessoas não vivem vidas róseas sob um perene céu azul. Nenhum de nós vive. Mas ao se concentrar em algo maior, ao abraçar um ecossistema de virtudes que transcende a parceria, ao moldar momentos magnéticos para se manterem no fluxo, eles

156 Parcerias

aprenderam a aproveitar o conflito graciosamente, canalizando-o para apoiar um ao outro e trabalhar em direção a metas que importam. É uma bela refutação à obsessão do mundo com drama e conflitos negativos.

Quando há um atrito na parceria (o que é inevitável), eles veem isso como um momento para recuar, ouvir e usar como um momento de aprendizagem, não uma oportunidade de apontar o dedo. Eles abordam o atrito como as "faíscas" de aprender algo novo, conforme definido por Bertrand e André — o resultado da energia da diferença que ajudará cada parceiro a se tornar seu melhor "eu".

Quando estava pesquisando relacionamentos que falharam, descobri que o drama é normalmente alimentado pela incapacidade das pessoas de abordar o atrito como um momento de aprendizagem. Em vez disso, eles o transformam em um ataque pessoal digno de uma resposta dramática. O perdão também desempenha um papel crucial, pois as pessoas muitas vezes ficam presas em ofensas passadas, abrindo feridas repetidas vezes e criando um ciclo de conflito.

Permitam-me ser clara: Não se trata de concordar com seu parceiro o tempo todo. A questão é quanto à forma de discordar.

Rebecca Zucker, consultora de liderança e sócia fundadora da Next Step Partners, conecta nossa abordagem de desacordo à nossa capacidade de crescimento. "O atrito pode oferecer oportunidades para aprender, para recuar e dizer o que correu mal", disse ela em uma entrevista. "Ter uma mentalidade de crescimento significa colocar seu ego de lado e perguntar a si mesmo: como eu contribuí para esse problema? Conflito construtivo significa que não se leva para o lado pessoal. Em vez disso, você considera as ideias contrárias como compatíveis." A chave para ser capaz de aceitar o conflito é a total confiança de que seu parceiro sempre tem seus melhores interesses no coração. "Em uma boa parceria, você assume boas intenções", disse ela. "E evita o drama."

John Gottman usa a metáfora dos Quatro Cavaleiros do Apocalipse[5] para descrever os quatro fatores — criticismo, defensividade, desprezo e recusa sistemática à comunicação ["stonewalling"] — que podem sinalizar dificuldades em um relacionamento. Gottman e sua equipe observaram e rastrearam casais ao longo do tempo, e eles identificaram o que os bem-sucedidos e felizes têm em comum: eles se inclinam para o positivo, mesmo em tempos de conflito. "Examinamos casais ao longo de toda a vida"[6], disse ele. "Nós os filmamos falando sobre como foi o dia deles, ou sobre um tempo de conflito, e mesmo quando eles discordavam, vimos que tinham cinco vezes mais emoções positivas do que negativas quando falavam."

A forma como abordamos e gerenciamos conflitos também é impactada por nossos estilos de vida "sempre conectados" — reduzindo o tempo e o espaço que dedicamos à resolução de diferenças e adicionando uma camada de complexidade quando a comunicação acontece em um dispositivo e não pessoalmente. Quando não somos capazes de ver as expressões faciais ou a linguagem corporal de alguém, quando não podemos ouvir o tom de sua voz, isso leva a uma potencial falha de comunicação, que pode adicionar combustível a um conflito. Discordâncias insalubres mais frequentes também podem ser provocadas pelo aumento do perfeccionismo[7], causando um medo elevado de fracasso.

Saber usar nossas parcerias como espaços seguros para superar fracassos e transformar o atrito em momentos de aprendizagem nunca foi tão importante para nos ajudar a navegar por uma sociedade cada vez mais dividida e com medo[8]. Precisamos cultivar a humildade para perceber que não temos todas as respostas e que nossos parceiros são alguns de nossos melhores professores e nosso sistema de apoio.

As Faíscas

Em 26 de julho de 2016, depois de passarem 558 horas percorrendo aproximadamente 42 mil km, André e Bertrand completaram com sucesso o primeiro voo movido a energia solar ao redor do mundo. Eles creditam seu sucesso à Conexão Profunda um com o outro — uma amizade construída por meio de anos de idas e vindas enquanto realizavam seus sonhos.

Eles também são os primeiros a admitir que sua parceria não foi desprovida de atrito.

Um dos primeiros testes de seu relacionamento foi desencadeado pelo reconhecimento público desigual, quando a mídia começou a chamar Bertrand de criador do Solar Impulse, sem sequer mencionar André. Naturalmente, isso causou alguma tensão precoce em seu relacionamento. A certa altura, ficou tão ruim que a esposa de Bertrand, Michèle Piccard, o incentivou a fazer algo sobre isso antes que a relação desmoronasse.

Esse foi o momento em que Bertrand e André aprenderam a celebrar o atrito e tirar o calor do conflito. Sentaram-se juntos por um tempo privado e ininterrupto — como muitas vezes fizeram desde essa ocasião, com o primeiro sinal de tensão — criando um espaço seguro onde pudessem compartilhar com sinceridade seus sentimentos sem se sentirem incriminados. Eles finalmente perceberam que a tensão entre eles era um subproduto não intencional das experiências de falas passadas de Bertrand e seu amor entusiasmado de comunicar sua visão. Ele estava confortável em estar sob os holofotes, tendo feito mais de dois mil discursos sobre sua tradição familiar de exploração e seu voo de balão ininterrupto ao redor do mundo, antes mesmo do início da Solar Impulse e, portanto, ele se tornou o porta-voz real da empreitada. Sua intenção nunca foi não compartilhar crédito com André ou ofuscá-lo.

Juntos, eles criaram uma solução compartilhada que levantaria os dois e lhes daria igual reconhecimento público. André treinou Bertrand para ser um piloto e Bertrand treinou André para ser um orador. "No mesmo dia em que André foi aplaudido pela primeira vez como orador", Bertrand lembrou com um enorme sorriso, "eu estava fazendo meu primeiro voo em alta altitude no Solar Impulse." Agora eles estão muito conscientes de que é responsabilidade de cada um trazer o outro parceiro para o foco, garantindo assim uma parte justa do crédito. André brincou: "Eu sou um pouco mais como um psiquiatra agora e ele é um pouco mais como um engenheiro."

Celebrar o atrito é propositadamente o quinto grau de conexão, pois os outros quatro estabelecem as bases para passar do drama compartilhado para a aprendizagem compartilhada durante um conflito. André e Bertrand dominaram isso deixando seus egos para trás — em grande parte porque sua visão compartilhada de mudar o mundo para a tecnologia limpa era muito maior do que qualquer conflito insignificante que pudesse surgir entre eles.

André e Bertrand se ergueram acima da competição e do conflito em parte ao se tornarem espelhos um para o outro, refletindo constantemente os egos um do outro. Bertrand elaborou sobre como André lhe dá um feedback sincero e direto: "André vai me dizer: 'Bertrand, eu não entendo, você dá conselhos tão bons em seus discursos e livros, e agora, nessa situação prática, você faz exatamente o oposto e é tão ruim, o que aconteceu?' E eu digo: 'Ok, obrigado, você está absolutamente certo.'" Sem entrar na defensiva, nenhuma raiva, simplesmente a confiança decorrente da percepção de que André tem os melhores interesses de Bertrand no coração e só o criticaria de um lugar de amor.

O próximo passo, que eles chamam de "as faíscas", é a chance de usar o conflito para estimular a inovação. Fundamentando a conversa em curiosidade e humildade, eles mudam para soluções de brainstorming — nenhum deles tentando vencer, ambos com a intenção de encontrar uma terceira maneira que transcenda suas posições originais. Isso os ajuda a minar o conflito pela raiz e a construir uma conexão mais profunda entre si. "Combinar nossas experiências faz uma nova visão do mundo onde podemos seguir em frente", explicou Bertrand. "Nós nunca devemos ser os mesmos depois de uma discussão; caso contrário, significa que não aprendemos nada."

Agora a competição é saudável, não prejudicial. É uma oportunidade para se aperfeiçoarem. "Trabalhei muito com outras pessoas", disse Bertrand, "mas nunca com alguém tão brilhante quanto André. Cada vez que fico bom em algo, ele também o faz, então tive que me esforçar para ser melhor. O objetivo não é ser melhor do que o outro e competir com ele, o objetivo é ser melhor do que éramos antes."

Doze abordagens
para celebrar o atrito

Celebrar o atrito não significa um momento de felicidade quando todos dão as mãos em círculo e de repente tudo está bem. Trata-se de trabalhar duro e descobrir as ferramentas que são melhores para você e seus parceiros. Uma coisa é certa: todas as parcerias têm turbulências e desentendimentos. Mas temos uma escolha na forma como os abordamos. Aqui estão doze abordagens que surgiram a partir da escuta de grandes parcerias.

Compreender o Motivo

A melhor maneira de desarmar um conflito começa com uma escuta sensível e empática. Como André e Bertrand demonstraram, isso significa priorizar o tempo um para o outro por meio de momentos magnéticos intencionais, ouvir um ao outro sem julgamento ou interrupção e focar em perguntas para entender a perspectiva de alguém, em vez de apenas tentar provar seu ponto de vista. Jo e Paz fizeram isso com o ritual do Friday Talk.

Você precisa tirar os holofotes de seus próprios sentimentos pessoais se realmente quiser entender o que a outra pessoa está sentindo e por quê. Entender o que experiências passadas estão informando sobre esses sentimentos ajuda você a parar de fazer suposições defensivas que transformam pequenos ruídos em grandes terremotos. Isso não justifica ou torna as ações e reações de alguém corretas; simplesmente permite que você comece de um lugar de compreensão para que possa trabalhar em direção a uma solução e ajudar alguém a ver os padrões que podem estar causando dor.

Andy e Jim, da Investimentos LeapFrog (que você conheceu no capítulo dois), constantemente tomam decisões difíceis enquanto navegam pelo rápido crescimento no novo campo do investimento de impacto. Eles desenvolveram uma maneira de trabalhar em que estão sempre se desafiando para obter os melhores resultados, mas aprenderam a "discordar sem serem desagradáveis". "Quando você é mais jovem, tem a sensação de que precisa encontrar a solução na conversa", disse Andy. O que Jim e estudar filosofia ajudaram a ensinar Andy é que, em vez de ter todas as respostas, você precisa chegar a uma conversa com um pensamento moldado, uma compreensão de onde alguém está vindo, uma perspectiva sobre o que é material e digno de discussão, e então abrir-se para um espírito de discurso em vez de provar que seu caminho é o certo.

Parte da compreensão do porquê é construir uma rica história juntos para que você possa ver como experiências de vidas passadas influenciam as decisões ou questões das pessoas. Ben e Jerry se referiram a isso como a prática de separar a questão e a história profunda de "nós" para nunca estragar sua amizade.

E se o outro estiver certo?

Em qualquer desentendimento, André e Bertrand sempre começam se questionando: "E se o outro estiver certo?" Mesmo que eles não mudem totalmente suas perspectivas, isso lhes permite acatar outras ideias e não apenas teimosamente se agarrar à sua própria.

Quando reconhecemos nossa própria falibilidade e percebemos a necessidade de aprender com os outros — especialmente com aqueles que desafiam algumas de nossas convicções mais queridas — isso cria espaço para ouvir atentamente, entender e aprender.

Cornel West e Robert P. George dominaram a arte da autoanálise. "A primeira coisa que quero saber é se eu poderia estar errado. Se Cornel pensa algo e eu penso o contrário, então a primeira coisa que quero saber é, se alguém tão brilhante, talentoso e intelectual e moralmente sério como Cornel pensa assim, então é possível que eu esteja errado sobre isso e ele esteja certo", disse Robert.

Quando uma ideia controversa surgia para discussão, em vez de bloqueá-la ou brigar sobre isso, os irmãos Delle se revezavam jogando o "jogo de perguntas difíceis", cada um pensando por que poderia ser uma má ideia. Alex e Blake, que cofundaram a Flocabulary, fizeram algo semelhante, invertendo posições para testar seu processo de pensamento e entender perspectivas diferentes. Isso permitiu que eles entendessem a ideia de todos os ângulos, tirando de campo a exaltação e muitas vezes levando-os a um plano melhor.

Joe, Brian e Nathan, os cofundadores do Airbnb, que você conheceu no capítulo quatro, também usaram perguntas difíceis para rever todas suas ações. Eles promoveram esse processo na empresa como o RPA, a "revisão pós-ação." As pessoas se reuniam para discutir abertamente o que funcionava e o que não funcionava, dando espaço para o atrito ser exibido em um ambiente seguro e, em seguida, apontado para uma direção positiva.

Uma Terceira Via

Tal como Mostafa, Bertrand e André celebraram o atrito ao "construir uma terceira ideia" baseada em suas experiências e conhecimentos. Essa é uma ideia que tira o melhor de suas duas outras individuais e cria uma terceira, que é uma maneira melhor, uma combinação de seus pensamentos. Eles fizeram isso vivendo com uma mentalidade de aprendizagem constante, que também requer uma dose pesada de humildade, reconhecendo o quanto você tem que aprender com seu parceiro. O respeito desempenha um papel significativo nesse processo de cocriação; você não estraga os sonhos do seu parceiro — você encontra maneiras de cooperar e criar sonhos compartilhados, assim como aprendemos com a criação de The Elders, no capítulo quatro.

Cindy Mercer e Addison Fischer cocriaram a Fundação Planet Heritage para proteger a natureza. Como duas personalidades bem-sucedidas e determinadas, eles tiveram que ter tempo para estruturar uma maneira produtiva de abordar conflitos. Cindy me disse que há duas maneiras de as pessoas normalmente abordarem conflitos: dominação, onde a pessoa com mais poder ganha, e compromisso, onde ambas desistem de algo que é importante para elas. Cindy e Addison queriam encontrar uma terceira via, focada na integração. "Era uma maneira de chegarmos a respostas que funcionassem para nós dois, que tornaram o resultado maior", explicou Cindy.

Um Espaço Corajoso

O espaço assumiu dois significados ao longo de nosso processo de pesquisa. Há o espaço e o tempo em que se tem conversas corajosas e difíceis (como vimos no capítulo três), e há também a necessidade de parceiros darem um ao outro o espaço para fazer uma pausa, para dar tempo para as coisas se acalmarem. Ambos são importantes.

Azim (que você conheceu no capítulo três) criou um dos espaços mais corajosos que se poderia imaginar quando convidou Ples, o avô do adolescente que atirou no filho de Azim, para sua casa. Isso não foi fácil para nenhum deles, mas tendo as conversas difíceis e abrindo a porta para o perdão, eles libertaram um ao outro da amargura e do ódio. Eles agora utilizaram esse espaço seguro da sala de Azim como escolas primárias e secundárias, onde ajudam os alunos a terem conversas abertas e sinceras sobre vulnerabilidade, perdão e amor.

Jo e Paz têm as Friday Talks, como vimos no capítulo cinco. Comprometer-se com esse ritual garante que eles tenham um tempo para compartilhar o bom e o ruim em seu relacionamento. Esse espaço corajoso proporcionou alguns benefícios: permitiu-lhes aprofundarem a compreensão e o amor um pelo outro e ofereceu uma oportunidade de minimizar os desentendimentos que surgem no início da semana — quando a sexta-feira chega, eles já minaram um pouco da exaltação do conflito.

Sarah Kay e Phil Kaye, dois poetas da palavra falada, descreveram como era trabalhoso no início para eles terem conversas difíceis, já que ambos evitavam o conflito. "Eu tive que aprender a dizer: 'Isso realmente não me fez sentir muito bem'", disse Phil, "'e confio que você não tinha a intenção de fazer isso, mas ainda me sinto um pouco mal.'" Sarah falou sobre três promessas que fez a Phil para criar um espaço seguro para discussões difíceis: "Eu sempre vou fazer absolutamente o melhor que posso para ser sincero com você. Eu nunca faria nada para magoá-lo intencionalmente. Se eu fizer algo que o magoe, acredite que é porque não percebi que foi doloroso. Por favor, me diga, para que eu possa fazer tudo para ajustar meu comportamento, para que eu não volte a magoá-lo mais. Isso é o que prometo e o que espero de volta."

A natureza pode desempenhar um papel importante na formação de um espaço corajoso. Muitos dos parceiros que entrevistei falaram sobre dar uma volta ou sair para criar um espaço que motive e dê uma perspectiva, seja por si mesmo ou quando você precisa ter uma conversa difícil.

Poder de Veto

Não importa quem você é, há momentos em que celebrar o atrito parece um sonho impossível. Pensar cuidadosamente em como projetar "mecanismos de correção" pode ajudar a proteger seu relacionamento de explodir em momentos de exaustão, ou quando você está tão apaixonado por algo que não pode ver direito, muito menos ouvir profundamente alguém. Por exemplo, no início de seu relacionamento, Ben e Jerry decidiram que qualquer um deles poderia vetar qualquer decisão com a qual achassem que, com certeza absoluta, não conseguiriam conviver. Isso aconteceu muito raramente, mas era fundamental para garantir que sua amizade sempre estivesse em primeiro lugar.

Estar preparado para desarmar o conflito antecipadamente também é fundamental (como Mostafa e Stephen fizeram tão bem). Como mencionado no capítulo anterior, os três irmãos Delle decidiriam em conjunto quais investimentos sua empresa apoiaria, e isso era uma receita para o conflito, uma vez que cada um tinha abordagens diferentes para o risco e ideias diferentes sobre quais oportunidades de negócios eram adequadas. A solução foi despersonalizar tais decisões. Para isso, o primeiro passo foi garantir que cada um deles tivesse papéis e responsabilidades muito bem definidas. Eles então criaram um comitê de investimento independente com autoridade final de tomada de decisão. Isso permitiu que eles tivessem debates e discussões ricas sobre oportunidades de investimento sem ter que decepcionar um ao outro e destruir a família.

166 Parcerias

Em qualquer organização, uma falha em delinear papéis e responsabilidades claras pode levar à confusão e egos machucados, e, por sua vez, a conflitos e falta de confiança. Os cofundadores da Investimentos LeapFrog frequentemente se referem a ela como uma pequena frota de barcos em vez de um grande barco de comando central. Todas as equipes da empresa e cada um dos sócios são como lanchas individuais, com papéis únicos, mas ainda fazem parte de uma frota compartilhada indo em direção ao mesmo lugar. Isso lhes permite mover-se velozmente e com uma visão clara em vez de ter uma grande embarcação que tem um capitão gritando ordens para todos.

Humor

Como disse Peter Gabriel, o humor pode ser "o melhor remédio para qualquer problema". Um momento de risadas, uma piada autodepreciativa, ou uma brincadeira boba podem trazer leveza e alegria a situações difíceis. Como mencionei, Richard Branson e Peter têm um momento magnético consistente ligado a jogar água, como demonstraram em sua entrevista. Quando a conversa ficou muito séria, Richard jogou um copo d'água em Peter, que, por sua vez, jogou um jarro de água em Richard, e quando nos demos conta, todos na sala — incluindo a equipe de filmagem e os garçons — estavam em uma guerra de água, encharcados e rindo histericamente.

O humor é muito importante para desarmar conflitos e para manter as pessoas conectadas — então eu o incluí como uma categoria de momentos magnéticos e uma maneira de gerenciar conflitos. Alegria e humor em suas parcerias nunca é demais!

As outras 99 coisas

Não se preocupe com as coisas pequenas. Lembre-se das 99 coisas que você ama em alguém quando uma coisa irritante acontece. Para verificar o nível de importância, Beverly e Dereck se perguntam: "Isso estará nas memórias que escrevemos quando estivermos na casa dos noventa?" Se não, fale sobre isso e esqueça.

Uma perspectiva sólida pode impedir que você seja arrastado para um drama desnecessário e debilitante. Seu algo maior sempre o elevará acima das rivalidades e desacordos mesquinhos e lhe permitirá transformar o atrito em energia positiva em direção à sua missão.

A linguagem também é importante. Fique longe de palavras exageradas como *sempre* e *nunca* — essas palavras "tudo ou nada" geralmente são exageros mostrando que você se esqueceu das outras 99 vezes que seu parceiro realmente fez ou deixou de fazer alguma coisa.

Amnésia Positiva

Lembro-me de passar uma hora tentando fazer com que Peter e Richard falassem sobre seus desentendimentos, mas eles simplesmente não conseguiam se lembrar de nenhum, embora, depois de trabalhar com eles por dezessete anos no projeto The Elders, eu sei que houve alguns!

Como esse padrão continuou em entrevistas subsequentes, percebi que a *amnésia positiva* é um sinal de profundo respeito entre os parceiros e destaca uma prática saudável de perdão. Parcerias bem-sucedidas podem passar por experiências ruins e depois liberá-las, perdoando e literalmente esquecendo, para que não prejudiquem sua colaboração, apegando-se a quaisquer reflexões negativas. O ecossistema de virtudes desempenha um papel crítico, pois ter os fundamentos de confiança e respeito em um relacionamento lembra que seu parceiro nunca o machucaria intencionalmente (como Sarah e Phil compartilharam na quarta abordagem, "Um Espaço Corajoso").

Às vezes, o perdão não é tão fácil — seja perdoar seu parceiro ou perdoar alguém fora da parceria. Vale a pena o esforço porque o liberta da amargura e da raiva e permite seguir com a vida a partir de um lugar de amor em vez de ressentimento.

Azim demonstrou o maior ato de perdão depois de seu filho ter sido morto. Ele esclarece que o perdão não significa perdoar a morte, mas, sim, separar-se da amargura em relação ao assassino. A menos que você perdoe, continua a ser uma vítima. Ficar com raiva e ressentimento só magoa. Torna-se uma forma de autoabuso. O perdão é uma abordagem saudável que lhe dá liberdade e controle da sua própria vida. Ele frequentemente cita Mandela: "O ressentimento é como beber veneno e esperar que mate seus inimigos[9]."

Em paz consigo mesmo

É super difícil abordar positivamente o atrito se você não estiver em paz consigo mesmo. Jo e Paz enfatizaram a necessidade de "assumir a responsabilidade por suas próprias questões". Concentre-se em compreender as coisas de sua história que desencadearão uma reação negativa para que você possa estar ciente delas, aceitar a responsabilidade por elas, ser sincero sobre elas e realmente trabalhar nelas.

Parte de trabalhar em suas próprias questões é dar-se o espaço e tempo para a autorreflexão. Aprofundar a compreensão de si mesmo lhe permitirá observar seu comportamento, filtrar as emoções e entender onde precisa mudar.

Parcerias saudáveis também nos possibilitam ver-nos espelhados nos olhos de alguém que amamos e em quem confiamos. Essas relações ajudam a entender nossos pontos fortes e as áreas em que podemos nos decepcionar. Abrir espaço para uma reflexão sincera com nossos parceiros é um dos caminhos mais rápidos para alcançar a paz com nós mesmos.

Greg Zehner (que você conheceu no capítulo quatro), que estudou para ser pastor, conheceu muitos casais cujos casamentos estão em apuros. Um dos problemas mais comuns é que cada cônjuge está tentando mudar o outro, pensando que isso salvará o relacionamento. Temos que aceitar a outra pessoa incondicionalmente, diz ele, "e é o amor e essa aceitação incondicional que realmente causam mudança, ao contrário de criticar e ficar em cima de alguém." Livrar-se do fardo de tentar mudar outra pessoa também nos torna livres para estarmos em paz com nós mesmos.

Não é possível ler a bula de dentro do frasco

Isso é simples de falar, mas nem sempre tão fácil de fazer: ter coragem e procurar ajuda quando precisar. Muitas vezes pensamos que falhamos se precisarmos pedir ajuda a alguém, quando, na verdade, falhamos se não percebermos que podemos precisar de um olhar externo para nos ajudar a passar por um trecho particularmente difícil. A maioria das parcerias bem-sucedidas precisou de um pouco de apoio extra em algum momento — algumas entraram em contato com amigos (como os Carter no capítulo três), outras entraram em contato com os membros da família, e ainda outros encontraram a ajuda especializada certa.

Gro e Arne Brundtland estão juntos há 60 anos. Eles se conheceram em um bar, em uma reunião de estudantes e, como Gro lembrou: "Um raio caiu no momento em que nossos olhos se encontraram."

Todos ficaram chocados que uma social-democrata e um conservador poderiam se apaixonar tão profundamente e tão rapidamente. Ninguém achou que duraria. No entanto, em vez de permitir que suas diferenças predominassem, eles deram asas à curiosidade e tiveram discussões às claras. Eles se apoiaram, inspiraram e aprenderam um com o outro enquanto ambos seguiam suas carreiras políticas, com Gro por fim se tornando a primeira-ministra da Noruega e Arne ocupando uma série de papéis de analista político, bem como um jornalista e autor de respeito.

Seus valores compartilhados — confiança, respeito, abertura e autossacrifício — e a comunicação contínua construíram uma parceria na qual respeitavam a independência um do outro, enquanto sempre cooperavam como um par. Como em todas as parcerias, nem sempre foi fácil.

Casados há dez anos, descobriram que estavam tendo cada vez mais desentendimentos. Em vez de simplesmente se deixarem afastar, decidiram procurar conselhos de um psicólogo experiente, alguém "fora da caixa" que pudesse ajudá-los a lidar com sua situação. "Durante cinco horas compartilhando preocupações e contando um ao outro o que sentimos um pelo outro e por nós mesmos, as coisas melhoraram muito", contou Gro. "Nossa harmonia e respeito genuíno um pelo outro ressurgiram. Foi uma grande experiência, pela qual somos eternamente gratos."

Encontrando o Terreno Comum

Lawrence (Lawry) Chickering e James (Jim) Turner, ambos advogados, passaram os últimos 25 anos buscando reduzir o conflito político. Eles fazem isso, em grande parte, concentrando-se em terreno comum, em vez das diferenças políticas. Vindos de diferentes visões políticas

— Lawry de direita e Jim de esquerda — eles compartilharam desde o início uma intuição de que cada lado contém verdades importantes, mas incompletas. Eles acreditam que toda a verdade será melhor realizada integrando interativamente visões de todos os lados, o que muitas vezes leva a um novo conhecimento não descoberto anteriormente.

Eles se conheceram na festa de publicação do primeiro livro de Lawry, *Beyond Left and Right: Breaking the Political Stalemate* (sem tradução para o português) e reconheceram rapidamente que compartilham uma crença fundamental de que as pessoas são mais semelhantes umas às outras do que diferentes. O passado conservador de Lawry veio de sua longa amizade com o falecido escritor conservador William F. Buckley Jr., e Jim tem suas raízes ativistas progressistas na luta com o FDA [agência federal norte-americana responsável pela segurança alimentar da população] ao lado de Ralph Nader, famoso defensor dos direitos dos consumidores, no final dos anos 1960.

Eles chamam sua visão política de "transpartidária". A visão de Lawry e Jim vai além de um espectro binário e bidimensional de esquerda e direita. O empoderamento e o engajamento dos cidadãos fornecem a cola. Eles argumentam que este é o ingrediente mais importante na formação de todos os programas de mudança social que têm sucesso, trabalhando com as populações marginalizadas, bem como com as mais privilegiadas.

Sua parceria baseia-se nos fortes e duradouros laços de amizade construídos ao longo de anos de debate de cada questão a partir de pontos de partida muito diferentes. Ver as mesmas coisas de ângulos distintos enriquece ambas as visões. "Lawry me faz olhar para as coisas a 180 graus", disse Jim. "Quando as pessoas veem as coisas a partir de uma perspectiva diferente, obtêm uma imagem melhor do que se olhassem apenas de seu próprio ângulo. Se você olhar para algo de um ângulo, tudo o que vê é esse lado."

O Longo Jogo

Parte da construção de uma relação duradoura é a capacidade de adotar o autossacrifício. Como Gro e Arne aprenderam, nem sempre é fácil. Gro trilhava um caminho de sucesso no governo norueguês como parlamentar e vice-líder do Partido Trabalhista quando Arne, que também estava se tornando reconhecido como um líder com grande potencial, foi abordado com a oportunidade de se tornar um candidato ao parlamento como candidato da oposição, pelo Partido Conservador.

Ou o casamento deles acabaria ou um deles teria de renunciar, pois seria insustentável que ambos se sentassem juntos no parlamento em lados políticos opostos. Após uma série de conversas sinceras e difíceis, Arne decidiu dar um passo atrás e, como Gro disse, "apoiar a soma de nós dois". Seu sacrifício salvou o casamento deles.

Mais tarde, foi a vez de Gro retribuir quando ela confiou em Arne para escrever um livro sobre sua vida juntos e prometeu deixá-lo escrever livremente, sem ter que obter sua aprovação ou tê-la supervisionando-o. Quando Gro deixou seu papel de primeira-ministra, Arne publicou *Married to Gro* (sem tradução para o português), que rapidamente se tornou um best-seller.

Para celebrar o atrito e praticar as abordagens compartilhadas neste capítulo, você precisa de parceiros que estejam nisso a longo prazo. Construir uma história compartilhada juntos é como abrir um caminho na floresta para que você possa andar calmamente em meio às "faíscas", em vez de tropeçar em arbustos e árvores enquanto enfrenta uma situação difícil.

A maioria das interações e relacionamentos em nossas vidas é de curto prazo e não pode dedicar amor e apoio contínuos ao longo de nossa existência. Da mesma forma, a maioria das pessoas se concentra principalmente no ganho de curto prazo para si mesmas, em vez de proteger o bem-estar um do outro a longo prazo. São nossas Conexões

Profundas, as pessoas que estão conosco para o longo jogo, que realmente nos fazem ser quem somos neste mundo. Também é muito mais fácil celebrar o atrito e olhar para ele como um momento de aprendizado se você tem uma história compartilhada com alguém e sabe que ele sempre será seu anteparo.

Se você for capaz de celebrar o atrito com suas Conexões Profundas, ele permeará todos seus relacionamentos e aliviará grande parte do estresse e ansiedade que vem de estar no modo luta, em vez de parceria e modo cooperação.

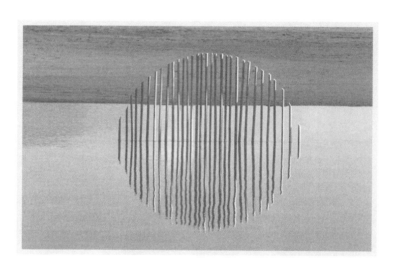

CAPÍTULO SETE

Conexões Coletivas

Sexto Grau de Conexão

O que eles implementariam, e como,
foi baseado em um círculo de amigos,
um círculo cada vez maior de amigos,
que trabalhou incansavelmente sob
condições de confiança pessoal.

— Mostafa Tolba, diretor executivo do UNEP, coarquiteto do
Protocolo de Montreal para a proteção da camada de ozônio

A primeira-ministra britânica, Margaret Thatcher[1], estava cética sobre relatos de danos à camada de ozônio, até passar um fim de semana analisando um relatório que foi montado por sua equipe e especialistas técnicos britânicos, incluindo os cientistas Joe, Jonathan e Brian (que você conheceu no capítulo quatro), os parceiros que descobriram o buraco na camada de ozônio.

Sendo graduada em química, em um domingo à noite, ela se juntou a esses cientistas britânicos, Mostafa, Stephen, Mario e Sherry como uma líder convertida ao movimento para proteger o ozônio.

Ela e sua equipe entraram em ação, ajudando a mobilizar os países para a obtenção de resultados. "Precisamos ir mais longe e agir mais rápido[2], para aceitar metas mais altas e prazos mais curtos", Thatcher disse aos delegados em Londres, em uma conferência da qual era a anfitriã, em março de 1989. "Por favor, não baixem muito a mira." Sua voz foi um farol para a cooperação global, para o compartilhamento de informações e experiências, para trabalhar juntos além das fronteiras a fim de entender completamente a extensão dos danos e, em seguida, tomar medidas de comum acordo para corrigi-los.

Ao longo das negociações de 1989 e 1990 para fortalecer o Protocolo de Montreal, Thatcher expressou empatia compassiva pelos países que não causaram o problema. "Claramente seria intolerável para os países que já se industrializaram[3], e causaram a maior parte dos problemas que enfrentamos, esperar que os outros paguem o preço em termos de esperanças e bem-estar de seu povo", disse ela. Ela era firme em sua opinião de que nenhum país deveria ser abandonado. A humanidade precisava se unir no interesse coletivo, em vez de ser dividida pelo nacionalismo egoísta.

Ela efetivamente usou os meios de comunicação[4] para pressionar outros países industrializados, e até mesmo inadvertidamente para pressionar seu próprio país. Quando questionada pelos repórteres sobre quanto a Grã-Bretanha pagaria ao fundo multilateral para apoiar os países que não causaram os danos causados pelo ozônio, ela disse a eles £1,5 milhão. Nicholas Ridley, o ministro do meio ambiente britânico, sussurrou para ela: "Na verdade, primeira-ministra[5], é um milhão e um quarto", ao que Thatcher respondeu: "Bem, então, é melhor que seja um milhão e meio imediatamente. Isso vai ensinar essas pessoas a me dar um relatório correto, não vai?"

Em seu discurso em Londres naquele dia, Thatcher advertiu representantes de nações industrializadas, incluindo a Grã-Bretanha e os Estados Unidos, que a destruição da camada de ozônio da Terra estava ocorrendo ainda mais rápido do que os cientistas pensavam inicialmente e que os esforços para reduzir os produtos químicos destruidores de ozônio devem ser acelerados. Foi um apelo apaixonado que não entrou por um ouvido e saiu pelo outro. O presidente Ronald Reagan, que já havia sido convencido da urgência por seu secretário de Estado, George Shultz, também estava aumentando a resposta dos EUA à crise. Thatcher e Reagan tornaram-se um par formidável de improváveis ativistas ambientais.

Essa era uma nova era, um momento sem precedentes na história da diplomacia. "Políticos de todos os blocos e regiões do mundo[6] estão deixando de lado a política para chegar a um acordo sobre a proteção do meio ambiente global", disse o embaixador Richard Benedick, líder da delegação dos EUA, em uma entrevista em 1990. "Os governos estão recuando de posições endurecidas para chegar a um acordo, e até mesmo os desacordos habituais entre o Norte e o Sul — as nações desenvolvidas versus as nações em desenvolvimento — carecem de sua intensidade habitual."

Havia muitos colaboradores improváveis em todos os setores no centro das negociações e da implementação contínua do Protocolo de Montreal, e estamos em dívida com todos. Eles não estavam tentando ser heróis individuais; tentavam, coletivamente, salvar o mundo. Da conscientização à implementação, foi um processo inclusivo que levou todos a se darem as mãos para colaborar em uma escala inédita.

Eles eram amigos, cidadãos globais, todos trabalhando juntos por uma causa comum. Aqui estava a realização humana no seu melhor, um vasto coletivo de pessoas que entregaram o que todos pensavam ser impossível.

178 Parcerias

Por que essa colaboração foi um sucesso quando tantos outros esforços globais falharam?

Quando comecei este estudo de parcerias, sabia que as Conexões Profundas eram importantes para nossas vidas em particular e nossa capacidade de fazer algo maior no mundo. O que eu não entendi nos estágios iniciais foi como elas são fundamentais para as realizações humanas mais significativas. Enquanto estudava realizações coletivas extraordinárias, tais como proteger a camada de ozônio, erradicar a varíola na Índia e dar um fim ao apartheid, ficou claro que o êxito desses empreendimentos não estava ligado a um indivíduo, ou a dinheiro, fama ou curtidas nas mídias sociais. As chaves para o sucesso foram as fortes Conexões Profundas no centro de tudo, amizades que enfrentaram muitos desafios, bem como uma abordagem única da arquitetura colaborativa.

À medida que enfrentamos questões globais complexas, como pandemias, mudanças climáticas, ameaças nucleares e muitas outras, precisamos arquitetar soluções colaborativas eficazes que não conheçam fronteiras.

O sexto grau, conexões coletivas, é uma estrutura de princípios de design para escalar colaborações, tendo Conexões Profundas no centro: como modelo, núcleo de impulso, tecido conjuntivo, arquiteto de colaboração.

Fui lembrada da importância das conexões coletivas em um dia úmido em Londres, quando me sentei em uma sala de conferências lotada com um grupo de acadêmicos, líderes empresariais, cientistas e políticos, todos eminentes em seus campos e todos preocupados com as mudanças climáticas e a crescente perda de biodiversidade. Nas oito horas seguintes, com o silvo do aquecedor que mal funcionava como ruído de fundo, as pessoas mencionaram a palavra *colaboração* aproximadamente cinquenta vezes. No entanto, a reunião parecia mais um campo de batalha. As pessoas falavam umas com as outras, sem ouvir, tentando todos serem as pessoas mais inteligentes da sala. Falar de colaboração era simplesmente isso: palavras que eram pisoteadas enquanto todos subiam em cima um do outro. As pessoas estavam todas comprometidas com a causa, mas não totalmente comprometidas umas com as outras.

Esperamos, erroneamente, que grupos e indivíduos sejam capazes de colaborar espontaneamente. Contudo, isso é como esperar que um grupo de ginastas amadores se reúna e execute instantaneamente, em uníssono, um salto duplo que desafia a gravidade antes mesmo de dominarem como se posicionar para fazer uma simples estrela.

Muitas vezes, buscamos "medalhas de ouro" imediatas, em vez de começar com passos mais acessíveis com algumas Conexões Profundas, o centro a partir do qual construir e trilhar um caminho — dependente não de um único líder, mas de um grupo de amigos comprometidos que se tornam a "massa crítica a partir da qual me espalhei", como disse Mostafa.

Se duas ou três pessoas naquela reunião de Londres já tivessem Conexões Profundas umas com as outras, poderiam ter modelado os cinco graus de conexão que exploramos neste livro e mudado toda a dinâmica e o impacto do grupo. Porém, ao projetar colaborações, muitas vezes não consideramos a profundidade da conexão como um fator importante para a seleção do grupo. Em vez disso, concentramo-nos em habilidades técnicas, níveis de experiência e nomes reconhecidos para dar credibilidade ao grupo. Essas coisas podem ser importantes, mas é muito mais provável que um grupo alcance algo extraordinário se houver algumas pessoas comprometidas, com Conexões Profundas no centro, e um propósito claro, um ecossistema de virtudes e uma estrutura receptiva para manter as pessoas conectadas. Nesse cenário, temos uma colaboração que pode durar no longo prazo, em que

180 Parcerias

confiança, respeito e generosidade governam, em vez de egos e interesses individuais.

A importância da composição coletiva e dinâmica certas para a colaboração em escala é ainda mais vital quando percebemos o quão interconectados e dependentes somos uns dos outros para nossa própria sobrevivência. O arquiteto e cientista Buckminster Fuller articula isso lindamente em seu pequeno livro *Manual de Operação para a Espaçonave Terra*. Ele usa a analogia da Terra como uma nave espacial, um lar compartilhado onde todas as nossas ações têm "efeitos de fluxo" [impactos benéficos] para outros cidadãos globais e para os sistemas da natureza. Sua perspectiva é que somos todos passageiros juntos nesta nave espacial, voando pelo espaço com recursos limitados e uma necessidade de inovação e cooperação "para manter a máquina em bom estado[7] ou ela estará em apuros e não funcionará". Seu livro visionário é um apelo ao mundo pela escala planetária, estratégias cooperativas para que todos na Terra possam prosperar e viver com dignidade e liberdade em uma "nave espacial" saudável e regenerativa. Embora o livro de Buckminster tenha sido escrito em 1969 durante a Guerra Fria, quando o mundo estava profundamente dividido, ele é muito relevante e útil ainda hoje.

"A coisa mais importante sobre a Nave Espacial Terra — um livro de instruções não veio com ela", disse Buckminster. Felizmente, temos muitos exemplos de copilotos que conduziram nossa nave espacial a resultados muito melhores por meio da cooperação coletiva. São pessoas que criaram estruturas para a colaboração florescer e que usaram suas Conexões Profundas como um trampolim para aumentar exponencialmente o número de conexões coletivas que trabalham em prol de um resultado específico.

Uma História Humana

O esforço para proteger o ozônio foi bem-sucedido porque cresceu muito além de meia dúzia de copilotos. Confiou na colaboração global entre setores e fronteiras, fundamentada na ciência, em uma escala que surpreendeu até mesmo os mais críticos. Em seu discurso de encerramento na conferência de março de 1989 em Londres, as palavras de Thatcher foram arrepiantes e ainda são muito relevantes hoje. "Durante séculos, a humanidade[8] trabalhou na suposição de que poderíamos perseguir o objetivo de um progresso constante sem perturbar o equilíbrio fundamental da atmosfera mundial e seus sistemas vivos", disse ela. "Em um espaço de tempo muito curto, essa suposição confortável não se sustentou."

Thatcher, Reagan e outros líderes globais eram os megafones improváveis e parceiros de que o movimento precisava. A conquista monumental do Protocolo de Montreal foi entregue por milhares de pessoas e, desde então, salvou milhões de vidas. Ele moldou o primeiro tratado internacional bem-sucedido para enfrentar um desafio ambiental global comum, com todos os setores — negócios, governo, cientistas, instituições multilaterais e organizações sem fins lucrativos — desempenhando um papel crítico. E isso surgiu como resultado de Conexões Profundas entre cidadãos de diversas origens que humildemente dedicaram suas vidas ao bem global.

Esse é um dos exemplos mais importantes de colaboração dimensionada no mundo, mas está estranhamente ausente de muitos de nossos livros didáticos, e de estudos de caso sobre como devemos abordar nossas crescentes questões globais interconectadas. Os verdadeiros heróis no centro dessa conquista não são, em grande parte, celebrados.

Grande parte da escrita histórica sobre essa realização global incomparável se concentra nas táticas de negociação, no processo científico e na inovação tecnológica. A história que se desdobrou durante minha pesquisa e entrevistas com pessoas como Mario, Jonathan, Stephen, Penelope, Nancy, Ingrid e Jeffrey foi algo diferente.

Uma história humana.

Uma história de Conexões Profundas que juntas construíram e alimentaram uma enorme rede global de amigos e aliados. Essa abordagem relacional foi especialmente crítica, pois as nações iniciaram o desafiador processo de eliminação dos CFCs, que começou quando o Protocolo de Montreal iniciava, e continua hoje.

Nancy Reichman e Penelope Canan, autoras de *Ozone Connections* (sem tradução para o português), passaram anos documentando a importância dessa abordagem relacional. Elas também têm sua própria história de Conexões Profundas, que compartilharam comigo durante uma entrevista via Zoom que vibrava de risos, respeito e amor.

Quando se conheceram, há 37 anos, eram professoras de sociologia na Universidade de Denver. Elas se uniram em sua luta por igualdade salarial e se tornaram amigas rapidamente. Juntas, participaram de sua primeira reunião comunitária de ozônio e ficaram profundamente curiosas sobre a camaradagem, alegria e confiança no grupo. Era um grupo de pessoas de uma ampla diversidade de origens, mas que operava como uma família. Jamais tinham visto algo semelhante. Ali estavam cientistas, líderes empresariais, ambientalistas e formuladores de políticas governamentais, todos arregaçando as mangas, com um senso de urgência que seria sustentado ao longo de décadas.

Após anos de pesquisa, descobriram o segredo dessa enorme "família": era um grupo central de relações estreitas, combinado com uma estrutura organizacional inovadora que incentivava laços de amizade em uma rede global — ou, na minha linguagem, Conexões Profundas que inspiram e mobilizam uma vasta rede de conexões coletivas.

Elas concluíram que pessoas como Stephen e Mostafa, mestres da liderança colaborativa, impulsionaram todo o grupo para a frente. "Eles inspiram outros[9], criam o espaço institucional de cooperação entre iguais, determinam a adesão e criam normas de reciprocidade, ação, consenso e camaradagem", escreveram. "Eles literalmente criam as condições para a excelência compartilhada."

Stephen acordava todos os dias motivado por uma missão singular: proteger a camada de ozônio. Como Mostafa, ele entendia o profundo poder de algo maior. "Uma experiência compartilhada desse tipo pode transformar uma coleção de indivíduos em um grupo e unificá-los em torno de um conjunto de valores e um propósito comum", escreveram Nancy e Penelope. Nunca um acordo ambiental global montou tal combinação de conhecimento técnico e político.

A independência dos comitês TEAP permitiu-lhes criar suas próprias metas alcançáveis para eliminar CFCs, e inventar substituições. Isso abriu o leque para parceiros improváveis, incluindo concorrentes, experimentarem juntos e, em seguida, acelerar e escalar as melhores ideias. Stephen e os líderes do comitê TEAP agruparam coletivos pela indústria para permitir que eles reinventassem seus próprios futuros. Ao conectar esse intercâmbio de ideias de especialistas que confiavam uns nos outros — de cientistas a economistas, de pessoas que trabalham na fabricação a ativistas —, eles criaram vários centros de inovação, no qual todas as ideias importavam e as relações floresciam.

Sendo um "super motivador", compartilhou Nancy sobre Stephen, "ele fez as pessoas se sentirem bem consigo mesmas". A análise de dados de conexão de Nancy e Penelope mostrou um mapeamento claro do que algumas pessoas, brincando, referiram como "o efeito Steve Andersen", um ponto central no estreitamento da rede global que ajudou todos a se manterem conectados e serem eficazes por longos períodos.

Por intermédio de um coletivo em expansão de amizades que mudam o mundo, os participantes deixaram de lado os interesses individuais e construíram uma colaboração global épica em nome da humanidade e do planeta. Isso não significa que sempre foi um processo fácil; houve momentos de conflito e prioridades desalinhadas que ameaçaram os resultados. Chegou-se, por fim, a um conjunto de princípios inovadores de design e várias Conexões Profundas no centro, tornando-se grupos que cuidavam das pessoas, prestavam atenção às pequenas coisas e faziam as pessoas se sentirem parte de algo maior.

O resultado foram laços de confiança e amizade inquebráveis.

Princípios de Design Colaborativo

Enquanto assistíamos à corrida pandêmica ao redor do mundo em 2020, ficava cada vez mais claro que nosso mundo interconectado exige uma nova ordem de cooperação global.

Felizmente, podemos aprender com as conexões coletivas construídas por copilotos como Mario, Sherry, Mostafa, Stephen e tantos outros. Suas histórias inspiram confiança de que coletivos bem projetados de parceiros dispostos podem literalmente mudar o curso da história. Como também vimos, construir conexões coletivas de pessoas de diversas origens e manter o ímpeto à medida que rumam em direção a objetivos compartilhados não é um processo fácil.

Nos últimos quinze anos, como parte do meu trabalho com a Virgin Unite, trabalhamos com parceiros para incubar ou apoiar a incubação de mais de uma dúzia de diferentes coletivos. Cada um deles tinha ao menos uma Conexão Profunda no centro que o ajudou a resistir aos anos iniciais caóticos, criou um caminho viável e garantiu que ele florescesse em um movimento sustentável com impacto sistêmico duradouro.

Conexões Coletivas **185**

As Conexões Profundas no centro de colaborações de maior escala modelam os primeiros cinco graus e mantêm unido o coletivo mais amplo. Mas há também uma série de outras lições que estavam onipresentes nos coletivos que construímos e estudamos. As lições eram semelhantes caso fosse um esforço da comunidade local de centenas de pessoas; The Elders, com um grupo de doze líderes e centenas de parceiros; ou a comunidade do ozônio, composta por milhares de pessoas do mundo todo. Todos eles tinham várias Conexões Profundas no centro que, em seguida, serviram como pontos de mobilização de muito mais pessoas, que formavam suas próprias Conexões Profundas na comunidade em geral, e por aí em diante.

Aqui estão seis princípios de design colaborativo que combinam com os Seis Graus de Conexão para criar as condições para a excelência compartilhada em colaborações maiores.

Um Intoxicante "Algo Maior"

Mostafa, Stephen, Sherry e Mario tinham algo em comum que os tirou de um propósito singular e pessoal para um propósito coletivo e de mudança de mundo: uma crença sincera em salvar a humanidade fechando o buraco da camada de ozônio, e a humildade de saber que eles não poderiam fazer isso sozinhos. Eles precisavam de milhares de pessoas que também foram "hipnotizadas" por essa missão crítica.

Eles não apenas falaram sobre sua missão e escreveram longos relatórios, eles dedicaram suas vidas à ação, construindo uma das parcerias globais mais bem-sucedidas da história. Até hoje, as pessoas ainda chamam Stephen de "o cara do ozônio", refletindo a centralidade desse trabalho em sua vida. Esse compromisso sincero e claro com algo maior deu aos parceiros confiança autêntica e respeito que se espalharam para criar o movimento mais amplo. Sua crença e persistência

186 Parcerias

eram intoxicantes. As pessoas queriam fazer parte disso. Eles queriam estar do lado certo da história para fazer a diferença para as gerações futuras.

Conforme você expande suas Conexões Profundas e começa a criar coletivos muito maiores de conexões, é ainda mais importante ter um propósito claro para servir de inspiração e bússola à medida que o grupo se torna cada vez mais diversificado. Sem o primeiro grau, algo convincente, é impossível conseguir decolar.

O algo maior não tem que ser perfeitamente articulado desde o primeiro dia; na verdade, a cocriação une o coletivo. No que diz respeito a The Elders, levou vários anos, muitas oficinas e um discurso comovente de Nelson Mandela para chegar à bússola moral para o coletivo dos doze Elders. Aquele discurso (compartilhado em parte no capítulo quatro) ainda permanece hoje, cerca de quinze anos depois, como uma estrela-guia para The Elders e seu círculo cada vez maior de parceiros.

Mesmo com um norte muito claro à frente, como os imperativos para proteger a camada de ozônio e acabar com o apartheid, é preciso haver flexibilidade para acompanhar a evolução da ciência, testar as políticas e ajustar as abordagens. É preciso também que haja inspiração suficiente para manter a atenção das pessoas. Para a comunidade de ozônio, era a chance de mudar a história para melhor, como compartilhado por Richard Benedick, negociador-chefe dos EUA: "O 'espírito do protocolo'[10], muitas vezes invocado pelos participantes desse processo, refletia sentimentos genuínos de solidariedade e parceria para proteger a camada de ozônio, no que era considerado um movimento global nobre e histórico." Também ajudou tremendamente que a ciência era respeitada, o termo "buraco de ozônio" era simples de entender, e havia uma ameaça imediata à saúde humana.

Dentro desse quadro, os propósitos individuais das pessoas foram levantados para garantir que elas tivessem experiências satisfatórias. "Inspirar uma visão compartilhada não significa que outros devem compartilhar o propósito exato do líder", disse Stephen. "Um líder honra os objetivos e sonhos dos outros e lhes permite ver que pode haver um resultado mutuamente gratificante."

Iniciar e Fortalecer

Às vezes, os problemas que enfrentamos, seja em nossa comunidade ou no mundo, parecem muito assustadores para imaginar que pessoalmente podemos fazer qualquer coisa para ajudar a resolvê-los.

Entretanto, o caminho para o Protocolo de Montreal começou em um laboratório na Califórnia com Sherry e Mario. Eram cientistas moralmente corajosos e sábios que deram os primeiros passos e continuaram levando a movimentos que mudaram o curso da história.

Em vez de ser intimidado pelo desafio de envolver o mundo inteiro, Mostafa se concentrou em começar com os países que já estavam dispostos, em vez de esperar que todos embarcassem. Ele construiu círculos centrais de amigos e depois os ampliou, usando esses círculos para fortalecer e aumentar. Seu comportamento[11] direto neutralizou qualquer sentimento de preconceito, levando-o a brincar que ele foi igualmente atacado por todos os lados, o que tomou como um sinal de sucesso.

Nas empresas, Stephen refletiu isso em sua abordagem para descontinuar gradualmente os CFCs e outros produtos químicos que destroem o ozônio, criando grupos de trabalho gerenciáveis por setor. O incrementalismo* foi celebrado, não descartado. O processo de experimentação — falhar rapidamente, aprender e seguir em frente — foi incentivado. Isso foi apoiado por pequenos grupos ágeis que trabalham juntos em etapas gerenciáveis. Para Jay Baker[12], o líder TEAP da Companhia Ford Motor, isso significava "avançar primeiro em alvos mais fáceis" e, em seguida, construir sobre o sucesso.

Em vez de uma grande foto da lua, havia centenas de novos desafios e histórias de sucesso a cada passo do caminho. Os comitês TEAP e representantes da empresa se concentraram em estabelecer metas alcançáveis, suspender qualquer descrença, criar soluções — e avançar para o próximo desafio. Isso manteve as pessoas envolvidas ao longo dos anos e deu-lhes uma enorme sensação de realização compartilhada. Décadas depois, sua Conexão Profunda de amizade continua.

Quando perguntei a Stephen por que outros tratados e colaborações globais falharam, ele disse que a maioria deles estabeleceu metas inalcançáveis, eram inflexíveis e focadas em deficiências em vez de sucessos. Quem iria querer fazer parte de falhar a cada momento?

No entanto, é assim que abordamos muitos de nossos esforços colaborativos globais.

Tenda Aberta

Se ligássemos The Elders a um indivíduo ou organização, com uma tenda fechada exclusiva de nossa comunidade, tenho 100% de certeza que a iniciativa nunca teria saído do chão. Iniciativas completamente independentes permitem que parceiros diversos entrem na tenda e experimentem uma sensação de pertencimento, unidos por algo maior.

---

* O incrementalismo é um método de trabalho que visa adicionar a um projeto pequenas mudanças incrementais em vez de grandes saltos (extensivamente planejados). [N. da T.]

Frequentemente vejo organizações querendo "possuir" um esforço colaborativo, para marcá-lo com sua marca ou seu nome. Mas se uma marca, um indivíduo, ou um conjunto de interesses tentar dirigir o navio, ele vai soçobrar. As pessoas do coletivo devem ter a liberdade de seguir seu caminho dentro do propósito mais amplo e viver o ecossistema coletivo de virtudes, ou o impacto será tendencioso e tão grande quanto a organização ou indivíduo tentando guiá-lo.

Não se trata apenas de abrir a tenda, mas também de derrubar algumas das barreiras para entrar. Vivendo no Egito, Mostafa entendeu pessoalmente que para abrir a tenda para o Protocolo de Montreal para além dos países industrializados, eles precisariam nivelar o campo de jogo, dando suporte personalizado aos países menos industrializados que não criaram o problema do ozônio. (As nações industrializadas usavam 88%[13] dos CFCs com apenas 25% da população mundial.) A resposta foi um fundo multilateral, incluindo transferência de tecnologia e conhecimento, recursos de apoio e períodos de carência para nações menos industrializadas, o que permitiu que todos participassem da solução em curso.

Uma tenda aberta também incentiva o recrutamento consciencioso de pessoas de diversas origens, que, por sua vez, incentivarão outras pessoas a se juntarem. Stephen passava horas procurando nomes, ligando para as pessoas para encontrar mais nomes e depois fazendo o dever de casa para ter certeza de que os especialistas da rede eram os melhores do mundo. Isso ajudou a estreitar os vínculos da rede rapidamente, pois havia um sentimento imediato de confiança e respeito baseado em reputações fortes, mas ele selecionou pessoas baseadas não apenas em habilidades técnicas, também em seu "capital social" — suas redes pessoais, disposição de compartilhar conhecimento abertamente e compreensão sobre a importância de construir relacionamentos fortes com os outros na tenda.

190 Parcerias

Além disso, Stephen não tinha tolerância para aqueles que entravam na tenda e tentavam minar o coletivo mais amplo e não mostrar respeito igual a todos os envolvidos. Ele foi rápido em lhes mostrar a saída para que não envenenassem o grupo mais amplo. Essa foi uma lição importante para mim porque, ao buscar reunir parceiros improváveis, às vezes, mantive por muito tempo pessoas que estavam minando a missão maior. Eu pensei que estava permitindo que diferentes pontos de vista tivessem uma voz, quando, na realidade, apenas criava espaço para indivíduos liderados pelo ego e não totalmente comprometidos com a missão compartilhada.

Conexões Improváveis

Sherwood e Mario, Mostafa e Stephen são pessoas muito diferentes com origens diversas, mas construíram coletivos em torno de suas parcerias. As diferenças entre si e a condição igualitária de todos dentro de suas parcerias alimentaram os coletivos mais amplos. Vi sucesso colaborativo semelhante entre indivíduos improváveis no The B Team, um grupo de líderes trabalhando em prol de uma melhor forma de negócios. O The B Team é um grupo diversificado de líderes empresariais, sindicais, governamentais e sem fins lucrativos cujo sucesso está na capacidade de trabalhar em diferentes setores, como quando Sharan Burrow, a líder da Confederação Sindical Internacional, dividiu o palco com Paul Polman, CEO da Unilever na época. Embora Sharan e Paul tivessem algumas opiniões diferentes, foi precisamente o contraste e honestidade entre eles que promoveu uma riqueza de debate, melhores resultados e credibilidade imediata.

Stephen e Mostafa eram mestres nesse tipo de intercâmbio de ideias. Eles entenderam desde o início que a indústria, o governo, cientistas, ambientalistas, instituições globais e outros precisariam se unir se o Protocolo de Montreal fosse um sucesso. Como compartilhei no capítulo anterior, muito se pensou em como aproveitar o atrito para obter melhores resultados. Stephen e Mostafa usaram o que chamaram de "perigo reverso" determinando quem eram os que precisavam responder às perguntas para resolver o problema, e depois sair e encontrar essas pessoas. Essa diversidade de pensamento levou a menos erros e resultados muito melhores, já que todos estavam olhando para as questões e soluções de diferentes ângulos.

Alguns dos líderes que trouxeram eram conhecidos como "superespecialistas", bem respeitados presidentes dos diferentes comitês TEAP que promoviam um espírito de comunidade e nunca se concentravam em ganhar os holofotes — apenas em fazer o trabalho. "Muitos foram os promotores da rede", compartilharam Penelope e Nancy, "líderes conectivos que defenderam, facilitaram e promoveram a ação da rede setorial e criaram redes de ligação que conectaram a inovação setorial às decisões políticas."

Os cientistas, diplomatas e líderes empresariais eram uma mistura incomum e corajosa de pessoas que normalmente não trabalhavam juntas. Eles também criaram parcerias improváveis entre setores com a mídia, o público e as ONGs para promover a missão. Isso ajudou consistentemente a acelerar o processo de colaboração à medida que as pessoas e organizações pressionavam seus governos e indústrias a agir. As ONGs e a mídia ajudaram as empresas a agir por meio da pressão pública, como quando o Greenpeace pendurou um enorme banner "#1 Ozone Destruction [Destruidor Número 1 do Ozônio, em tradução livre]" na torre de água da DuPont. Isso também aconteceu por intermédio da celebração pública, como quando Stephen conseguiu que a Agência de Proteção Ambiental dos EUA publicasse anúncios de jornais celebrando empresas que estavam fazendo a coisa certa.

192 Parcerias

Também houve parcerias improváveis entre gerações. No evento de junho de 1990, em Londres, as negociações não corriam bem em um certo momento — havia um impasse e o tempo estava se esgotando. Um grupo de jovens líderes australianos, organizado pela Fundação Australian Conservation, apresentou uma eloquente declaração de frustração para ajudar a acelerar o processo. Eles disseram que estavam observando as negociações, às vezes com fascínio e alguns momentos de horror, com medo de que a inação dos negociadores os condenasse a um futuro devastador cheio de câncer de pele, catarata e recursos naturais esgotados. "No momento[14], temos medo", eles imploraram. "Não deixem nossa geração sem esperança. Nosso destino está em suas mãos. Vocês estão fazendo história. Tenham a coragem de salvar a camada de ozônio."

O apelo cruzou a divisão geracional e ajudou a quebrar o impasse.

Apoios Relacionais

Mostafa e Stephen não queriam ser um centro de comando e controle. Eles sabiam que o sucesso estava na liderança distribuída em milhares de pessoas em todo o mundo. Arquitetar os suportes para incentivar e apoiar esse nível de liderança distribuída em todas as redes exige uma reflexão significativa logo no início. O apoio relacional fornece a estrutura para incentivar as pessoas a construir relacionamentos fortes, assumir funções de liderança e minimizar conflitos disruptivos.

Para Mostafa e Stephen, proteger a camada de ozônio não era simplesmente uma tarefa a ser concluída, era um propósito para viver, entrelaçado no tecido de seus próprios seres. Eles construíram relacionamentos, em vez de apenas conduzir uma transação. Eles construíram estruturas de incentivo fortemente indutoras e deram a todos a melhor chance possível de sucesso. Por exemplo, eles trabalharam com os governos para estabelecer datas específicas de eliminação gradual para CFCs, o que deu às empresas a clareza necessária para definir metas para inventar alternativas aos produtos de aerossol. Eles também usaram restrições comerciais para incentivar os países a se tornarem parte do Protocolo de Montreal. Ambas as abordagens foram tremendamente bem-sucedidas.

O Protocolo de Montreal foi sabiamente criado com um apoio relacional flexível e distribuído que permitiu a reavaliação periódica e metas localizadas e relevantes. Apoios relacionais também podem criar uma empresa de sucesso. A Natura, empresa brasileira de cosméticos, é construída sobre suas relações com mais de seis milhões de consultores em cem países, bem como uma parceria conscienciosa com a Mãe Natureza. Desde 1969, os três cofundadores, Luiz Seabra, Pedro Passos e Guilherme Leal, se associaram para transformar a Natura em uma empresa global de US$11 bilhões.

O conjunto distribuído de consultores da Natura não é apenas incentivado pelo potencial de lucro. Eles também são recompensados por incentivar o consumo sustentável e reconhecidos como parceiros-chave no sucesso da empresa. Seus apoios relacionais incluem políticas voltadas para a transparência e cocriação. Como resultado de tudo isso, todos os anos os consultores geram centenas de novas ideias de produtos ecologicamente corretos.

A rede mais ampla da Natura inclui parcerias com mais de trinta comunidades indígenas na Amazônia, apoiando mais de 340 pequenos agricultores que fornecem os ingredientes exclusivos em seus produtos, como castanhas-do-pará e ucuuba. Essas comunidades independentes utilizam seu conhecimento agrícola tradicional, ajudando a conservar quase 1,8 milhão de hectares de floresta amazônica. Trata-se de um incrível círculo virtuoso criado por estruturas relacionais conscienciosas que fazem os parceiros quererem fazer parte da missão mais ampla da Natura.

A Natura foi uma das pioneiras na mudança para sempre dos negócios, estabelecendo metas locais claras, permitindo que sua rede diversificada de parceiros os ajudasse a se tornarem neutros em carbono em 2007. "Acredito que um mais um faz muito mais do que dois, quando você está disposto a viver com a diferença", Guilherme afirmou ao ser perguntado sobre a razão pela qual a diversidade é tão decisiva. "Discordo alegremente, uno interesses e construo compromisso em torno deles — é quando a mudança real acontece."

A missão da Natura desde o início[15] tem sido "criar e vender produtos e serviços que promovam a relação harmoniosa do indivíduo consigo mesmo, com os outros e com a natureza." Ela credita seu sucesso à crença de que a vida é uma cadeia de relacionamentos e que valorizar os relacionamentos é a base da "grande revolução humana".

Aqui estão doze dicas para criar o apoio relacional certo, para uma organização, uma empresa ou um movimento:

1. **Concorde com o destino, tenha funções e responsabilidades claras e, em seguida, permita que as pessoas escolham sua própria rota** — com o mínimo de interferência possível.

2. Permita espaço para a **um senso de ownership*, localizado e responsável** — incluindo a definição de metas e prazos relevantes e alcançáveis.

3. Construa o **máximo de independência possível** de qualquer tipo de influência tendenciosa.

4. Seja **adaptável e flexível** a cada momento — estabeleça períodos para feedback e evolução honestos.

---

* "Ownership", sem uma tradução exata em português, é aquela sensação de "vestir a camisa", um sentimento de propriedade, de "ser o dono", de se envolver totalmente com o que lhe cabe fazer em uma empresa ou organização social.

Conexões Coletivas **195**

5. **Crie incentivos positivos e estruturas de apoio** que incentivem a colaboração e igualem o campo de jogo para que todos tenham uma "decisão justa".

6. **Compartilhe informações de forma transparente e aberta**. Compartilhe histórias. Construa uma história compartilhada juntos baseada em confiança.

7. Crie espaços informais de pequenos grupos para que as pessoas possam ter **oportunidades seguras de discordar**, debater e trabalhar em direção a um consenso pragmático e rápido sem o foco de um grande grupo.

8. Incentivar uma atmosfera de **cooperação, não de confronto**. Procure maneiras de criar uma harmonia de interesses e não reforce os céticos negativos — nunca queime pontes; crie desembarques suaves.

9. Crie **pontos contínuos permanentes de conexão** — que permitam reuniões e comitês nos quais as pessoas colaborem continuamente e construam relacionamentos.

10. Empenhe esforços em **orquestrar reuniões** para garantir que as pessoas certas estejam na sala, em criar relacionamentos, e em obter um uso eficiente do tempo e mais rapidez nos resultados.

11. **Torne as pessoas visíveis, não anônimas**, para que sintam ownership e orgulho de fazer parte do coletivo.

12. **Celebre o sucesso e as pessoas** sempre que puder — crie uma glória compartilhada contagiosa. Traga audácia, igualdade e alegria para a mesa em todos os pontos de conexão — inspire todos a fazer parte de algo maior.

Cultura de Serviço e Amizade

A edição de 26 de março de 1988 do *New York Times* trazia uma história sobre o que levou à reversão abrupta da DuPont sobre o assunto dos CFCs. A empresa, que como maior produtor mundial de CFCs tinha muito a perder, recusou-se a reconhecer publicamente que esses produtos químicos poderiam ser perigosos. Representantes da empresa atacaram duramente as descobertas de Sherry e Mario. Mas tudo tinha mudado dez dias antes, quando novas e irrefutáveis evidências científicas surgiram. "A política da DuPont sempre foi[16] responder às melhores informações científicas disponíveis", disse o cientista-chefe da DuPont, Mack McFarland, "e esta é a melhor informação científica a partir de 15 de março." McFarland viu que era hora de voltar atrás. Ele e outro líder da DuPont, Joseph Glas, começaram a convencer a liderança da empresa de que eles tinham que mudar de curso imediatamente.

Não foi um processo fácil. Todavia, com base na postura corajosa de Mack, a empresa tomou a decisão de começar a descontinuar os CFCs. Mack ligou para Mario, pois queria dar a notícia pessoalmente. Mario e Sherry ficaram atônitos com o fato de a DuPont haver decidido eliminar os CFCs antes de receber um mandato do governo. Sherry disse ao *Baltimore Sun*: "Sua decisão é bem-vinda agora e teria sido bem-vinda a qualquer momento nos últimos 14 anos.[17]" Naquela noite, Joseph foi para casa e contou à esposa e aos seis filhos o que a empresa havia decidido fazer. "Eles disseram: 'Pai, isso é fantástico[18]'", lembrou. "Eu sei que estou fazendo algo que é importante, e me senti bem."

Mack foi representante da DuPont na comunidade TEAP por muitos anos antes e depois daquele momento crucial em 1988. Stephen compartilhou que quando Mack finalmente se aposentou da DuPont, sua família do Protocolo de Montreal realizou uma festa para ele em Paris, repleta de pessoas de todos os setores, incluindo muitos ambientalistas. Isso normalmente teria sido completamente inédito, já que a indústria e os agentes de mudanças não se misturavam socialmente, exceto na comunidade do ozônio, onde as divisões contraditórias eram superadas por amizades profundas.

Por meio da vida e promoção das seis virtudes no ecossistema (terceiro grau de conexão no capítulo quatro) e da criação de muitos momentos magnéticos como compartilhado anteriormente no livro, uma cultura única de "amigos" foi nutrida para todos aqueles que tiveram a sorte de fazer parte daquela comunidade especial. O rápido rastreamento das amizades se resume à enormidade de seu algo maior compartilhado e cuidadosa seleção de parceiros que ganharam respeito imediato, autenticidade de seu compromisso com o serviço que acelerou a confiança, e os apoios relacionais que mantiveram as pessoas conectadas e seguindo em frente juntas.

Coletivos bem-sucedidos precisam ter indivíduos que estão trabalhando a serviço dos outros, e não tentando controlar os outros ou por interesses individuais. Minha querida amiga Andrea Brenninkmeijer adorava chamar esse ingrediente de "trabalhar para o universo em nome da humanidade e do planeta". Isso exige um "poder silencioso" que não seja direcionado ao ego, mas focado na construção de resultados para os outros, permitindo que os coletivos floresçam.

A comunidade que trabalhava no fechamento do buraco da camada de ozônio tinha uma regra de ouro: todos tinham que deixar seus próprios interesses na porta; o único interesse na sala estava a serviço de proteger a camada de ozônio.

Impossível Não é um Fato

Usando esses seis princípios de *design* colaborativo e em cima das bases científicas estabelecidas por Sherry, Mario e outros, Mostafa e Stephen trabalharam com muitos outros para criar e implementar o tratado global mais bem-sucedido de nosso tempo. Sem o Protocolo de Montreal em vigor para deter o esgotamento da camada de ozônio, alguém que vive em 2050 teria uma queimadura de sol violenta em cinco minutos. A EPA estima que[19], só nos Estados Unidos, poderia ter havido mais 280 milhões de casos de câncer de pele e 1,5 milhão de mortes por câncer se o mundo não tivesse agido para deter o uso dos CFCs. Imagine quantas mortes foram evitadas em todo o mundo protegendo a saúde humana e a agricultura.

Não ficou por aí. Em 2016, mais de 150 países assinaram a Emenda Kigali ao Protocolo de Montreal, para reduzir gradualmente o uso de hidrofluorocarbonetos (HFCs), um gás químico seguro para o ozônio, mas potente causador de efeito estufa que contribui significativamente para o aquecimento global. Os HFCs foram uma das soluções que substituíram os CFCs. Assim que os dados científicos mostraram que estavam contribuindo para o aquecimento global, a comunidade do Protocolo de Montreal entrou em ação. Mais de trinta anos após seu compromisso inicial com o Protocolo de Montreal, Stephen também estava envolvido com a Emenda Kigali. Ele se lembra de um coletivo de pessoas trabalhando 24 horas seguidas durante a noite para completar a Emenda. Na manhã seguinte, na assinatura, todos eles ainda estavam acordados, com seus rostos cheios de entusiasmo e sucesso compartilhado, e nenhum sinal de sua noite sem dormir.

Oito anos após o acordo de 1987, Sherry e Mario, juntamente com o cientista holandês Paul Crutzen, aceitaram o Prêmio Nobel de Química por suas descobertas. E no 20º aniversário do Protocolo de Montreal, em setembro de 2007, a esposa de Sherry, Joan, e seus filhos, Jeffrey e Ingrid, ficaram orgulhosos quando Sherry e Mario receberam uma ovação de pé de seus pares na academia, governos e grupos de interesse público.

Quando perguntei a Jeffrey se seu pai percebeu a importância de sua descoberta, sem hesitar, ele sorriu e disse: "Ele nunca reivindicaria esse tipo de crédito — ele não tinha um ego que precisava ser alimentado."

Os legados de cientistas como Mario, Sherry e Paul não se limitam a seus esforços colaborativos para proteger o ozônio. Eles também inspiraram uma geração de cientistas que seguiram seus passos para colaborar entre divisões não apenas para publicar relatórios, mas também para cocriar soluções. Você conhecerá alguns desses cientistas visionários no próximo capítulo.

Os parceiros do ozônio também inspiraram uma abordagem diferente para as negociações colaborativas. Quase trinta anos após o Protocolo de Montreal, Christiana Figueres usou o mesmo senso de humildade e colaboração para trabalhar com suas Conexões Profundas, incluindo Tom Rivett-Carnac, um ex-monge budista e ativista, e muitos outros, para garantir a adoção unânime (195 países) do Acordo de Paris, um plano ambicioso para reduzir o aquecimento global. A importância deste acordo para a sobrevivência da humanidade não pode ser subestimada. Hoje, quando seu irmão e Conexão Profunda da vida, José María Figueres se apresenta em um evento público, ele diz: "Eu costumava ser conhecido como o presidente da Costa Rica. Agora sou conhecido como o irmão de Christiana."

Durante os anos que antecederam as negociações, trabalhamos em estreita colaboração com Christiana para mobilizar líderes empresariais por intermédio do grupo The B Team e líderes globais por intermédio de The Elders. Estou admirada com a determinação e empenho incansáveis dela em garantir que os países cumpram os compromissos assumidos no Acordo de Paris.

"Impossível não é um fato", disse-me Christiana. "É uma atitude. Apenas uma atitude. Temos que mudar o tom desta conversa. Porque não há como alcançar a vitória sem otimismo."

Esse espírito coletivo de otimismo em relação a algo maior pode ser irreprimível, como demonstrado pelo improvável círculo de amigos que implementaram com sucesso o Protocolo de Montreal. Agora, precisamos fazer o mesmo com o Acordo de Paris para garantir que os compromissos das nações de reduzir suas emissões de gases de efeito estufa sejam alcançados a tempo de evitar a catástrofe climática global.

180.000 Conexões Coletivas

O ambiente não é o único problema que requer colaboração em escala. Essa escala é necessária para abordar todas as questões interligadas que enfrentamos, desde pandemias a conflitos e desigualdades. Felizmente, em todas essas áreas há colaborações bem-sucedidas que iluminam o caminho a seguir.

Vale a pena compartilhar o que dá vida aos princípios de design colaborativo para enfrentar um problema de saúde mortal como a erradicação global da varíola, um flagelo que cruzou o mundo por quase 3 mil anos. Só no século XX, matou pelo menos 300 milhões de pessoas[20], muitas delas crianças. Na Índia, o último lugar onde a doença estava matando pessoas aos milhões, sua chegada com o fim do período das monções foi considerada tão inevitável quanto o próprio calor.

O início do fim da varíola na Índia veio em uma noite em 1974, quando um jovem médico americano[21] bateu na porta de Russi Mody, um executivo corporativo em Tatanagar, uma cidade industrial no sul da Índia.

Embora fosse quase meia-noite, Russi estava jantando. Um mordomo atendeu a porta e imediatamente a fechou, dizendo a Larry para ligar de manhã. Quando o mordomo abriu a porta uma segunda vez, Larry passou por ele até que o mastim tibetano de Russi apertou as mandíbulas em volta do pulso de Larry.

Tal era a determinação de Larry Brilliant para ajudar a livrar a Índia da varíola, um feito considerado quase impossível.

Larry mal conseguia se conter. Russi era o diretor local do Grupo Tata, na época a maior corporação da Índia, famosa pelas exportações de aço, e Tatanagar era uma cidade da empresa. Naquele ano, a principal exportação da cidade foi a doença, espalhada por um surto nela para o resto da Índia e além, por meio do vasto sistema de distribuição da empresa. A fonte do surto estava nas fábricas de aço da Tata.

"Sabe o que sua empresa está fazendo ao mundo?" ele deixou escapar. "Vocês estão exportando varíola para todos os países. Você não está exportando nada além de morte."

Ao ouvir isso, Russi se mostrou incrédulo. Ele não tinha conhecimento do sofrimento que a varíola estava causando na Índia e em outras partes do mundo. Ele queria fatos. Russi convidou Larry para jantarem, e conversaram até quase amanhecer.

Em seguida, Russi ligou para o CEO da empresa, JRD Tata, acordando-o em sua casa em Mumbai. A notícia sobre o papel de Tatanagar na propagação da varíola também surpreendeu Tata. Juntou-se a Larry e lançaram um plano complexo para a contenção da doença na região — e construíram uma Conexão Profunda improvável que se tornou o centro de um coletivo muito mais amplo de conexões. Havia começado uma parceria que reverteria a impressionante taxa de infecção e morte da varíola de Tatanagar e interromperia a propagação para o resto da Índia. O Grupo Tata comprometeu US$50 milhões, 500 jipes e 500 dos melhores gerentes da Tata para ajudar a enfrentar a epidemia de varíola no país.

Larry trabalhou com a Dra. Nicole Grasset, virologista, microbiologista e epidemiologista suíço-francesa que liderou o programa da OMS de erradicação da varíola na Índia. Larry descreveu Nicole como uma equipe sem um *eu*". Todos eram iguais, e todos compartilhavam

202 Parcerias

a mesma missão. Eles construíram o que chamaram de Equipe Central de dez pessoas, metade estrangeiros (incluindo Larry e Nicole) e metade indianos. "Nós dez não escondíamos nada", disse Larry. "Tínhamos ido muito além das relações oficiais para uma amizade profunda."

Larry dedicou-se profundamente a eliminar a varíola, e sua esposa, Girija, estava sempre com ele. Juntos, visitaram quase todos os distritos da Índia. Ao lado deles estava Zafar Hussain, um assistente paramédico nascido na pobreza da Índia, que dedicou sua vida à erradicação da varíola. "Ninguém na organização se reportava a Zafar, mas parecia que todos trabalhavam para ele", disse Larry. Zafar deveria ser seu assistente; na verdade, ele era o tutor de Larry.

Juntos, Zafar, Larry e o restante da equipe central de dez finalmente construíram um coletivo inteiramente comprometido de mais de 180 mil pessoas. Os agentes comunitários de saúde foram de aldeia em aldeia, de casa em casa, vacinando, identificando casos de varíola e, em seguida, isolando os doentes para evitar a propagação da doença. "Os trabalhadores indianos fizeram do programa um sucesso, e é por isso que a varíola pôde ser erradicada", observou Zafar humildemente em uma entrevista à PBS. "Todos trabalharam juntos. Era uma época em que — da posição mais baixa para a mais alta — todos estavam ocupados com o programa de erradicação... Éramos todos iguais... Acredito que todos tornaram esse feito um milagre."

Quanto ao querido amigo Zafar, Larry disse: "Ele arriscou a vida muitas vezes porque percebeu que a campanha para erradicar a varíola era algo em que poderia ajudar, algo que poderia fazer. Ele erradicou a varíola. São as pessoas comuns que se tornam os heróis."

A erradicação da varíola refletiu a abordagem da comunidade do ozônio: um propósito inebriante, parcerias improváveis, amigos comprometidos que estavam a serviço de outros, apoios relacionais para incentivar esforços distribuídos por milhares de pessoas — e, é claro, algumas Conexões Profundas no centro, a equipe central de dez.

Toda vez que penso no fechamento do buraco de ozônio, ou no fim da varíola, ou em empresas como a Natura, me encho de esperança e tenho a percepção de que coletivamente podemos realmente fazer qualquer coisa. Precisamos simplesmente da vontade, da determinação, das Conexões Profundas corretas e de um foco em medidas significativas de sucesso.

CAPÍTULO OITO

Interconectado

*Minha humanidade está ligada à sua, pois só
podemos ser humanos juntos.*

— Arcebispo Desmond Tutu

Eram sete horas da manhã de 23 de janeiro de 2015. Enquanto eu caminhava desajeitadamente pelas ruas geladas de Davos, na Suíça, por ocasião do Fórum Econômico Mundial, esperava ver o lançamento do livro do professor Johan Rockström *Big World, Small Planet*[1] (sem tradução para o português).

Conheci Johan alguns anos antes para uma conversa que despertaria meu interesse na história de sucesso do ozônio. Ele é cofundador do estimado Resilience Centre de Estocolmo e um líder reconhecido internacionalmente em questões relacionadas à resiliência da Terra. Fiquei intrigada com um novo quadro planetário interligado que ele tinha cocriado em 2009.

Inspirado pelos pioneiros do ozônio, Sherry, Mario, Paul, Johan e companheiros, os cientistas Will Steffen, professor da Universidade Nacional Australiana, e Katherine Richardson, professora da Universidade de Copenhague, colaboraram com alguns dos melhores cientistas do Sistema Terrestre do mundo para identificar as Fronteiras Planetárias ["Planetary Boundaries", no original], uma estrutura baseada em nove processos biofísicos interconectados que regulam a estabilidade do sistema terrestre. Romper esses limites e a humanidade pode enfrentar danos ambientais catastróficos e irreversíveis.

Esta era da ciência do Sistema Terrestre reconhece que o planeta entrou em uma nova época geológica, o Antropoceno (cunhado por Paul Crutzen), em que o domínio humano sobre a natureza está desestabilizando e destruindo os sistemas planetários interligados que nos mantêm vivos. A esperança dos cientistas é que, ao compreender essa realidade do Antropoceno, os seres humanos assumam a responsabilidade e a oportunidade de mudar sua relação com a natureza para serem administradores positivos da Terra. "Fazer jus ao Antropoceno[2] significa construir uma cultura que cresce com a riqueza biológica da Terra em vez de esgotá-la", escreveu Paul e o coautor Christian Schwägerl em um artigo de janeiro de 2011 para Yale. "Lembre-se, nesta nova era, a natureza somos nós."

Entre as fronteiras planetárias descritas na estrutura, está a camada de ozônio, uma grande história de sucesso coletivo (como você viu ao longo deste livro) na qual a humanidade colaborou para deter um desastre iminente criado por ela própria. As outras oito fronteiras, incluindo o uso da terra, a poluição química, a biodiversidade e as mudanças climáticas, não são histórias tão brilhantes de sucesso coletivo — ainda.

Com as fronteiras planetárias como guia, tendo como prova de sucesso coletivo a camada de ozônio, e contando com Sherry, Mario e Paul como modelo, um novo gênero de cientistas do Sistema Terrestre está surgindo para colaborar por meio de disciplinas e fronteiras para resolver uma crise global que determinará o futuro de muitas gerações vindouras. No epicentro desse movimento global, estão as Conexões Profundas entre Johan, Will, Katherine e uma comunidade crescente de outros cientistas renomados, como Kevin Noone (que você conheceu brevemente no capítulo cinco).

Para Johan, Will e Katherine, confiança profunda, rigor científico e respeito permeiam todos os aspectos de seu trabalho juntos, permitindo que eles sejam completamente francos um com o outro. Assim como a parceria de Sherry e Mario, não há competição por prestígio entre eles, nenhuma demonstração de ego ou ciúme. "Estamos completamente livres disso", disse Johan. "É apenas uma parceria perfeita e respeitosa que torna tudo mais fácil." Por meio de seu trabalho conjunto, eles podem ver além de suas próprias limitações e obter uma compreensão mais completa do problema. "Eu não gosto de trabalhar por conta própria porque é muito mais divertido ter várias ideias, tentar sintetizá-las", disse Will. "É assim que se gera novos conhecimentos."

A estrutura das Fronteiras Planetárias identifica cientificamente os processos do Sistema Terrestre que contribuem para regular o funcionamento e, em última análise, o estado de todo o Sistema Terrestre. Uma tentativa foi feita por alguns dos melhores cientistas do mundo para quantificar o alcance científico de variáveis-chave de controle para cada processo e sistema das fronteiras. Ficar dentro desse limite é permanecer em um "espaço operacional seguro". Vamos além do limite seguro e entramos primeiro na zona de incerteza científica, onde as coisas podem começar a dar errado, e depois em uma zona de risco muito alto. Atualmente, a ciência estima que quatro das nove fronteiras foram ultrapassadas, duas para a zona de incerteza (mudanças climáticas e mudanças no uso da terra) e duas para a zona de alto risco (perda de biodiversidade e sobrecarga de nitrogênio e fósforo).

Parcerias

Quando o empobrecimento do ozônio cruzou o limiar da zona de perigo, um coletivo corajoso confiou na ciência e dedicou suas vidas a unir o mundo para inovar com sucesso e nos trazer de volta a um espaço operacional seguro.

Com quatro fronteiras já ultrapassadas e outras em risco, nossa inércia é uma ameaça direta para o futuro das gerações vindouras. Agora é o momento de estarmos apoiados na comunidade do ozônio e unirmos forças no maior desafio e oportunidade de nossas vidas.

Esta análise e esta ferramenta constituem um desafio científico para que o mundo se reúna em todos os setores para inovar e criar soluções, tal como a comunidade do ozônio. É um desafio que requer olhar para o mundo e as Fronteiras Planetárias como inerentemente interconectadas. "A ciência moderna tende a tomar um sistema complexo e decifrá-lo, e se concentrar em áreas disciplinares de especialização", disse Will. "As pessoas gostam de se dedicar inteiramente à sua fronteira favorita, trabalhar nela em grande profundidade, e esquecer que as fronteiras estão realmente conectadas."

A estrutura das Fronteiras Planetárias nos ajuda a entender a interconexão não apenas dos muitos subsistemas da Terra, mas de toda a humanidade. "A ciência natural sempre se ocupou em descrever objetos e coisas", disse Katherine. "Estamos começando a perceber, em muitos contextos, que é de interações que a vida realmente se trata."

De volta a Davos no lançamento do livro *Big World, Small Planet*, forcei os passos em meio à neve e cheguei ao aconchegante restaurante suíço bem a tempo de me postar no fundo da sala, onde me juntei a alguns *geeks* de sistemas convictos como eu. Naquele momento, refleti sobre como fazemos o mundo colaborar em uma escala maior do que jamais imaginamos para resolver questões complexas e interconectadas.

Um modo de começar é celebrar parceiros como Sherry, Mario, Paul, Mostafa, Stephen, Jonathan, Joe, Brian, Johan, Katherine e Will — e tantos outros que dedicam suas vidas ao bem coletivo. Parece estranho para mim que as histórias de sucesso do ozônio e das Fronteiras Planetárias não sejam ensinadas em todas as escolas, universidades e conversas sobre colaboração em escala. Talvez estejamos tão programados para aplaudir super-heróis individuais que nos esquivamos de celebrar coletivos de líderes que estão conduzindo a mudança sistêmica de que tanto precisamos.

Imagine em que mundo diferente viveríamos se esses colaboradores se tornassem os modelos para o futuro da liderança.

Estou convencida de que a única maneira de enfrentarmos as complexidades de nossos desafios compartilhados é colaborando em escala global, como vimos no capítulo anterior. E a única maneira de fazer isso é construir as Conexões Profundas que nos permitem avançarmos juntos sem ficarmos sobrecarregados pelo medo.

Esse movimento em direção à cooperação exigirá uma revolução das virtudes sociais.

Enquanto escrevo este livro, o mundo está mais dividido do que nunca, estimulado por uma cultura de medo e interesse próprio. Nós rasgamos grande parte do tecido cultural que estava mantendo a humanidade conectada, e perdemos contato com a natureza. Na pesquisa Edelman Trust Barometer de 2017, 53% dos entrevistados sentiram que os sistemas de governo, negócios e mídia estavam falhando com eles, e desse grupo, 83% temiam a erosão dos valores sociais.

Em 2020, a Covid-19 ignorou as fronteiras feitas pelo homem, aproveitou nosso individualismo egoísta e mostrou ao mundo o quão interconectados somos. Também acendeu um holofote sobre como a humanidade é despreparada para responder coletivamente a crises que zombam das fronteiras nacionais e globais. Enquanto o vírus se alastrava pelo mundo, lembrei-me do apelo de um jovem egípcio que, corajosamente, se levantou em uma reunião intergeracional de líderes que estávamos realizando no Cairo em 2012: "Quando os políticos ao redor do mundo perceberão que as únicas fronteiras que restam estão em mapas antigos?"

Espero que em breve.

Essa pandemia global trouxe à tona o pior e o melhor da humanidade. Pessoas, empresas e nações estocaram suprimentos médicos que salvam vidas, brigas eclodiram por causa de alimentos congelados, e as pessoas colocaram a vida de outros em risco com suas ações egoístas. Os profissionais de saúde se sacrificaram por suas comunidades, as grandes farmacêuticas colaboraram com as vacinas e os cidadãos se uniram para apoiar os mais vulneráveis em suas comunidades. Vi com espanto como um grupo de líderes africanos, liderados pelo presidente Cyril Ramaphosa, e incluindo outros como Strive Masiyiwa, Dr. John Nkengasong, Donald Kaberuka, Trevor Manuel e Ngozi Okonjo-Iweala, mobilizou financiamento para a África, garantiu vacinas e construiu uma plataforma de suprimentos médicos para combater a pandemia. Uma resposta sábia em todo o continente para garantir que nenhum país e nenhum indivíduo fosse deixado para trás. Seu foco no interesse coletivo envergonhou muitos outros líderes globais.

Mesmo quando todos pareciam perceber que a única coisa de que sentiam falta era a conexão humana, muitos líderes ao redor do mundo usavam a pandemia como um momento para promover interesses nacionais e pessoais divididos.

Parte da questão é que a tecnologia está, muitas vezes, nos separando[3] em vez de nos conectar. Uma pesquisa da NBC News em maio de 2021 mostrou que quase 2/3 dos norte-americanos sentem que as plataformas de mídia social estão nos destruindo em vez de nos unir. Lembrei-me disso em uma manhã em Nova York quando passei por uma escola e visualizei o pátio lá dentro. Meu coração se encheu de lembranças: brincadeiras fogosas, um grupo de amigos barulhentos, um mar de pernas e braços desengonçados, todos tentando chutar a mesma bola em meio a um coro cada vez maior de gritos alegres. No entanto, a realidade na minha frente era muito diferente. Crianças uniformizadas estavam sentadas sozinhas, de costas curvadas, amontoadas sobre seus telefones. A quietude me deixou com frio. Sem gritos alegres, sem corridas, sem risadas, sem brincadeiras, sem conexão uns com os outros. Eu sei que foi apenas um momento em um pátio da escola. Contudo, aquela cena me mostrou para onde estamos indo, uma nova ordem mundial que cresceu à nossa volta.

Como vimos nas histórias de parceria deste livro, podemos escolher um futuro no qual superamos uma obsessão pelo ganho individual, longe da dominação e em direção a uma mentalidade de parceria na qual a tecnologia poderia se tornar uma ferramenta para ajudar a construir conexões significativas e criar soluções em escala. Poderíamos incentivar pessoas e organizações a colaborar em benefício da humanidade e do planeta. Ou poderíamos tomar o outro caminho e voltarmos às nossas medidas distorcidas de sucesso ligadas ao lucro, poder, "amigos" online sem sentido e conquista individual.

Para escolher o caminho certo, precisamos estar vigilantes e mudar a medida de sucesso da sociedade, da fama e do dinheiro para os relacionamentos significativos que cultivamos, e usar nosso tempo com sabedoria para melhorar a vida de outras pessoas. Richard Reed, cofundador da Innocent Drinks, explicou sua métrica para uma vida bem vivida: "A felicidade e o sucesso decorrem da colaboração, de seus relacionamentos, de quanto você investe neles, do tempo que gasta com as pessoas que mais o nutrem e do quanto você as ajuda."

Conforme criamos medidas de sucesso, devemos nos perguntar constantemente: "Quem está faltando na conversa?" A crescente lacuna na igualdade e as divisões perpetuadas pela capacidade da tecnologia de silenciar a distribuição de informações nos separaram das

Conexões Profundas que poderiam nos ajudar a mudar o mundo. Antes de conduzir algumas das entrevistas neste livro, eu estava hesitante, pensando que minhas opiniões poderiam ser tão diferentes que eu nunca seria capaz de apreciar a discussão e aprender algo novo. Como estava errada! Isso me fez perceber quão isolada eu estava em meu pensamento e como é importante encontrar Conexões Profundas que são radicalmente diferentes e que mexerão comigo.

Podemos mudar o mundo de um modelo de concorrência para um de cooperação. Quando as pessoas não precisam ser perfeitas, a porta está aberta para parcerias complementares. "Nós desperdiçamos muitos ciclos em ser competitivos em vez de colaborativos como seres humanos", compartilhou Keith Yamashita. "Quem é melhor, quem está certo, quem pode dar ordens, quem está no poder — se pudéssemos pegar toda essa energia desperdiçada e aplicá-la ao que eu poderia trazer, o que você poderia trazer, então, juntos, poderíamos fazer algo extraordinário."

Reimaginar o mundo pode começar com a criação de Conexões Profundas de significado e amor em nossas vidas, e usá-las como epicentros para colaborações em uma escala que ainda não podemos compreender. Podemos abandonar a bagagem que acumulamos por meio do individualismo egoísta — coisas materiais, noções equivocadas de fama e a ausência de justiça em nossas comunidades. Podemos construir fortes ecossistemas de confiança, respeito e crença uns nos outros, que servem como faróis para uma revolução positiva do amor.

A sabedoria das parcerias que generosamente compartilharam suas histórias neste livro é uma luz brilhante de esperança. Elas demonstraram que os Seis Graus de Conexão podem levar a relacionamentos significativos para a vida, negócios e um mundo melhor. E também nos mostraram como usar essas conexões profundas como base para colaborações em larga escala.

Já sabemos que podemos fazer isso. Fechamos o buraco de ozônio, paramos a varíola, construímos negócios de sucesso com base na confiança e na comunidade, e aprendemos a voar com a energia solar. Sentimos a bondade e a compaixão de relacionamentos significativos.

O tempo que passei com essas grandes parcerias na última década foi um dos mais gratificantes da minha vida. Cada uma de suas entrevistas estava repleta de curiosidade, alegria e amor. Foi contagiante.

Um dos momentos que valorizarei para sempre é ter passado dois dias com Anthony Ray Hinton e Lester Bailey (que você conheceu no capítulo quatro) em suas casas em Quinton, Alabama. Minha querida amiga Shannon Sedgwick Davis se juntou a nós para a entrevista, e depois de compartilharmos uma refeição adorável, caminhamos cerca de nove metros até a minúscula igreja que fica entre as casas de Ray e Lester. Entrando na igreja, quase podíamos sentir as paredes reverberando com a música do culto daquela semana.

Enquanto descíamos a escada frágil daquela adorável igreja rumo à estrada de terra tranquila entre os pinheiros imponentes, Ray gentilmente disse: "Meu desejo para todos é ter um amigo como Lester."

Não há nada mais importante do que as parcerias que o fazem ser quem é neste mundo.

Quem e o que você amará vir a ser?

Gratidão

*Um fio vermelho invisível conecta aqueles
destinados a se encontrar, independentemente
do tempo, lugar ou circunstâncias. O fio pode
esticar ou emaranhar, mas nunca partir.*

— Provérbio chinês

Escrever este livro e construir a organização sem fins lucrativos que ele apoia, a Plus Wonder, foi uma experiência maravilhosa de humildade. Um exemplo perfeito do poder da parceria e do esforço coletivo de tantas pessoas brilhantes. Não há absolutamente nenhuma maneira de ter feito isso por conta própria. Esse esforço colaborativo de quinze anos alimentou muitas amizades que moldaram este livro e me moldaram no processo. Isso me deixou ainda mais certa de que nada é mais importante do que investir nas relações que nos fazem ser quem somos neste mundo e, por sua vez, moldar a mudança individual e coletiva que podemos fazer no mundo.

Nunca poderei expressar minha esmagadora gratidão a tantos de vocês em algumas páginas, mas aqui vai uma tentativa.

Às mais de sessenta parcerias e coletivos (veja a página 223) que generosamente compartilharam sua sabedoria e experiências pessoais

— nada disso existiria sem vocês. Cada entrevista foi como uma aula magna em como ser um grande parceiro e um bom ser humano. Repleto de risadas, amor, lágrimas e um renovado senso de admiração no mundo. Obrigada por darem tanto de si. Estamos todos em débito com vocês. Uma nota extra de agradecimento a The Elders. Sinto-me tão privilegiada por ter aprendido com seus relacionamentos nos últimos 17 anos. Suas Conexões Profundas despertaram a ideia da Plus Wonder e mudaram o rumo da minha vida.

Para o núcleo do coletivo Plus Wonder — Andrea Brenninkmeijer, Joann (Jo) McPike, Ellie Kanner, Kelly Hallman, John Stares, Shannon Sedgwick Davis, Cindy Mercer, Todd Holcomb, Keith Yamashita, Mich Ahern e Lisa Weeks Valiant. Este livro e a Plus Wonder existem por sua causa. Obrigada por estarem juntos durante os muitos altos e baixos, pelo seu apoio total, seu sorriso, sua sabedoria e sua crença de que a parceria e a colaboração mudarão o mundo. Sinto-me abençoada por estar nesta jornada emocionante com vocês e não posso esperar para compartilhar essa sabedoria o mais amplamente possível.

Agradeço a Adrian Zackheim e Simon Sinek por se arriscarem neste livro quando tantos outros pensaram que era uma ideia louca. Sua sabedoria, crença e direção atenciosa fizeram deste livro e movimento algo muito melhor. Obrigada por passarem o tempo comigo para moldar uma ideia muito maior que, esperançosamente, despertará muitas Conexões Profundas e colaborações significativas no mundo. Graças a todas as equipes de Optimism Press e Portfolio, especialmente a Merry Sun, cuja paciência e inteligência tranquila guiaram este livro a cada passo do caminho. Agradeço muito que tenha passado comigo entre muitas ervas daninhas para criar clareza a fim de fazer justiça à sabedoria das mais de sessenta parcerias. Agradeço a Megan McCormack, DeQuan Foster, Mary Kate Skehan, Jessica Regione, Brian Lemus e Mike Brown pelo seu entusiasmo e trabalho árduo — vocês são uma equipe brilhante!

Este livro está repleto de ideias, trabalho árduo, amor e conhecimento crítico de tantas pessoas. Um agradecimento muito especial a Laurie Flynn por seu entusiasmo, coração reconfortante e ajuda na formação de um fio condutor neste livro, a história do ozônio e outras histórias de colaboração. Laurie e a maravilhosa Lisa Weeks Valiant deram tudo de si e serei eternamente grata por seu trabalho árduo em muitas e longas noites, fins de semana e corridas de última hora. Agradecimentos especiais também a Sara Grace; sua capacidade de dar um passo atrás para ver o quadro geral, acabar com a desordem, fazer as perguntas certas e estreitar as linhas da história é inigualável. Laurie, Sara e Lisa, sua energia positiva e parceria fizeram da criação deste livro uma alegria. A David Moldawer por sua paciência, suas habilidades de escrita especializadas e seus desafios inestimáveis para garantir que este livro fosse o melhor que pudesse ser. Você foi uma força crítica em transformar isso de um pacote de ideias em um livro muito mais interessante.

Andrea, Greg e Eric Alan, nossas discussões à "mesa da cozinha" deram vida à ideia e a fundamentaram em Conexões Profundas. Serei eternamente grata a todos vocês pelo tempo, amor e conhecimentos que trouxeram para isso, incluindo o brainstorm que está ao lado da sua geladeira, onde a frase "Os Seis Graus da Conexão" nasceu!

A Ajaz Ahmed e Johnny Budden, da AKQA — sua generosidade, habilidades criativas brilhantes e colaboração de coração aberto com a maravilhosa equipe de design de portfólio criaram uma capa elegante, atraente e bonita. Obrigada também Ajaz pelos muitos anos de amizade. À Martin Hill e Philippa Jones pelas suas deslumbrantes esculturas ambientais que adicionaram a magia da Mãe Natureza ao livro. A Milos Perovic, Ian Brewer, Jo e toda a equipe da NoFormat, muito obrigada por nos ajudar a dar vida aos Seis Graus de Conexão e à Plus Wonder no livro e online. E para a maravilhosa e comprometida equipe de educação, Breanna Morsadi, Ashley Silver, Nicholas Martino e Jo — sua sabedoria, percepções e paixão ajudaram a ver essa sabedoria da perspectiva de alunos e professores. Mal posso esperar para realizar nosso sonho de ter a sabedoria dessas parcerias e coletivos em todas as escolas! Um grande agradecimento a Mel Agace por todo o trabalho árduo e brilho criativo na produção dos vídeos iniciais, e a Steven Sawalich e David Alexander por pegarem o bastão e produzirem centenas de belos vídeos. E, claro, Ellie Kanner, você dedicou tanto amor e tempo pessoal para moldar centenas de horas de filmagem em histórias cativantes — tivemos muita sorte em tê-la liderando isso! E para Les Copland, cuja experiência em design transformou muitas ideias complexas em algo simples e cativante.

Agradeço a Richard Branson pela parceria maravilhosa nos últimos vinte anos. Seu compromisso com o impacto positivo e sua abordagem consistente de colaboração me deram a oportunidade de ouvir e aprender com alguns dos melhores colaboradores do mundo. Serei eternamente grata por sua confiança em mim, e por sua crença de que absolutamente tudo é possível. Que enorme privilégio tem sido trabalhar com você e nossos parceiros para criar tantos coletivos significativos. Obrigada ao restante da família Branson, Joan, Holly e Sam, pelo amor e apoio ao longo dos anos. E, claro, para as maravilhosas Vanessa Branson e Flo Devereux, que aventura tem sido!

Muito obrigada a Peter Gabriel, que é um guia de cooperação. Obrigada por criar o nome Plus Wonder (em uma tarde) e acreditar no poder das parcerias para mudar o mundo. Seu encorajamento firme (junto com as guerras de água com Richard) me manteve sorrindo ao longo dos anos.

A Johan Rockström, que me deixou obcecada com o sucesso do Protocolo de Montreal, e à comunidade que se comprometeu a proteger a camada de ozônio. Sua visão com as Fronteiras Planetárias é um dos esforços coletivos mais importantes de que precisamos para ir atrás da sobrevivência da humanidade e do planeta.

Para a família Virgin Unite — são muitos os momentos mágicos de nossas aventuras captados neste livro. Sinto-me tão afortunada todos os dias por ter a oportunidade de trabalhar com tantas pessoas maravilhosas. Um agradecimento especial à Sue Hale, Nicola Elliot e Helen Clarke, que compartilharam muitos momentos magnéticos (e muitas vezes loucos) enquanto construímos coletivos como The Elders e o The B Team.

E, claro, graças ao meu incrível marido, Chris Waddell, por sua bondade duradoura, por seu amor incondicional, e simplesmente por estar sempre lá. Tenho muita sorte em tê-lo como parceiro de vida. Obrigada também aos clãs Waddell e Oelwang por todo seu amor e paciência com minhas ideias loucas e incansáveis horas de trabalho.

Muitos de vocês fizeram parte deste coletivo para inspirar e dar vida a *Parcerias* e à Plus Wonder... Serei eternamente grata a todos vocês...

Kathy Calvin, José María Figueres, George Polk, Jochen Zeitz, Joanna Rees, Sharon Johnson, Robin Bowman, Chandra Jesse, Peter Beikmanis, Nathan Rosenberg, Alexander Grashow, Anna Gowdridge, Van Jones, Anthony Ray Hinton, Lester Bailey, Pat Mitchell, Jane Tewson, Kaushik Viswanath, Chantel Hamilton, Adam Grant, Casey Gerald, Gregory David Roberts, Bill Meyers, Jane Cavolina, Steve Goodey, Kym Walton, Paul O'Sullivan, Sanjeev Gandhi, Kumi Naidoo, Angela Dower, Megan DeNew Wussow, Tom Bonney, Kathleen Romley, Noemi Weiss, Charlotte Goodman, Su Lee, Bill Place, Betsy Coyle, Leonide Delgatto, Heerad Sabeti, Jim Courtney, Nane Annan, Emily Sayer, Geraldine Corbett, Jackie McQuillan, Paul Polman, Bob Collymore, Sharan Burrow, Mark Gilmour, Christine Choi, Arianna Huffington, Greg Rose, Halla Tomasdottir, Radek e Helen Sali, Phil Weiner, Roma Khanna, Jules Kortenhorst, Marty Pickett, Holly Peppe, Maria Eitel, Gina Murdock, Deneen Howell, Jennifer Aaker, Yanik Silver, Charlie Garcia, Naomi Bagdonas, Lelia Akahloun, Graça Machel, Strive & Tsitsi

222 Parcerias

Masiyiwa, Alexia Hargrave, Susan Goldsmith, Morley Kamen, Amber Kelleher, a família Price, Tobi, Ruby, Basha, Knobbe Martens, Perlman & Perlman, Julianne Holt-Lunstad, SD Squared, Wondros, Mpho Tutu… E muitos outros…

Parcerias Plus Wonder

*Dois rapazes do campo que nunca
tiveram nada, mas nós éramos os mais
ricos de todos. Nós tínhamos um ao outro.
Tínhamos o mundo inteiro.*

— Anthony Ray Hinton

Com grande gratidão às parcerias duradouras que compartilharam sua sabedoria por meio de suas histórias sinceras e profundas para inspirar Conexões Profundas de propósito no mundo.

Toda a renda deste livro será doada para instituições de caridade parceiras selecionadas e para a organização sem fins lucrativos Plus Wonder. Por favor, junte-se à nossa comunidade em www.pluswonder.org.

1. Stephen O. Andersen, Mario Molina, Sherwood Rowland e Mostafa Tolba, amigos, economistas e cientistas, parceiros no fechamento do buraco da camada de ozônio

2. Phil Aroneanu, Will Bates, Kelly Blynn, May Boeve, Jamie Henn, Bill McKibben, Jeremy Osborn e Jon Warnow, amigos, cofundadores da 350.org

224 Parcerias

3. Paul Bennett e Jim Cooper, cônjuges, parceiros na concepção de um mundo melhor

4. David Blankenhorn e John Wood Jr., amigos, parceiros na despolarização dos Estados Unidos

5. Erika Boyd e Kirsten Ussery, cofundadoras do Detroit Vegan Soul

6. Stewart Brand e Ryan Phelan, cônjuges, cofundadores da Revive & Restore

7. Richard Branson e Peter Gabriel, amigos, parceiros na luta pela paz e pelos direitos humanos

8. Larry e Girija Brilliant, cônjuges, parceiros no coletivo que erradicaram a varíola

9. Tim e Gaynor Brown, cônjuges, parceiros no projeto de vidas melhores

10. Gro e Arne Brundtland, cônjuges, parceiros em saúde global, desenvolvimento internacional, e vida

11. Penelope Canan e Nancy Reichman, colegas, amigas, parceiras na proteção da camada de ozônio

12. Jimmy e Rosalynn Carter, 39º presidente e primeira-dama dos Estados Unidos, cofundadores do Carter Center

13. Ray Chambers e Peter Chernin, amigos, cofundadores da Malaria No More

14. Robin Chase e Cameron Russell, família, ativistas pelas mudanças climáticas e a nova economia

15. Lawrence Chickering e Jim Turner, amigos, cofundadores de *The Transpartisan Review*

16. Ben Cohen e Jerry Greenfield, amigos, cofundadores da Ben & Jerry's

17. Andrea e Barry Coleman, cônjuges, cofundadores da Riders for Health

18. Jo Confino e Paz Perlman, cônjuges, parceiros que inspiram harmonia com a Terra e a vida

19. Severn e Sarika Cullis-Suzuki, irmãs, ativistas ambientais, diretoras executivas e membros da Fundação David Suzuki

20. Wade Davis e Carroll Dunham, amigos, parceiros na beleza, sabedoria e espiritualidade das culturas indígenas

21. Bill Draper, Robin Richards Donohoe, Rob Kaplan, Jim Bildner e Christy Chin, parceiros e provocadores de mudanças, a Fundação DRK

22. Sylvia Earle e o oceano, amiga, bióloga marinha, exploradora residente da National Geographic e criadora do documentário Mission Blue

23. Mick e Caskey Ebeling, cônjuges, cofundadores da Not Impossible Labs e Fundação Not Impossible

24. Sangu, Edmund e Banguu Delle, irmãos, cofundadores da Golden Palm Investiments

25. Eve Ellis e Annette Niemtzow, esposas, parceiras no empoderamento de mulheres

26. Joseph Farman, Brian G. Gardiner e Jonathan Shanklin, amigos, cientistas, parceiros na descoberta do buraco na camada de ozônio

27. Christiana e José María Figueres, irmãos, humanitários, líderes das mudanças climáticas

28. Joe Gebbia, Brian Chesky e Nathan Blecharczyk, amigos, cofundadores do Airbnb

226 Parcerias

29. Robert P. George e Cornel West, irmãos, amigos, compatriotas, parceiros na busca da verdade

30. Lorde Hastings de Scarisbrick e Gloria Abramoff FRSA, amigos, Câmara dos Lordes, BBC Media e engajamento social, parceiros no empoderamento de melhores condições sociais globais

31. Tony e Pat Hawk, irmãos, parceiros para enriquecer a vida dos jovens por intermédio do skate

32. Martin Hill e Philippa Jones, parceiros na vida, arte e natureza

33. Anthony Ray Hinton e Lester Bailey, melhores amigos, parceiros na defesa do fim da pena de morte

34. Bert e John Jacobs, irmãos, cofundadores da Life is Good

35. Dereck e Beverly Joubert, cônjuges, exploradores da National Geographic, fundadores da Iniciativa Big Cats, cofundadores da Great Plains Conservation

36. Sarah Kay e Phil Kaye, amigos, codiretores do Projeto VOICE

37. Mark Kelly e Gabby Giffords, cônjuges, advogados, funcionários públicos

38. Azim Khamisa e Ples Felix, amigos, parceiros da Fundação Tariq Khamisa

39. Andy Kuper e Jim Roth, amigos, fundador e cofundador da LeapFrog Investiments

40. Lindsay e David Levin, cônjuges, agentes de mudança na educação e liderança

41. Amory e Judy Lovins, cônjuges, parceiros na criação do novo futuro energético

Parcerias Plus Wonder **227**

42. Andrew Maxwell Mangino e Kanya Balakrishna, parceiros de vida, cofundadores do Future Project

43. Cindy Mercer e Addison Fischer, amigas, cofundadoras do Planet Heritage

44. Pat Mitchell e Scott Seydel, cônjuges, inovadora de mídia e campeão de negócios ambientais

45. Jacqueline Novogratz e Chris Anderson, cônjuges, parceiros em empreendedorismo social

46. Ngozi Okonjo-Iweala e Uzodinma Iweala, família, diretora-geral da Organização Mundial do Comércio; autor, médico e produtor de filmes; parceiros para um mundo mais justo

47. Bertrand Piccard e André Borschberg, amigos, cocriadores do Solar Impulse

48. Alex Rappaport e Blake Harrison, amigos, cofundadores do Flocabulary

49. Donna Red Wing e Bob Vander Plaats, amigos, ativista da justiça social e presidente e CEO do Family Leader

50. Chris Redlitz e Beverly Parenti, cônjuges, cofundadores da Last Mile

51. Richard Reed, Adam Balon e Jon Wright, amigos, cofundadores da Innocent Drinks e JamJar Investiments

52. Katherine Richardson, Johan Rockström e Will Steffen, amigos, cientistas do sistema terrestre e cocriadores das Fronteiras Planetárias

53. Robbie Schingler e Will Marshall, amigos, cofundadores da Planet

Parcerias

54. Luiz Seabra, Pedros Passos e Guilherme Leal, amigos, cofundadores da Natura

55. Kevin Starr e Henry Arnhold, amigos, cofundadores da Fundação Mulago

56. Jane Tewson e Charles Lane, cônjuges, parceiros no trabalho por um mundo justo

57. Jagdish D. Thakkar, Ashish J. Thakkar, Ahuti Chug e Rona Kotecha, família, parceiros na Fundação Mara e no Mara Group

58. Ned Tozun e Sam Goldman, amigos, cofundadores da d.light

59. Desmond e Leah Tutu, cônjuges, parceiros em luta pela paz, direitos humanos, liberdade e vida

60. Deborah Willis e Hank Willis Thomas, família, artistas unidos pelo amor e pela arte para mudar o mundo

61. Sheryl WuDunn e Nicholas Kristof, cônjuges, jornalistas vencedores do Prêmio Pulitzer, coautores de *Metade do Céu: Transformando a Opressão em Oportunidades para Mulheres de Todo o Mundo*, *A Path Appears* e *Thightrope* (estes sem tradução para o português)

62. Keith Yamashita e Todd Holcomb, cônjuges, parceiros no uso da criatividade como um catalisador para a mudança social

63. Jacki e Greg Zehner, cônjuges, cofundadores da Fundação Jacquelyn e Gregory Zehner

Seis Graus de Conexão Simplificada

Um guia para construir conexões que importam. Da sabedoria coletiva de mais de sessenta das maiores parcerias do nosso tempo.

 Primeiro Grau: Algo maior — Alavanque seu propósito valendo-se de parcerias significativas. Aprofunde sua conexão tornando-se parte de algo maior.

 Segundo Grau: Totalmente Comprometido — Sinta-se seguro na relação e saiba que vocês têm 100% de apoio um do outro a longo prazo. Isso lhe dá a liberdade e a confiança para fazer algo maior.

 Terceiro Grau: O Ecossistema — Permaneça comprometido por meio de um ecossistema moral, vivo com a prática diária de seis virtudes essenciais. Estas são Confiança Duradoura, Respeito Mútuo Inabalável, Crença Combinada, Humildade Compartilhada, Generosidade Nutridora e Empatia Compassiva. Com o tempo, elas se tornam respostas reflexivas, criando um ambiente de bondade, graça e amor incondicional.

 Quarto Grau: Momentos Magnéticos — Mantenha-se conectado e fortaleça seu ecossistema por meio de práticas, rituais e tradições intencionais que mantêm viva a curiosidade e a admiração, criam espaço para uma comunicação sincera, geram alegria ilimitada e constroem uma comunidade de apoio mais ampla.

 Quinto Grau: Celebrar o Atrito — Tire o calor do conflito e transforme-o em uma oportunidade de aprendizado. Acenda faíscas de combustão criativa para soluções compartilhadas e maior conexão, permanecendo comprometido e focado em algo maior.

 Sexto Grau: Conexões Coletivas — Estrutura de princípios do design para dimensionar colaborações, com as Conexões Profundas no centro como modelos, polos de impulso e tecido conjuntivo.

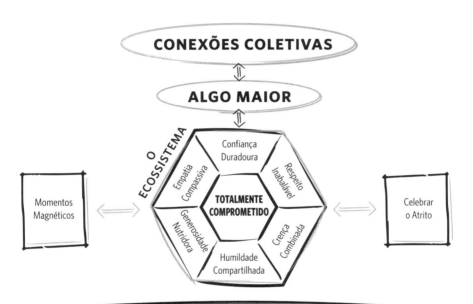

Palavras de Sabedoria e Recursos Colaborativos

A estrutura dos Seis Graus de Conexão é uma combinação da sabedoria coletiva de mais de sessenta parcerias duradouras com propósito. Praticar essas seis características consistentes de grandes parcerias mudará seus relacionamentos, suas empresas e sua vida para melhor. Mais importante, isso mudará a vida de outras pessoas para melhor, o que pode levar a colaborações que mudarão o mundo.

Aqui estão algumas palavras de sabedoria dos parceiros Plus Wonder, vídeos para obter mais informações sobre os Seis Graus de Conexão:

Primeiro Grau: Algo Maior

Alavanque seu propósito valendo-se de parcerias significativas. Aprofunde sua conexão tornando-se parte de algo maior.

Palavras de Sabedoria

- *"Tínhamos um propósito final que era tão maravilhoso que, se pudéssemos torná-lo realidade, iríamos dar tudo de nós."* — Richard Branson

- *"Um mais um pode ser igual a mil — você não vai fazer nada sozinho! Uma coisa em que nos alinhamos foi a ideia de que ganhar muito dinheiro ou a ideia de apenas construir um negócio não nos animava por si só. Foi a ideia de que talvez o negócio pudesse ser utilizado para algo maior."* — Bert Jacobs

- *"Sentimos que poderíamos fazer isso juntos e eu tinha um conjunto de habilidades e Barry tinha outro conjunto de habilidades, mas tínhamos uma missão unida, um propósito e uma crença de que poderíamos realmente fazer isso."* — Andrea Coleman

- *"Temos uma arma secreta e não somos apenas nós dois, mas temos um objetivo comum, e nosso terceiro parceiro nisso é a natureza e a conservação, então temos um objetivo maior e é compartilhado e é mútuo."* — Dereck Joubert

- *"Se é uma grande missão e está fora de seu alcance, pode ser a sua estrela-guia, que pode ajudá-lo nas águas tumultuadas de altos e baixos... assim você não perde o rumo. Então, tenha uma grande missão que é digna de toda a energia e todos os sacrifícios que você precisa fazer se estiver criando algo neste mundo."* — Robbie Schingler

Recursos adicionais*

- Simon Sinek escreveu o livro *Comece pelo Porquê* ("Start with Why", Nova York: Portfolio, 2009). Assista também à sua palestra TED, "How Great Leaders Inspire Action," https://www.ted.com/talks/simon_sinek_how_great_leaders_inspire_action.

- Pesquisadores da Universidade de Londres, Universidade de Princeton e Universidade Stony Brook descobriram que as pessoas que têm um senso de propósito e significado tendem a viver mais (Andrew Steptoe, Angus Deaton e Arthur A. Stone, "Subjective Wellbeing, Health, and Ageing",

---

* Todos os conteúdos sugeridos neste livro estão em inglês. [N. da R.]

Lancet 385, n°. 9968 [2015]: 640–48). Um estudo recente (Daryl R. Van Tongeren *et al.*, "Prosociality Enhances Meaning in Life," *Journal of Positive Psychology* 11, n° 3 [2016]: 225–36) relatou fortes relacionamentos como uma característica fundamental para melhorar o significado da vida.

- Uma visão geral do estudo de neurociência sobre a importância do Propósito na Vida (PIL - Purpose in Life, no original): Adam Kaplin e Laura Anzaldi, "New Movement in Neuroscience: A Purpose-Driven Life", *Cerebrum* 7 (maio-junho de 2015): 7.

- Analise as conexões entre propósito e saúde com o programa da National Public Radio "What's Your Purpose? Finding a Sense of Meaning in Life Is Linked to Health", por Mara Gordin (25 de maio de 2019), https://www.npr.org/sections/health-shots/2019/05/25/726695968/what-s-your-purpose-findinga-sense-of-meaning-in-life-is-linkedtohealth.

Segundo Grau: Totalmente Comprometido

Sinta-se seguro na relação e saiba que vocês têm 100% de apoio um do outro a longo prazo. Isso lhe dá a liberdade e a confiança para fazer algo maior.

Palavras de Sabedoria

- *"Eu sei que Scott me apoia 100% e que ele é meu melhor amigo."* — Pat Mitchell
- *"Essa é a essência disso, realmente estar lá. O mestre zen Thich Nhat Hanh sempre dizia que o melhor presente que você pode dar a seu parceiro é apenas estar lá. Simples assim."* — Paz Perlman
- *"É um compromisso com o compromisso."* — Jacqueline Novogratz
- *"Olhando para o bem-estar a longo prazo — quando tantos outros estão focados no ganho a curto prazo."* — Robin Chase
- *"No fundo, você se torna uma pessoa diferente ao conhecer intimamente outra pessoa."* — Charles Lane
- *"Se você pode superar o medo do salto de amar antes de ser amado, acho que é o começo de tudo. E isso vale para amizades e para parcerias de negócios. E vale para pessoas que você acabou de conhecer. Está tudo bem você aparecer como a versão mais amorosa de si mesmo com o pensamento de que*

pode não haver retorno? Mas, quando faz isso, sempre há um retorno." — Keith Yamashita

- *"O que eu mais valorizo é que tenho essa certa estrela-guia a qual sei que posso voltar para me organizar: isso é realidade — isso é verdade. Esta é uma referência para a qual posso ir a qualquer momento, e Lindsay me dá isso, todos os dias."* — David Levin

Explore Totalmente Comprometido:

Recursos adicionais

- Dan Buettner, autor de *The Blue Zones* (sem tradução para o português) (Washington, DC: National Geographic, 2012), passou anos estudando as comunidades mais longevas do mundo para descobrir seus segredos para a longevidade, que incluem apoiar totalmente o outro em relacionamentos.

- O estudo de Harvard Grant ("Study of Adult Development", https://www.adultdevelopmentstudy.org/grantandglueckstudy) acompanhou 268 pessoas ao longo de 80 anos de suas vidas. George Vaillant, diretor do estudo há

Palavras de Sabedoria e Recursos Colaborativos

três décadas, diz: "Quando o estudo começou, ninguém se importava com empatia ou apego, mas a chave para o envelhecimento saudável são os relacionamentos."

- A Dra. Brené Brown, da Faculdade de Serviço Social da Universidade de Houston, passou anos estudando vulnerabilidade, coragem, dignidade e culpa. Sua palestra TED, "The Power of Vulnerability" (junho de 2010, https://www.ted.com/talks/brene_brown_the_power_of_vulnerability?language=en), ajuda a explicar como abraçar a vulnerabilidade pode nos ajudar a ser mais comprometidos.

- Em 2019, a Associação Americana de Psicologia (APA) publicou uma metanálise de mais de duas décadas de pesquisa revelando como as relações positivas aumentam a autoestima e vice-versa. Esse estudo longitudinal nos mostra como a qualidade de nossos relacionamentos e o tipo de feedback que recebemos de nossas Conexões Profundas se liga diretamente a quem nos tornamos e ao que acreditamos que podemos alcançar neste mundo. Veja Michelle A. Harris e Ulrich Orth, "The Link Between Self-Esteem and Social Relationships: A Meta-Analysis of Longitudinal Studies", *Journal of Personality and Social Psychology* 119, nº 6 (2020): 1459–77, https://www.apa.org/pubs/journals/releases/psp-pspp0000265.pdf.

Terceiro Grau: O Ecossistema

Permaneça comprometido por meio de um ecossistema moral, vivo com a prática diária de seis virtudes essenciais.

Palavras de Sabedoria

- *"Bem, temos valores compartilhados, sem sombra de dúvida."* — Barry Coleman

- *"É importante em qualquer parceria que ela tenha que transcender a conexão cognitiva e até emocional"*, disse ele. *"Tem que chegar a essa profunda conexão espiritual para você se manter, confiar, ser respeitoso e olhar para o conflito como uma oportunidade de ser capaz de criar amor e unidade."* — Azim Khamisa

- *"Os valores são extremamente importantes e têm sido, em grande parte, a coisa mais importante... é como as pessoas constroem seus personagens e como eles se comportam no mundo."* — Uzodinma Iweala

- *"Quando seu parceiro fala, o mundo para."* — Paul Bennett

◀ Explore Ecossistema:

Recursos adicionais

- A Fundação John Templeton atualmente faz curadoria de uma série de estudos sobre a importância das virtudes em seu programa de Desenvolvimento de Virtude de Personagem (https://www.templeton.org/funding-areas/character-virtue-development).
- Dave Phillips é um mentor de liderança que também trabalha com virtudes para equipes e líderes: https://www.dphillips.com.
- The Foundation for a Better Life (https://www.passiton.com/who-we-are) concentra-se na promoção de valores e virtudes.
- The School of Life (https://www.theschooloflife.com) é uma empresa de educação para a aprendizagem emocional que explora muitas das seis virtudes.
- Aprenda mais sobre os Quatro Cavaleiros do especialista em relacionamentos John Gottman e o papel que eles desempenham na previsão da saúde de um ecossistema de relacionamentos. Veja Ellie Lisitsa, "The Four Horsemen:

Criticism, Contempt, Defensiveness, and Stonewalling", Gottman Institute, 23 de abril de 2013, https://www.gottman.com/blog/the-four-horsemen-recognizing-criticism--contempt-defensiveness-and-stonewalling/.

- De acordo com Noam Wasserman, autor de *The Founder's Dilemmas* (sem tradução para o português) (Princeton, NJ: Princeton University Press, 2012) e *Life Is a Startup* (sem tradução para o português) (Stanford, CA: Stanford University Press, 2019), quase 2/3 das startups fracassam porque a equipe fundadora ou parceria não constrói um relacionamento próximo e os valores necessários para ter sucesso.

Palavras de Sabedoria: Confiança Duradoura

- *"Confiança. Você não pode realmente ter um relacionamento a menos que tenha confiança."* — Jim Cooper
- *"A confiança é a coisa mais eficiente em um negócio."* — Richard Reed
- *"Houve muitas vezes em que tentamos coisas e não tivemos sucesso, mas sempre houve essa confiança fundamental de que estamos alinhados em torno do propósito final, e que nos dá espaço como indivíduos para experimentar coisas, e crescer, e falhar... apenas sabendo que a outra pessoa sempre nos apoia."* — Kanya Balakrishna
- *"Acho que a confiança se desenvolve... a confiança é vital para qualquer relacionamento. Há uma alegria no companheirismo construído sobre confiança. Os relacionamentos evoluem se cultivados, cada um prosperando com o apoio do outro, mas o alicerce sempre será a confiança."* — Dereck Joubert

Palavras de Sabedoria e Recursos Colaborativos

- *"A confiança profunda é incremental, em etapas. Com um salto quântico ao longo do tempo."* — Kevin Starr

Recursos adicionais

- O estudo Edelman Trust Barometer (https://www.edelman.com/trust/2021-trust-barometer) monitora a confiança global em uma variedade de instituições em mais de 33 países.

- A pesquisadora de confiança Rachel Botsman escreveu recentemente um belo livro, *Who Can You Trust?* (sem tradução para o português) (Nova York: Portfolio, 2017), articulando a estreita relação entre confiança e risco. Suas palestras sobre confiança e colaboração no mundo digital podem ser encontradas no site do TED (https://www.ted.com/speakers/rachel_botsman).

- Gottman redefine a confiança como uma ação. Leia sobre o modelo ATTUNE do Instituto Gottman (Zach Brittle, "How to Build Trust in Your Relationship", 17 de julho de

2015, Gottman Institute, https://www.gottman.com/blog/trust/).

- Confira esse grande detalhamento de "The Neuroscience of Trust" da *Harvard Business Review*, que descreve maneiras de construir uma cultura de confiança em uma empresa (Paul J. Zak, janeiro-fevereiro de 2017, https://hbr.org/2017/01/the-neuroscience-of-trust).

- O cientista político e autor da Universidade de Harvard, Robert Putnam, escreveu o livro clássico sobre capital social, *Bowling Alone* (sem tradução para o português) (Nova York: Simon & Schuster, 2000), que documenta o declínio dramático da confiança e da comunidade nos Estados Unidos nos últimos cinquenta anos.

- Centro de Desenvolvimento Econômico e Comunitário de Penn State compartilhou "The Role and Importance of Building Trust" em 2008 (https://aese.psu.edu/research/centers/cecd/engagement-toolbox/role-importance-of-building-trust).

Palavras de Sabedoria: Respeito Mútuo Inabalável

- *"Ele aprendeu a respeitar o que eu podia fazer, e eu aprendi a respeitar o que ele podia fazer. Eu acho que isso fez uma enorme diferença, pois eu estava muito insegura sobre o que eu era capaz e Jimmy acreditava que eu poderia fazer qualquer coisa."* — Rosalynn Carter

- *"Eu acho que, em primeiro lugar, a coisa mais simples que é ouvir profundamente, eu acho um profundo respeito, uma flexibilidade, ou uma vontade de ouvir algo com que você pode não concordar e tentar por um momento, ver como é, se colocar no lugar dessa outra pessoa."* — Carroll Dunham

- *"Em uma parceria que funciona muito bem, e você tem muito respeito pela outra pessoa, você deixa muito espaço para o potencial. Então você sabe no que a outra pessoa é boa, mas você está pronto para apoiar e torcer por esse outro potencial."*
— Cameron Russell

- *"Quando tivemos a chance de nos divertirmos com a humanidade um do outro, não demorou muito tempo para vermos que tínhamos algo ainda mais profundo do que civilidade, tolerância. Tínhamos um profundo amor e respeito um pelo outro que não era de forma alguma redutível à política, que tínhamos uma profunda irmandade que não é de forma alguma ameaçada por discordância sobre certas políticas públicas."* — Cornel West

Explore Respeito Mútuo Inabalável:

Recursos adicionais

- Kristie Rogers, da Universidade de Marquette, pesquisadora de respeito no local de trabalho, compartilha suas descobertas sobre a diferença entre o respeito conquistado e o respeito devido em seu artigo "Do Your Employees

Feel Respected?" (*Harvard Business Review*, julho-agosto de 2018).

- Em uma pesquisa recente com quase 20 mil funcionários em todo mundo, de Christine Porath, da Universidade de Georgetown, os entrevistados classificaram o respeito como o comportamento de liderança mais importante. Confira sua palestra TEDx, "Why Being Respectful to Your Coworkers Is Good for Business" (https://www.ted.com/talks/christine_porath_why_being_respectful_to_your_coworkers_is_good_for_business?language=en).

- Jim Taylor, PhD, compartilha suas preocupações sobre sentir o "ataque de desrespeito" em seu artigo na *Psychology Today*, "Parenting: Respect Starts at Home" (5 de janeiro de 2010, https://www.psychologytoday.com/us/blog/the-power-prime/201001/parenting-respect-starts-home).

- O artigo "The Price of Incivility", de Christine Porath e Christine Pearson (*Harvard Business Review*, janeiro-fevereiro de 2013, https://hbr.org/2013/01/ the-price-of-incivility), apoia essa afirmação, descobrindo que 80% dos funcionários tratados de forma não civilizada gastam tempo de trabalho significativo ponderando sobre o mau comportamento, e 48% reduzem seu esforço deliberadamente.

Palavras de Sabedoria: Crença Combinada

- *"Cada vez que você está começando algo é muito doloroso, é como dar à luz essas organizações. Muitas vezes eu disse, posso desistir agora, posso desistir, e Stewart sempre esteve lá para dizer, não desista de jeito nenhum, você sabe que pode fazer isso."* — Ryan Phelan

- *"Juntos vamos a lugares que não teríamos a força ou a perspicácia para ir individualmente."* — Caskey Ebeling
- *"Há essa peça central que eu acho que é o DNA da nossa relação, onde se trata desse senso de possibilidade no mundo."* — Todd Holcomb
- *"Correríamos tantos riscos se não fôssemos parceiros? Eu diria não. Eu diria, tenho certeza que não. Eu nem teria pensado nisso. Não teria o nível de curiosidade. E não acho que teria tido a confiança."* — Eve Ellis
- *"Esquecemos que a crença e a metáfora são o que sempre impulsionaram o espírito humano", diz Wade. "Em outras palavras, a medida de uma cultura não é apenas o que eles fazem, mas a qualidade de suas aspirações, as metáforas que os impulsionam para a frente."* — Wade Davis

◄ Explore Crença Combinada:

Recursos adicionais

- O livro do autor best-seller do *New York Times*, Daniel Coyle, *The Culture Code* (sem tradução para o português) (Nova York: Bantam Books, 2018) mostra como os grupos podem criar grandes coisas por meio de culturas de coesão e cooperação.

248 Parcerias

- Jennifer Michael Hecht, poeta, filósofa e historiadora, nos ensina como "acreditamos um no outro para ser", enfatizando que "às vezes, quando você não pode ver o que é importante em você, outras pessoas podem." Ouça sua comovente entrevista com Krista Tippett no podcast *Becoming Wise* ("We Believe Each Other into Being", On Being, atualizado pela última vez em 1º de abril de 2019, https://onbeing.org/programs/we-believe-each-other-into-being-jennifer-michael-hecht/) ou desfrute mais de sua sabedoria sobre nossa necessidade um do outro em uma versão estendida da entrevista no podcast *On Being with Krista Tippett* (https://onbeing.org/programs/jennifer-michael-hecht-we-believe-each-other-into-being-on-being/). Por favor, note: ambas as entrevistas abordam o suicídio.

- A super professora Rita Pierson compartilha em sua palestra TED que "toda criança precisa de um campeão" (maio de 2013, https://www.ted.com/talks/rita_pierson_every_kid_needs_a_champion). Confira este discurso convincente para aprender mais sobre o poder da crença combinada nas escolas.

- O artigo de Eric Van den Steen, "On the Origin of Shared Beliefs (and Corporate Culture)", *RAND Journal of Economics* 41, nº 4 (2010): 617–48, http://web.mit.edu/evds/www/research/pdf/VandenSteenEric_shared_beliefs.pdf.

Palavras de Sabedoria: Humildade Compartilhada

- *"Acho que um dos melhores subprodutos do nosso relacionamento é que meu ego desapareceu de uma maneira muito saudável. Sinto-me disponível nesta relação. Sinto-me em serviço no meu trabalho."* — Paul Bennett

- *"Acho que uma das coisas que uma visão incrivelmente ampla e ousada do lucro com propósito faz é lançar uma luz brilhante sobre qualquer coisa que não se encaixe bem com a mentalidade de parceria. Com uma mentalidade humilde. Com uma mentalidade meritocrática. Com uma mentalidade orientada para a mudança. A visão diz que [preocupação estreita e potencialmente egoísta] não faz parte daqui. Não é apropriado em face da escala desta visão."* — Andy Kuper

- *"Como incentivamos as pessoas a olharem para fora de si mesmas em busca de apoio e habilidades adicionais e complementares, não ser orgulhoso a ponto de pensar que você pode fazer tudo? Esse é provavelmente o bilhete."* — Alex Rappaport

- *"Acho que não nos levamos muito a sério, o que acho importante. Levamos os problemas muito a sério, mas não nos levamos muito a sério. Divertimo-nos muito juntos ao longo dos anos e tivemos diversos motivos para sorrir."* — Richard Branson

- *"Acho que boas parcerias provavelmente valorizam a igualdade para que não haja competição e acho que isso permite esse fluxo e refluxo."* — Blake Harrison

Explore Humildade Compartilhada:

Recursos adicionais

- Jennifer Cole Wright et al., "The Psychological Significance of Humility", *Journal of Positive Psychology* 12, nº 1 (2017): 3–12, https://www.tandfonline.com/doi/abs/10.1080/17439760.2016.1167940?journalCode=rpos20.

- O Dr. Brad Owens, professor assistente de ética empresarial da Universidade Brigham Young, é especializado no papel que a humildade desempenha em nossas vidas, especificamente na liderança. Leia seu artigo "The Reign of Humility Within" (BYU Wheatley Institution, 6 de março de 2019, https://wheatley.byu.edu/the-reign-of-humility-within/) e ouça sua entrevista no podcast *Moral Impact* (https://www.youtube.com/watch?v=-WTJwdC3Hp8).

- O Instituto Danielsen da Universidade de Boston é especializado em pesquisa sobre a humildade em seu desejo de entender essa virtude dentro da experiência humana. Para ler mais, confira o artigo *The Brink's* destacando o trabalho da Universidade de Boston sobre os benefícios da humildade: Rich Barlow, "Studying the Benefits of Humility", 27 de março de 2017 (http://www.bu.edu/articles/2017/studying-the-benefits-of-humility/).

- O Humility Science (http://humilityscience.com) é o endereço certo para aqueles interessados em aprender mais sobre a ciência dessa virtude. Faça a pesquisa de diagnóstico para ver quão humilde você é e aprenda mais sobre humildade com o livro *Cultural Humility* (sem tradução para o português) (Washington, DC: American Psychological Association, 2017).

- A Fundação Templeton oferece excelentes recursos e pesquisas contínuas sobre o que é recentemente chamado de "humildade intelectual" (https://www.templeton.org/discoveries/intellectual-humility). Confira o vídeo "The Joy of Being Wrong" (https://www.youtube.com/watch?v=mRXNUx4cua0&t=42s) e o episódio no podcast *Philosophy Talk*, "How to Humbly Disagree" (https://www.kalw.org/arts-culture/2020-09-25/philosophy-talk-how-to-humbly-disagree#stream/0).

- Encontre mais sobre humildade e o poder da meditação no livro de Matthieu Ricard, *A Revolução do Altruísmo* (Nova York: Little, Brown, 2015).

Palavras de Sabedoria: Generosidade Nutridora

- *"Acredito que a maneira de construir um relacionamento, bem como uma parceria, é ter profundo respeito um pelo outro. Esse respeito permite que você compartilhe e incentive a criatividade, os elogios e tudo sem ciúmes, porque quando se tem sucesso, ambos temos sucesso."* — Beverly Joubert

- *"Minha dica para alguém que vai construir um relacionamento com outra pessoa, seja pessoal ou comercial, é que você precisa cuidar do melhor interesse da outra pessoa, não do seu."* — Pat Hawk

- *"Se você vai ter propósito e ser generoso em conjunto, você não pode ser egomaníaco. Não pode estar forçando sua posição, seus interesses, seus pensamentos.... Você tem um propósito maior, então precisa ser generoso em abrir mão do que pensa e estar realmente disposto a seguir os pensamentos de outra pessoa."* — Lorde Hastings

- *"A reciprocidade é a norma na maioria das sociedades. A maioria das crenças rituais, quando se trata disso, certamente em relação ao cenário, são sempre expressões de reciprocidade. A terra me dá, devo protegê-la. Não é ciência de foguetes."* — Wade Davis

- *"Tentamos não ficar marcando pontos na nossa relação. Tentamos viver com gratidão cheios de muitos obrigados."* — Jacki Zehner

Explore Generosidade Nutridora:

Recursos adicionais

- Adam Grant, professor da Wharton School, psicólogo organizacional e autor de best-sellers, explora o mundo dos tomadores, compensadores e doadores. Confira seu livro *Dar e Receber* (Nova York: Viking, 2013), assista a sua palestra TED "Are You a Giver or a Taker?" (https://www.youtube.com/watch?v=YyXRYgjQXX0), e faça o teste de dar e receber (https://www.adamgrant.net/quizzes/give-and-take-quiz/) para ver seu estilo de reciprocidade.

- Um artigo técnico abrangente da Fundação John Templeton, "The Science of Generosity" (maio de 2018, https://ggsc.berkeley.edu/images/uploads/GGSC-JTF_White_Paper-Generosity-FINAL.pdf), produzido pelo Greater Good Science Center da Universidade de Berkeley, aborda questões ligadas à generosidade.

- O artigo "Giving Thanks Can Make You Happier", da Harvard Health Publishing (22 de novembro de 2011, https://www.health.harvard.edu/healthbeat/giving-thanks-can-make-you-happier), citou um estudo sobre casais que descobriu que "os indivíduos que dedicavam tempo para expressar gratidão pelo parceiro não só se sentiam mais positivos em relação à outra pessoa, mas também se sentiam mais confortáveis em expressar preocupações sobre seu relacionamento".

- Confira a palestra do Dr. Robert A. Emmons "Four Lessons I've Learned About Gratitude" (https://www.youtube.com/watch?v=3vGk6USZsVc) e a entrevista do Dr. Michael E. McCullough e Arthur Zajonc, "Mind and Morality: A Dialogue", no podcast *On Being with Krista Tippett*.

- Um estudo intrigante de 2019, "It Pays to Be Generous" (https://www.fool.com/the-ascent/research/study-it-pays-be-generous/), realizado pela Ascent (uma divisão da Motley Fool), comparou pessoas generosas e menos generosas.

Palavras de Sabedoria: Empatia Compassiva

- *"Você sempre tem que se colocar no lugar da outra pessoa. Se você não entende de onde ela vem, se não aprecia os argumentos dela e como está vendo as coisas, é extremamente desafiador montar uma parceria significativa."* — José María Figueres

- *"Essa é a parte sobre ter uma boa amizade, ter uma amizade mútua, é entender um ao outro. Esse é um dos maiores dons que existe."* — Lester Bailey

- *"Para nós, acho que uma das chaves para nossa sobrevivência, e acho que é algo que funcionaria para outras pessoas, é a capacidade de implantar a empatia em maior grau. Então, se Beverly está lidando com alguma coisa, mesmo que não esteja comunicando, eu tento o quanto posso me colocar na situação dela e no minuto em que estou lá, posso ver por que ela está completamente chateada comigo, por exemplo, embora isso nunca aconteça, certo? Não. Mas no minuto em que tenho empatia e consigo entender quais os problemas ou qual é a situação dela, isso facilita muito para nós lidarmos com isso. E eu acho que, mais uma vez, é algo que quanto mais desviamos os olhos e ficamos incomodados com nossa falta de tempo hoje em nossa sociedade, menos tempo temos para ser empáticos com as outras pessoas."* — Dereck Joubert

- *"Compreender é amar."* — Jo Confino

 ◀ Explore Empatia Compassiva:

Recursos adicionais

- Confira o novo livro de Jamil Zaki, professor de psicologia da Universidade de Stanford e diretor do Laboratório de Neurociência Social de Stanford, *War for Kindness: Building Empathy in a Fractured World* (sem tradução para o português) (Nova York: Broadway Books, 2019). Confira também seus Desafios de Bondade (https://www.warforkindness.com/challenges) e comece a fortalecer sua empatia.

- Justin Bariso, autor de *EQ Applied* (sem tradução para o português) (Alemanha: Borough Hall, 2018), explica ainda a quebra de empatia em seu artigo "There Are Really 3 Types of Empathy. Here's How They Differ — and How You Can Develop Them All" (*Inc.*, setembro de 2018, https://www.inc.com/justin-bariso/there-are-actually3-types-of-empathy-heres-how-they-differ-and-how-you-can-develop-them-all.html).

- Para uma explicação simples e divertida sobre empatia, assista a este vídeo curto do ator Mark Ruffalo na *Vila Sésamo* (https://www.youtube.com/watch?v=9_1Rt1R4xbM).

Quarto Grau: Momentos Magnéticos

Mantenha-se conectado e fortaleça seu ecossistema por meio de práticas, rituais e tradições intencionais que mantêm viva a curiosidade e a admiração, criam espaço para uma comunicação sincera, geram alegria ilimitada e constroem uma comunidade de apoio mais ampla.

- *"Comunicação aberta e confiável em todos os momentos e sobre todos os problemas. Tivemos um diálogo contínuo, e às claras, sobre todas as questões! Incluía comentários sobre nuances, vantagens e desvantagens nas abordagens e performances uns dos outros. A confiança que construímos tornou isso possível, sem ferir os sentimentos um do outro. Ajudou-nos muito em nosso dia a dia, no trabalho e em casa."* — Gro Brundtland

- *"Eu não consigo terminar as frases dela, e espero que ela não consiga terminar as minhas, ao menos não a maioria delas. E então pegamos aquela curiosidade que somos capazes de manter um no outro e apontamos para o mundo."* — Stewart Brand

- *"Mesmo que você tenha uma fundação de confiança e uma base de respeito, não pode considerá-la como garantida. Você precisa ter certeza de que nutre a parceria; para mim, o alimento da parceria é a comunicação. Você sempre tem que ser aberto, transparente e se comunicar."* — Sangu Delle

- *"A alegria é central e também o único tipo de recurso ilimitado. O que não significa que seja fácil de encontrar, mas acho *que é um combustível completamente renovável."* — Phil Kaye

- *"Uma das coisas que acho que conectou nós dois, mas também eu diria que todos os membros da nossa família, é o amor pela comunidade e o amor pela construção da comunidade. Que todos eram sempre bem-vindos à casa da minha avó, à casa dos meus pais, à casa dos meus primos e da minha família."* — Hank Willis Thomas

- *"E o tempo é realmente o investimento da jornada da amizade e de um relacionamento e estar disposto a seguir em frente para fazê-lo. Dedique tempo. Tenha um propósito."* — Lorde Hastings

Dez Exemplos de Momentos Magnéticos

1. O presidente e a Sra. Carter costumavam se encontrar na Varanda Truman na Casa Branca todas as tardes para conversarem como foi o dia de cada um.

2. José María e Christiana Figueres tomavam café com bolo em companhia de seu avô todos os domingos até seus 105 anos.

3. Os cofundadores do Projeto Future, Andrew Maxwell Mangino e Kanya Balakrishna, têm um maravilhoso ritual de afirmação que chamam de "cerimônias incríveis", onde destacam algo brilhante sobre a outra pessoa todos os dias. Eles também realizam um fim de semana intensivo de 48 horas, o Dream Summit, projetado para criar um novo senso de possibilidades e para imaginar novos rumos quando houver um colapso no caminho para sua visão.

4. Robbie Schingler e Will Marshall fazem suas resoluções de Ano Novo em conjunto com a equipe para aumentar a sua coragem e responsabilizar-se mutuamente.

5. Lindsay e David Levin organizam jantares às sextas-feiras (Shabbat), onde todos compartilham sua visão pessoal sobre algo importante para eles no mundo.

6. Ray Hinton e Lester Bailey têm um maravilhoso ritual aos sábados. Depois da igreja, eles vão almoçar, com uma parada na barbearia para cortar o cabelo — mesmo que eles brinquem que Lester não tem mais cabelo para cortar. Isso não tem importância. O que importa para os dois é simplesmente estarem juntos.

7. Gabby Giffords e Mark Kelly tomam café juntos. Gabby pediu a mesma coisa por quatro anos: ovos mexidos com manjericão, espinafre e queijo cheddar, e torradas de passas sem manteiga, acompanhados por frutas.

8. Keith Yamashita e Todd Holcomb gritam: "Vá ser uma estrela do rock!" antes de qualquer um deles fazer algo desafiador.

9. Joe Gebbia, Nathan Blecharczyk e Brian Chesky, cofundadores do Airbnb, encontram-se todos os domingos à noite das seis às nove horas para discutirem suas responsabilidades pela semana anterior e planejar a próxima.

10. A mãe de Bert e John Jacobs criou um ritual de gratidão todas as noites no jantar, dizendo: "Conte-me algo bom que aconteceu hoje."

◀ Explore Momentos Magnéticos:

Recursos adicionais

- Confira "The Restorative Power of Ritual", de Scott Berinato (*Harvard Business Review*, 2 de abril de 2020, https://hbr.org/2020/04/the-restorative-power-of-ritual).

- Casper ter Kuile publicou recentemente um livro chamado *The Power of Ritual* (sem tradução para o português) (Nova York: HarperOne, 2020).

- Confira o livro de Priya Parker, *The Art of Gathering* (sem tradução para o português) (Nova York: Riverhead, 2018).

- Saiba mais sobre o assunto em *Flow*, de Mihaly Csikszentmihalyi (Nova York: HarperPerennial, 1991), considerado um dos cofundadores da psicologia positiva.

- Ingrid Fetell Lee pesquisa a alegria e como podemos encontrar mais dela. Confira sua palestra TED, "Where Joy Hides and How to Find It" (abril de 2018, https://www.ted.com/talks/ingrid_fetell_lee_where_joy_hides_and_how_to_find_it), e seus muitos livros, incluindo *Joyful* (sem tradução para o português) (Nova York: Little, Brown, 2018).

- Spencer Harrison, professor do INSEAD, Erin Pinkus e Jon Cohen escreveram um artigo *na Harvard Business Review* sobre curiosidade no local de trabalho "Research: 83% of Executives Say They Encourage Curiosity. Just 52% of Employees Agree" (20 de setembro de 2018, https://hbr.org/2018/09/research83-of-executives-ay-they-encourage-curiosity-just52-of-employees-agree%27). Confira também a palestra TEDx de Spencer e Jon, "Curiosity Is Your Superpower" (22 de outubro de 2018, https://www.youtube.com/watch?v=xZJwMYeE9Ak).

- Confira a palestra TED do neurocientista Beau Lotto "How We Experience Awe — and Why It Matters" (abril de 2019, https://www.ted.com/talks/beau_lotto_and_cirque_du_soleil_how_we_experience_awe_and_why_it_matters?language=en).

- O professor Evan Imber-Black escreveu um artigo examinando como a pandemia de 2020 mudou nossos rituais, "Rituals in the Time of COVID-19: Imagination, Responsiveness, and the Human Spirit" (*Family Process* 59, nº 3 [2020]: 912-21).

- Confira também a pesquisa das Blue Zones de Dan Buettner para saber mais sobre moais, grupos de cinco amigos que se comprometem a se unir e apoiar uns aos outros para o resto das suas vidas. Aislinn Kotifani, "Moai — This Tradition Is Why Okinawan People Live Longer, Better," https://www.bluezones.com/2018/08/moai-this-tradition-is-why-okinawan-people-live-longer-better/.

Quinto Grau: Celebrar o Atrito

Tire a exaltação do conflito e transforme-o em uma oportunidade de aprendizado. Acenda faíscas de combustão criativa para soluções compartilhadas e maior conexão, permanecendo comprometido e focado em algo maior.

Palavras de Sabedoria

- *"[Acreditamos em] dar um pouco de espaço para a pessoa brilhar em sua área e não se concentrar na única parte que pode incomodá-lo. Em vez disso, que tal as outras 99 coisas que essa pessoa faz muito bem? Apenas deixe-os prosperar e não se concentrar tanto nos pontos de tensão. É como nossa mãe nos ensinou, sabe, diga-me algo bom; vamos começar a reunião com o que está funcionando bem agora."* — John Jacobs

- *"[Nosso propósito] nos permite discordar sem sermos desagradáveis. Argumentar alto, mas persuadir um ao outro. E eu acho que são essas coisas, na minha mente, que mantêm a parceria unida. Essa sensação de empatia. Essa sensação de confiança. Essa sensação de estarmos fazendo algo para um propósito maior, fundamentalmente."* — Jim Roth

- *"Discordar sim, desrespeitar nunca. Os valores compartilhados são amor, respeito e confiança. E comunicação. Nem sempre concordamos em tudo, mas sempre concordamos em discutir, e acho que isso é muito importante. Eu acho que isso é* importante para qualquer pessoa, que você possa debater, discutir e discordar, mas nunca desrespeitar." — Chris Redlitz

- "Lide com as coisas à medida que elas surgem, lide com elas rapidamente e siga em frente, para que vocês possam voltar a aproveitar a vida uns com os outros." — Erika Boyd

- "Se você se deparar com um obstáculo, saiba que isso é normal e qualquer pessoa que já trabalhou em parceria atingiu um obstáculo e não há problema com isso e você se recuperará. Acho que uma ferramenta mais concreta para se concentrar é apenas ser direto e sincero sobre qual era o problema. Encontre a pessoa com quem teve um aborrecimento, pergunte qual era o problema e resolva-o." — May Boeve

◀ Explore Celebrar o Atrito:

Recursos adicionais

- A *Harvard Business Review* apresentou um artigo, "How to Mend a Work Relationship" (Brianna Barker Caza, Mara Olekalns e Timothy J. Vogus, 14 de fevereiro de 2020, https://hbr.org/2020/02/how-to-mend-a-work-relationship), com base em uma revisão de mais de 300 estudos que se concentraram em relacionamentos no local de trabalho, transgressões e recuperação de relacionamentos.

- O especialista em liderança e autor de best-sellers Robin Sharma discute a importância de celebrar o atrito em três artigos curtos e perspicazes: "Celebrate Conflict" (https://www.robinsharma.com/article/celebrate-conflict), "The Four Riders of Conflict" (https://www.robinsharma.com/article/the-four-riders-of-conflict), e "Pick Fights Fast" (https://www.robinsharma.com/article/pick-fights-fast).

- "What Brain Science Teaches Us About Conflict Resolution" da Edutopia (Sarah Gonser, 5 de fevereiro de 2020, https://www.edutopia.org/article/what-brain-science-teaches-us-about-conflict-resolution) nos fornece uma visão do educador sobre as emoções desafiadoras que acompanham as divergências entre nossos jovens.

- Sheila Heen é professora de negociação na Harvard Law School e coautora best-seller de dois livros, *Conversas difíceis: Como discutir o que é mais importante* (no original, "Difficult Conversations: How to Discuss What Matters Most", Nova York: Penguin Books, 1999) e *Obrigado pelo feedback: A ciência e a Arte de Receber Bem o Retorno de Chefes, Colegas, Familiares e Amigos* (no orignal, "Thanks for the Feedback: The Science and Art of Receiving Feedback Well", Nova York: Viking Press, 2014). Confira seu curso online sobre conversas difíceis (Acumen Academy, https://www.acumenacademy.org/course/sheila-heen-on-difficult-conversations.

- Autor best-seller, professor de ciência e engenharia de gestão e professor de comportamento organizacional, o Dr. Bob Sutton é especialista em atrito organizacional. Seu último livro, *Como Conviver com meu Idiota Favorito: Como*

Conviver, Competir e Vencê-los (no original, "The Asshole Survival Guide: How to Deal with People Who Treat You Like Dirt", Nova York: Houghton Mifflin Harcourt, 2017), e seu mais novo projeto com Huggy Rao, o Projeto Friction (https://www.bobsutton.net/friction-project), falam sobre "as causas e curas para o atrito organizacional destrutivo e quando é sábio tornar as coisas mais difíceis."

- Rebecca Zucker, da Next Step Partners, analisa o modelo de feedback COMPARTILHADO em seu blog de liderança, em "Getting Under Your Skin: How to Respond?" (27 de junho de 2016, https://nextsteppartners.com/respond-vs-react/). Ela descreve como a autoconsciência é um superpoder de líder, especialmente ao gerenciar conflitos. Continue em seu blog com "How Not to Be Defensive" (14 de outubro de 2019, https://nextsteppartners.com/how-to-not-be-defensive/).

Sexto Grau: Conexões Coletivas

Estrutura de princípios do design para dimensionar colaborações, com as Conexões Profundas no centro como modelos, polos de impulso e tecido conjuntivo.

Palavras de Sabedoria

- *"Primeiro devemos fazer as pazes com a natureza. Não temos esperança de fazer a paz entre a humanidade, nossos companheiros humanos... se não cuidarmos dos sistemas do mundo natural. É o alicerce de tudo."* — Sylvia Earle

- *"Eu acho que, em seu nível mais profundo, diz respeito ao propósito compartilhado e ao que originalmente nos uniu, que é fazer parte de um movimento para enfrentar as mudanças climáticas."* — May Boeve

- *"Nós dez e nossas famílias, nossas esposas e famílias estendidas, formamos uma parceria na qual nos respeitávamos profundamente, não escondíamos nada... era a primazia do que chamávamos de comitê central ou equipe central [focados em acabar com a varíola na Índia]. E foi mágico, e ainda é."* — Larry Brilliant

- *"Não havia ninguém [na comunidade do ozônio] preocupado em perder sua própria identidade pessoal porque eles eram fortes, personagens fortes em si mesmos. Essas parcerias [na comunidade do ozônio] são bem-sucedidas porque combinam personalidades fortes com vontade de colaborar."* — Nancy Reichman

- *"Eu acho que o papel de compartilhar histórias sempre foi importante, e parte do valor de trabalhar em rede é que você está conectado a muito mais pessoas... O ingrediente secreto é um alto nível de atividade feita em conjunto. E acho que isso é mais do que qualquer coisa por que confiamos um no outro e fomos capazes de construir uma comunidade de funcionários e voluntários que inclui mais de 160 funcionários e centenas de milhares de pessoas que estão ativas em todo o mundo."* — May Boeve

- *"O que eles implementariam, e como, foi baseado em um círculo de amigos, um círculo cada vez maior de amigos, que trabalhou incansavelmente sob condições de confiança pessoal."* — Mostafa Tolba

◀ Explore Conexões Coletivas:

Recursos adicionais

- David Price, autor de *The Power of Us: How We Connect, Act and Innovate Together* (sem tradução para o português) (Londres: Thread Books, 2020), compartilha sua sabedoria sobre como é aproveitar o poder da colaboração e do pensamento diverso.

- Robert Greenleaf é creditado por fundar o poderoso movimento chamado "liderança servidora". Seu centro de Liderança Servidora (https://www.greenleaf.org) nos lembra que a verdadeira liderança deve começar com a intenção de servir aos outros.

- Leia o livro de Larry Brilliant, *Sometimes Brilliant* (sem tradução para o português) (Nova York: HarperOne, 2016), para saber mais sobre o coletivo que acabou com a varíola na Índia.

- Nancy Reichman e Penelope Canan, autoras do livro *Ozone Connections: Expert Networks in Global Environmental Governance* (Nova York: Routledge, 2017), argumentam que "precisamos entender como a implementação de acordos ambientais globais complexos depende da construção e exploração de conexões sociais entre especialistas que atuam coletivamente para definir soluções para problemas ambientais."

- Três outros grandes livros sobre a proteção da camada de ozônio, são *Ozone Diplomacy* de Richard Benedick (Cambridge, MA: Harvard University Press, 1991), *Protecting the Ozone Layer* de Stephen O. Andersen e K. Madhava Sarma (Nova York: Routledge, 2002) e *Ozone Crisis* de Sharon L. Roan (Nova York: Wiley Science Editions, 1989); os três sem tradução para o português.

- Assista ao documentário PBS *Ozone Hole: How We Saved the Planet* (2019, https://www.pbs.org/show/ozone-hole-how-we-saved-planet/).

268 Parcerias

- Leia os seguintes livros, de autoria ou coautoria de Johan Rockström: *Breaking Boundaries: The Science of Our Planet* (Nova York: DK, 2021); *Big World, Small Planet* (New Haven, CT: Yale University Press, 2015); *The Human Quest: Prospering Within Planetary Boundaries* (Estocolmo, Suécia: Langenskiölds, 2012); e *Bankrupting Nature: Denying Our Planetary Boundaries* (Nova York: Routledge, 2012), todos sem tradução para o português.

- Assista ao documentário da Netflix, *Rompendo Barreiras: Nosso Planeta* (dirigido por Jon Clay, 2021).

- Em *Together: The Healing Power of Human Connection in a Sometimes Lonely World* (sem tradução para o português) (Nova York: Harper Wave, 2020), o cirurgião geral dos EUA Vivek Murthy escreve sobre nosso desejo inato de nos conectar e o valor da comunidade.

- O livro de Marissa King, *Social Chemistry: Decoding the Patterns of Human Connection* (sem tradução para o português) (Nova York: Dutton, 2021) pode ajudá-lo a construir relacionamentos mais significativos e impactantes.

- O livro *Connect: Building Exceptional Relationships with Family, Friends, and Colleagues* de David Bradford e Carole Robin (Nova York: Currency, 2021) é baseado no curso de referência em relacionamentos na Escola de Negócios de Stanford.

Imagens dos
Seis Graus de Conexão

Martin Hill e Philippa Jones,
parceiros na vida, arte e natureza

As notáveis esculturas ambientais que representam cada um dos Seis Graus de Conexão foram criadas por uma das parcerias Plus Wonder — Martin Hill e Philippa Jones — que são parceiros criativos desde 1994.

Por mais de duas décadas, esses artistas da Nova Zelândia viajaram para locais remotos para criar esculturas ambientais. Eles compartilham um profundo amor pela escalada e um respeito pelo mundo natural. Ganharam inúmeros prêmios e acabaram de lançar um novo projeto sobre nosso mundo interligado chamado Fine Line, um empreendimento global de arte e ciência ambiental que consiste em doze esculturas temporárias feitas em pontos altos conectados por uma linha que circunda a terra, um símbolo de sistemas naturais que nos conectam a todos na teia da vida. Cada escultura é feita de materiais naturais encontrados no local que retornam à natureza. Você pode saber mais sobre o trabalho deles em https://martin-hill.com/projects/the-fine-line/.

Aqui estão algumas pérolas de sabedoria da parceria deles...

- *"A alegria é a cola essencial. Alegria um no outro, alegria nas realizações um do outro, até alegria nos erros um do outro — aprendemos mais com nossos erros."* — Martin Hill

- *"Posso dizer sem hesitação que a combinação de nossas semelhanças e habilidades, e abordagens complementares à vida, fazem nossa parceria funcionar."* — Philippa Jones

- *"Nossa parceria com a terra é baseada em nosso entendimento de que somos parte da natureza, não à parte da natureza. Mantemos nossa parceria forte vivendo e trabalhando perto da natureza e honrando os processos ecológicos."* — Martin Hill

- *"Escalar juntos depende totalmente um do outro para a segurança das nossas vidas. Esse nível de vulnerabilidade geralmente não é reconhecido na vida diária, embora todos arrisquemos nossas vidas apenas dirigindo ou viajando de avião. Em nossa vida juntos e em nossa prática de arte colaborativa, assumimos riscos o tempo todo; ultrapassar os limites um do outro é essencial."* — Martin e Philippa

Notas

Não podemos viver por nós mesmos.
Mil fibras nos conectam com nossos
semelhantes; e entre essas fibras, como fios
simpáticos, nossas ações funcionam como
causas, e elas voltam como efeitos.

— Herman Melville

1 Wenxian Zhang, "The Enduring Legacy of Fred Rogers at Rollins College," *De Rollins Archives* (blog), https://blogs.rollins.edu/libraryarchives/2020/03/02/the-enduring-legacy-of-fred-rogers-at-rollins-college/?utm_source=rss&utm_medium=rss&utm_campaign=the-enduring-legacy-of-fred-rollins-college.

2 Com gratidão a Scilla Elworthy, Oxford Research Group, por liderar a curadoria do precioso conteúdo desses fichários.

3 Com gratidão a Andrea Brenninkmeijer e Scilla Elworthy por ajudarem a construir esta comunidade com amor. E a todos os membros do Conselho Consultivo de The Elders; tem sido uma alegria trabalhar com eles nos últimos quinze anos.

272 Parcerias

4   Sun Tzu, *The Art of War* (Nova York: Penguin, 2009).

5   Irma S. Rombauer, Marion Rombauer Becker e Ethan Becker, *The Joy of Cooking* (Nova York: Scribner, 2006).

6   Emily Wetherell e Sangeeta Agrawal, "What Engaged Employees Say About Your Brand", Gallup, 16 de novembro de 2020, https://www.gallup.com/workplace/324287/engaged-employees-say-brand.aspx. Veja também Jim Harter, "U.S. Employee Engagement Holds Steady in First Half of 2021", Gallup, 29 de julho de 2021, https://www.gallup.com/workplace/352949/employee-engagement-holds-steady-first--half-2021.aspx.

7   Lee Rainie e Andrew Perrin, "The State of Americans' Trust in Each Other amid the COVID-19 Pandemic", Pew Research Center, 6 de abril de 2020, https://www.pewresearch.org/fact-tank/2020/04/06/the-state-of-americans-trust-in-each-other-amid-the-covid-19-pandemic/.

8   Marcel Schwantes, "Bill Gates Said Warren Buffett Helped Him Define Success in a New Way. Here It Is in a Few Words", *Inc.*, 10 de junho de 2019, https://www.inc.com/marcel-schwantes/bill-gates-said-warren-buffett-helped-him-define-new-way-here-it-is-a-few-words.html; Bill Gates, "What I Learned at Work This Year", *GatesNotes* (blog), 29 de dezembro de 2018, https://www.gatesnotes.com/About-Bill-Gates/Year-in-Review-2018.

9   Mary Robinson, "Nelson Mandela: 'The Most Inspiring Individual I Have Ever Met'", The Elders, 5 de dezembro de 2013, https://theelders.org/news/nelson-mandela-most-inspiring-individual--i-have-ever-met.

Capítulo Um: Seis Graus de Conexão

1   Ver Alan Taylor, "Flying Around the World in a Solar Powered Plane", *Atlantic*, 26 de julho de 2016, https://www.theatlantic.com/photo/

2016/07/flying-around-the-world-in-a-solar-powered-plane/493085/; "Record-Breaking Flight from Nagoya to Hawaii", Logbook, SolarImpulse Foundation, https://aroundtheworld.solarimpulse.com/leg-8-from-Nagoya-to-Hawaii.

Capítulo Dois: Algo Maior

1   *Ozone Hole: How We Saved the Planet*, PBS vídeo, 55:51, 2019, https://www.pbs.org/show/ozone-hole-how-we-saved-planet/.

2   Barbara J. Finlayson-Pitts, "F. Sherwood Rowland: A Man of Science, Vision, Integrity, and Kindness", *Proceedings of the National Academy of Sciences* 109, nº 35 (2012): 13881–82, https://www.pnas.org/content/109/35/13881.

3   Mario J. Molina e F. S. Rowland, "Stratospheric Sink for Chlorofluoromethanes: Chlorine Atom-Catalysed Destruction of Ozone", *Nature* 249 (1974): 810–12, https://www.nature.com/articles/249810a0.

4   Lanie Jones, "Ozone Warning: He Sounded Alarm, Paid Heavy Price", *Los Angeles Times*, 14 de julho de 1988, https://www.latimes.com/archives/la-xpm-1988-07-14-mn-8873-story.html.

5   Sharon L. Roan, *Ozone Crisis* (Nova York: Wiley Science Editions, 1989), 121.

6   "Trials and Prisons Chronology", Nelson Mandela Foundation, https://www.nelsonmandela.org/content/page/trials-and-prison-chronology.

7   "Estou preparado para morrer", 20 de abril de 2011, Fundação Nelson Mandela, https://www.nelsonmandela.org/content/page/trials-and-prison-chronology.

274   Parcerias

8   *The Truth and Reconciliation Commission (TRC)*, exposição permanente, Museu do Apartheid, https://www.apartheidmuseum.org/exhibitions/the-truth-and-reconciliation-commission-trc.

9   David Whyte, *The House of Belonging* (Langley, WA: Many Rivers Press, 1997).

10   Marc Lacey e David M. Herszenhorn, "In Attack's Wake, Political Repercussions", *New York Times*, 8 de janeiro de 2011, https://www.nytimes.com/2011/01/09/us/politics/09giffords.html.

11   "'He'll Be There for You, Too', Gabrielle Giffords Says of Joe Biden", *New York Times* vídeo, 2:29, 19 de Agosto de 2020, https://www.nytimes.com/video/us/elections/100000007297620/gabrielle-giffords-speaks-dnc.html.

12   Joe Biden (@JoeBiden), Twitter, 19 de agosto de 2020, https://twitter.com/joebiden/status/1296253868901142529?lang=en.

13   Capitão Mark Kelly (@CaptMarkKelly), vídeo do Twitter, 12 de fevereiro de 2019, https://twitter.com/CaptMarkKelly/status/1095301632093433864.

14   Gabrielle Giffords (@GabbyGiffords), Twitter, 6 de janeiro de 2021, https://twitter.com/gabbygiffords/status/1346984503248474112?lang=en.

Capítulo Três: Totalmente Comprometido

1   *Ozone Hole: How We Save the Planet*, PBS vídeo, 55:51, 2019, https://www.pbs.org/show/ozone-hole-how-we-saved-planet/.

2   "'Ozone Hole' Shows That We Avoided Planetary Disaster Before", *Sierra*, 20 de abril de 2019, https://www.sierraclub.org/sierra/ozone-hole-shows-we-avoided-planetary-disaster-before-pbs-documentary;

"Evidence at Last", Understanding Science, University of California, Berkeley, https://undsci.berkeley.edu/article/0_0_0/ozone_depletion_06.

3   Cheryl Mahaffy, "Press Coverage of the Fluorocarbon Controversy: The Rise and Decline of a 'Hot' Scientific Issue" (artigo apresentado no 62º Annual Meeting of the Association for Education in Journalism, Houston, 5 a 8 de agosto de 1979), https://files.eric.ed.gov/fulltext/ED177595.pdf.

4   Felicity Barringer, "F. Sherwood Rowland, Cited Aerosols' Danger, Is Dead at 84", *New York Times*, 12 de março de 2012, https://www.nytimes.com/2012/03/13/science/earth/f-sherwood-rowland-84-dies-raised-alarm-over-aerosols.html.

5   Sharon L. Roan, *Ozone Crisis* (Nova York: Wiley Science Editions, 1989), 103.

6   Roan, *Ozone Crisis*, 56.

7   "*In Memoriam*: Frank Sherwood Rowland", University of California, Irvine, https://senate.universityofcalifornia.edu/_files/inmemoriam/html/franksherwoodrowland.html.

8   F. Sherwood Rowland, "F. Sherwood Rowland Biographical", The Nobel Prize, https://www.nobelprize.org/prizes/chemistry/1995/rowland/biographical/.

9   Barbara J. Finlayson-Pitts, "F. Sherwood Rowland: A Man of Science, Vision, Integrity, and Kindness", *Proceedings of the National Academy of Sciences* 109, nº 35 (2012): 13881-82, https://www.pnas.org/content/109/35/13881.

10 Jimmy Carter e Rosalynn Carter, *Everything to Gain* (Fayetteville: University of Arkansas Press, 1995).

276   Parcerias

11 Jo Confino, "Changing Yourself, Changing the World", *Guardian*, 10 de abril de 2012, https://www.theguardian.com/sustainable-business/coping-methods-work-burnout-business-values.

12 "Malaria", World Health Organization, 1° de abril de 2021, https://www.who.int/news-room/fact-sheets/detail/malaria.

13 Esther Perel, "Cultivating Desire", *The Knowledge Project*, episode #71, https://fs.blog/knowledge-project/esther-perel/.

14 Zach Brittle, "Turn Towards Instead of Away", Gottman Institute, 1° de abril de 2015, https://www.gottman.com/blog/turn-toward-instead-of-away/.

Capítulo Quatro: O Ecossistema

1 Fiona Harvey, "Joe Farman Obituary", *Guardian*, 16 de maio de 2013, https://www.theguardian.com/environment/2013/may/16/joe-farman.

2 Steve Norton, "Oral History Interviews: Jon Shanklin", American Institute of Physics, 7 de outubro de 1999, https://www.aip.org/history-programs/niels-bohr-library/oral-histories/32994.

3 Jonathan Shanklin, "Reflections on the Ozone Hole," *Nature* 465 (2010): 34-35, https://www.nature.com/articles/465034a.

4 J. C. Farman, B. G. Gardiner e J. D. Shanklin, "Large Losses of Total Ozone in Antarctica Reveal Seasonal ClO_x/NO_x Interaction", *Nature* 315 (1985): 207-10, https://www.nature.com/articles/315207a0.

5 "Susan Solomon: Pioneering Atmospheric Scientist", NOAA, https://celebrating200years.noaa.gov/historymakers/solomon/welcome.html.

6 "About Montreal Protocol", UN Environment Programme, https://www.unep.org/ozonaction/who-we-are/about-montreal-protocol.

7 Penelope Canan e Nancy Reichman, *Ozone Connections* (Londres: Routledge, 2017), 172.

8 Canan e Reichman, *Ozone Connections*, 177.

9 Canan e Reichman, *Ozone Connections*, 159.

10 Canan e Reichman, *Ozone Connections*, 61.

11 "Meet Pando, One of the Oldest Organisms on Earth", Earth.com, 27 de junho de 2019, https://www.earth.com/news/pando-oldest-organisms/.

12 Massey Morris, "This Google Manager Shares His Secrets for Building an Effective Team", *Fast Company*, 15 de agosto de 2018, https://www.fastcompany.com/90218743/this-google-manager-shares-his-secrets--for-building-an-effective-team.

13 Richard Edelman, "20 Years of Trust", Edelman, https://www.edelman.com/20yearsoftrust/.

14 "A Message to Our Hosts from CEO Brian Chesky," Airbnb, https://www.airbnb.com/d/host-message.

15 "Buffer Transparency", Buffer, https://buffer.com/transparency.

16 Blake Morgan, "How to Build the Most Customer-Focused Culture in the World", *Forbes*, 11 de dezembro de 2017, https://www.forbes.com/sites/blakemorgan/2017/12/11/how-to-build-the-most-customer-focused-culture-in-the-world/?sh=6ce64e5556d6.

278 Parcerias

17 J. I. Merritt, "Heretic in the Temple", *Princeton Alumni Weekly*, 8 de outubro de 2003, https://www.princeton.edu/~paw/archive_new/PAW03-04/02-1008/features1.html.

18 Um grande muito obrigado aos muitos parceiros que ajudaram a incubar e apoiar The Elders ao longo dos anos.

19 "George Bizos: Anti-Apartheid Lawyer Who Defended Mandela Dies Aged 92", BBC, 10 de setembro de 2020, https://www.bbc.com/news/world-africa-54094248.

20 Adam Grant, https://www.adamgrant.net/book/give-and-take/.

21 Selene Brophy, "SA NatGeo Explorers Dereck and Beverly Joubert Share Intimate Details of Near-Fatal Buffalo Charge", *News24*, 14 de abril de 2017, https://www.news24.com/news24/travel/sa-natgeo-explorer--dereck-and-beverly-joubert-share-intimate-details-of-near-fatal-buffalo-charge-20170414; "Beverly Joubert", Academy of Achievement, https://achievement.org/achiever/beverly-joubert/.

22 Amy Emmert, "Empathy: The Glue We Need to Fix a Fractured World", *Strategy+Business*, 20 de outubro de 2020, https://www.strategy-business.com/article/Empathy-The-glue-we-need-to-fix-a-fractured-world?gko=56f1f.

23 Anthony Ray Hinton com Lara Love Hardin, *The Sun Does Shine* (Nova York: St. Martin's Press, 2018), x.

24 Hinton e Hardin, *The Sun Does Shine*, 145.

25 Hinton e Hardin, *The Sun Does Shine*, 155.

26 Ron Wagner, "There Is No Feeling Like Being Free", Furman University, 1º de março de 2019, https://news.furman.edu/2019/03/01/there-is-no-feeling-like-being-free/.

Capítulo Cinco: Momentos Magnéticos

1   Penelope Canan e Nancy Reichman, *Ozone Connections: Expert Networks in Global Environmental Governance* (Londres: Routledge, 2017), 47.

2   Saiba mais sobre o projeto em https://www.innocentdrinks.co.uk/.

3   "Our Story", JamJar Investments, https://www.jamjarinvestments.com/about.

4   Susan Piver, *The Four Noble Truths of Love* (Somerville, MA: Lionheart Press, 2018).

5   Ross Gay, "Joy Is Such a Human Madness", The On Being Project, 25 de julho de 2019, https://onbeing.org/blog/joy-is-such-a-human-madness/.

6   "Stephen Hawking", Goodreads, https://www.goodreads.com/quotes/9725596-but-it-would-be-an-empty-universe-indeed-if-it.

7   "The Whole Earth Disk: An Iconic Image of the Space Age", Smithsonian National Air and Space Museum, 23 de dezembro de 2009, https://airandspace.si.edu/stories/editorial/whole-earth-disk-iconic-image-space-age.

8   Aislinn Kotifani, "Moai — This Tradition Is Why Okinawan People Live Longer, Better", https://www.bluezones.com/2018/08/moai-this-tradition-is-why-okinawan-people-live-longer-better/.

9   "YPO Forum", YPO, https://www.ypo.org/profile/ypo-forum/.

10 "Tim Brown on Nudging Your Company Culture Towards Creativity", IDEO U, https://www.ideou.com/blogs/inspiration/creative-confidence-series-tim-brown-on-nudging-your-company-culture-towards-creativity.

11 Luke Nozicka, "Donna Red Wing, 'a Force to Be Reckoned with' in Fight for LGBTQ Rights, Dies After Battle with Cancer", *Des Moines Register*, 16 de abril de 2018, https://www.desmoinesregister.com/story/news/2018/04/16/donna-red-wing-des-moines-lgbtq-advocate-civil-rights-activist-dies-cancer-one-iowa/522936002/.

12 Robert Samuels, "He Saw Her Marriage as 'Unnatural.' She Called Him 'Bigoted.' Now, They Hug", *Washington Post* , 4 de julho de 2015, https://www.washingtonpost.com/politics/he-saw-her-as-unnatural-she-called-him-bigoted-now-theyre-friends/2015/07/04/9e44e7c6-1a-90-11e5-bd7f-4611a60dd8e5_story.html.

13 Kyle Benson, "Love Quiz: How Do You Tell the Story of Your Relationship?" Instituto Gottman, 12 de dezembro de 2016, https://www.gottman.com/blog/tell-story-relationship/.

Capítulo Seis: Celebrar o Atrito

1 "Interview with Lee Thomas", EPA Alumni Association, 19 de abril de 2012, https://www.epaalumni.org/userdata/pdf/60740780F5ACB3D5.pdf.

2 Penelope Canan e Nancy Reichman, *Ozone Connections: Expert Networks in Global Environmental Governance* (Londres: Routledge, 2017), 163, 172.

3 São de Stephen O. Andersen os insights desta seção.

4 Stephen O. Andersen e K. Madhava Sarma, *Protecting the Ozone Layer* (Nova York: Routledge, 2002), 305.

5 Veja Ellie Lisitsa, "The Four Horsemen: Criticism, Contempt, Defensiveness, and Stonewalling", Gottman Institute, 23 de abril de 2013, https://www.gottman.com/blog/the-four-horsemen-recognizing-criticism-contempt-defensiveness-and-stonewalling/.

Notas 281

6 Entrevista do autor com John Gottman, 4 de março de 2020; disponível em https://www.gottman.com/love-lab/.

7 Thomas Curran e Andrew P. Hill, "Perfectionism Is Increasing, and That's Not Good News", *Harvard Business Review*, 26 de janeiro de 2018, https://hbr.org/2018/01/perfectionism-is-increasing-and-thats-not-good-news?registration=success.

8 Alexa Lardieri, "Survey: Majority of People Around the World Feel Divided", *U.S. News & World Report*, 25 de abril de 2018, https://www.usnews.com/news/politics/articles/2018-04-25/survey-majority-of-people-around-the-world-feel-divided.

9 David Horsey, "Nelson Mandela Transformed Himself and Then His Nation", *Los Angeles Times*, 6 de dezembro de 2013, https://www.latimes.com/opinion/topoftheticket/la-xpm-2013-dec-06-la-na-tt-nelson-mandela-20131206-story.html.

Capítulo Sete: Conexões Coletivas

1 Stephen O. Andersen e K. Madhava Sarma, *Protecting the Ozone Layer* (Nova York: Routledge, 2002), 101.

2 Andersen e Sarma, *Protecting the Ozone Layer*, 305.

3 Andersen e Sarma, *Protecting the Ozone Layer*, 101.

4 Andersen e Sarma, *Protecting the Ozone Layer*, 102.

5 Andersen e Sarma, *Protecting the Ozone Layer*, 102; Craig R. Whitney, "20 Nations Agree to Join Ozone Pact", *New York Times*, 8 de março de 1989, https://www.nytimes.com/1989/03/08/world/20-nations-agree-to-join-ozone-pact.html.

6   Whitney, "20 Nations Agree to Join Ozone Pact".

7   R. Buckminster Fuller, *Operating Manual for Spaceship Earth* (Zurique: Lars Müller, 2008).

8   Margaret Thatcher, discurso concluindo a Conferência da Camada de Ozônio (Londres, 7 de março de 1989), Fundação Margaret Thatcher, https://www.margaretthatcher.org/document/107595.

9   Penelope Canan e Nancy Reichman, *Ozone Connections: Expert Networks in Global Environmental Governance* (Londres: Routledge, 2017), 37.

10 Richard E. Benedick, *Ozone Diplomacy: New Directions in Safeguarding the Planet* (Cambridge, MA: Harvard University Press, 1991), 332.

11 Canan e Reichman, *Ozone Connections*.

12 Canan e Reichman, *Ozone Connections*, 23.

13 Jorgen Wettestad, *Designing Effective Environmental Regimes: The Key Conditions* (Cheltenham, UK: E. Elgar, 1999), 139.

14 Richard C. J. Somerville, *The Forgiving Air* (Los Angeles and Berkeley: University of California Press, 1996), https://publishing.cdlib.org/ucpressebooks/view?docId=ft6290079d&chunk.id=d0e524&toc.depth=1&toc.id=0& brand=ucpress&query=afraid.

15 "Our Reason for Being", Natura, https://www.naturabrasil.com/pages/about-us. https://www.naturabrasil.com/pages/about-us.

16 William Glaberson, "Behind Du Pont's Shift on Loss of Ozone Layer", *New York Times*, 26 de março de 1988, https://www.nytimes.com/1988/03/26/business/behind-du-pont-s-shift-on-loss-of-ozone-layer.html.

17 Sharon L. Roan, *Ozone Crisis* (Nova York: Wiley Science Editions, 1989), 245.

18 Glaberson, "Behind Du Pont's Shift".

19 Stephen Leahy, "Without the Ozone Treaty You'd Get Sunburned in 5 Minutes", *National Geographic*, 24 de setembro de 2017, https://www.nationalgeographic.com/news/2017/09/montreal-protocol-ozone-treaty-30-climate-change-hcfs-hfcs/.

20 American Museum of Natural History, "Smallpox", https://www.amnh.org/explore/science-topics/disease-eradication/countdown-to-zero/smallpox.

21 Larry Brilliant, *Sometimes Brilliant* (Nova York: HarperOne, 2016).

Capítulo Oito: Interconectado

1 Johan Rockström e Mattias Klum, *Big World, Small Planet* (New Haven, CT: Yale University Press, 2015).

2 Paul J. Crutzen e Christian Schwägerl, "Living in the Anthropocene: Toward a New Global Ethos", *Yale Environment 360*, 24 de janeiro de 2011, https://e360.yale.edu/features/living_in_the_anthropocene_toward_a_new_global_ethos.

3 Mark Murray, "Poll: Nearly Two-Thirds of Americans Say Social Media Platforms Are Tearing Us Apart", NBC News, 9 de maio de 2021, https://www.nbcnews.com/politics/meet-the-press/poll-nearly-two--thirds-americans-say-social-media-platforms-are-n1266773.

Fotografias: Créditos

Design da colagem do caderno de fotos por Les Copland/DoubleTake Creative

˙PÁGINA I: Jim Cooper e Paul Bennett (cortesia Plus Wonder); Hank Willis Thomas e Deborah Willis (cortesia Plus Wonder); Adam Balon, Richard Reed e Jon Wright (cortesia JamJar Investiments); Girija e Larry Brilliant (cortesia Larry e Girija Brilliant); Jane Tewson e Charles Lane (cortesia Jane Tewson e Charles Lane); Gro e Arne Brundtland (crédito Bernt Sønvisen); Bill Draper, Robin Richards Donohoe e Rob Kaplan (cortesia Fundação Draper Richards Kaplan); Lorde Dr. Michael Hastings da Scarisbrick CBE e Gloria Abramoff (crédito Ben Cantopher); Gaynor Brown (cortesia Plus Wonder); e Lawrence Chickering e Jim Turner (cortesia The Transpartisan Review)

PÁGINA II: Mostafa Tolba e Stephen O. Andersen (cortesia Stephen O. Andersen); Sherwood Rowland e Mario Molina (cortesia Universidade da Califórnia, Irvine); Sherwood e Joan Rowland (cortesia Rowland Family); Paz Perlman e Jo Confino (cortesia Plus Wonder); André Borschberg e Bertrand Piccard (cortesia Solar Impulse); Carroll Dunham e Wade Davis (cortesia Plus Wonder); Eve Ellis e Annette Niemtzow (cortesia Plus Wonder); Ngozi Okonjo-Iweala e Uzodinma Iweala (cortesia Uzodinma Iweala); Ray Chambers e Peter Chernin (cortesia Malaria No More); Joseph Farman, Brian G. Gardiner e Jonathan Shanklin (cortesia British Antarctic Survey)

PÁGINA III: Alex Rappaport e Blake Harrison (cortesia Plus Wonder); Sylvia Earle (crédito Kip Evans); Kelly Blynn, Jamie Henn, Will Bates, Phil Aroneanu, May Boeve, Jeremy Osborn e Matt Fitzgerald (crédito Jon Warnow); Bert e John Jacobs (crédito Aimee Corrigan); Peter Gabriel e Richard Branson (cortesia The Elders); Ryan Phelan e Stewart Brand (crédito Mark Alan Lovewell/Vineyard Gazette); Nancy Reichman (cortesia Nancy Reichman) e Penelope Canan (cortesia

---

* Nas páginas a seguir: da esquerda para a direita, de cima para baixo.

286 Parcerias

University of Central Florida); Guilherme Leal, Luiz Seabra e Pedro Passos (cortesia Natura)

PÁGINA IV: Caskey e Mick Ebeling (cortesia Plus Wonder); Anthony Ray Hinton e Lester Bailey (cortesia Plus Wonder); Phil Kaye e Sarah Kay (crédito Taylor Lenci); Dereck e Beverly Joubert (direitos autorais Beverly Joubert); Erika Boyd e Kirsten Ussery (cortesia Detroit Vegan Soul); Chris Redlitz e Beverly Parenti (cortesia Chris Redlitz e Beverly Parenti); Keith Yamashita e Todd Holcomb (cortesia Plus Wonder); Robert P. George e Cornel West (cortesia Robert P. George); Robin Chase e Cameron Russell (cortesia Plus Wonder); Andrea e Barry Coleman (crédito Tom Oldham)

PÁGINA V: Jim Roth e Andy Kuper (cortesia Plus Wonder); David Blankenhorn (cortesia Braver Angels) e John Wood Jr. (cortesia John Wood Jr.); José Maria e Christiana Figueres (cortesia Plus Wonder); Jimmy e Rosalynn Carter (cortesia Plus Wonder); Desmond e Leah Tutu (crédito Michel Bega/The Citizen); Ben Cohen e Jerry Greenfield (crédito David Seaver Photography); Andrew Maxwell Mangino e Kanya Balakrishna (cortesia Plus Wonder); Addison Fischer e Cindy Mercer (cortesia Plus Wonder); Scott Seydel e Pat Mitchell (cortesia Plus Wonder)

PÁGINA VI: Banguu, Sangu e Edmund Delle (cortesia Família Delle); Pat e Tony Hawk (cortesia Tony Hawk, Inc/The Skatepark Project); Chris Anderson e Jacqueline Novogratz (cortesia Jacqueline Novogratz e Chris Anderson); Amory e Judy Lovins (cortesia Amory e Judy Lovins); Greg e Jacki Zehner (cortesia Plus Wonder); Sam Goldman e Ned Tozun (cortesia d.light); Johan Rockström (crédito M. Axelsson/Azote), Katherine Richardson (cortesia Katherine Richardson) e Will Steffen (cortesia Will Steffen); Nathan Blecharczyk, Joe Gebbia e Brian Chesky (cortesia Airbnb); Donna Red Wing e Bob Vander Plaats (direitos autorais Rodney White – USA TODAY NETWORK); Henry Arnhold e Kevin Starr (cortesia Plus Wonder)

PÁGINA VII: David e Lindsay Levin (cortesia Lindsay e David Levin); Sheryl WuDunn e Nicholas Kristof (cortesia Plus Wonder); Azim Khamisa e Ples Felix (cortesia Fundação Tariq Khamisa); Severn e Sarika Cullis-Suzuki (cortesia Plus Wonder); Martin Hill e Philippa Jones (crédito Ian McDonald); Ashish J. Thakkar, Ahuti Chug, Jagdish D. Thakkar e Rona Kotecha (cortesia Grupo Mara); Robbie Schingler e Will Marshall (cortesia Planet Labs, Inc.)

Índice

A

Airbnb 80
algo maior 35, 54, 73, 112, 167, 178, 186
  compartilhado 15, 21
  sensação de pertencimento 188
amizade 51, 152
  cultura de 119
  laços de 184
amor 19, 48, 127, 164
  compassivo 111
  incondicional 42
Andersen, Stephen O. 70, 117, 152, 183
Anderson, Chris 26
apartheid xiv, 17, 78
  movimento antiapartheid 18, 121
atrito 191
  celebrar o 158
    doze abordagens 160–173
  na parceria 156
  perigo reverso 191

B

Bailey, Lester 108, 213
Balakrishna, Kanya 131

Balon, Adam 123
Ben & Jerry's 50
Bennett, Paul 89
Beverly 104. *Consulte* Joubert, Dereck
Bizos, George 103
Blecharczyk, Nate 80
Borschberg, André 1, 97, 158
Boyd, Erika 30, 106
Brand, Stewart 133
Branson, Richard 92
Brilliant, Larry 201
Brundtland, Gro e Arne 170
Buettner, Dan 139

C

Canan, Penelope 182
Carter, Jimmy 6, 93, 121
Carter, Rosalynn 44, 96
Chambers, Ray 56
Chase, Robin 55
Chernin, Peter 56
Chesky, Brian 80
Chickering, Lawrence (Lawry) 170
Cohen, Ben 96
colaboração 97, 128, 195
  arquitetura colaborativa 178

288 Parcerias

coletivo 18, 121, 195
  em expansão 72, 184
  mais amplo 153
  sucesso 17
compartilhado/a
  confiança 92
  desafio 209
  entendimento 54
  glória 107
  história 123, 141, 172, 195
  ideia 92
  interesse 46
  liderança 56
  missão, compromisso com a 190
  objetivo 54, 120
  solução 5, 71, 159
  sonho 163
comprometimento total 42, 51
comunicação
  coletiva, prática de 126. *Consulte* Reed, Richard - Balon, Adam e Wright, Jon
  contínua, aberta e transparente 136. *Consulte* Delle, Sangu
  falha de 157
  linhas de 137
  sincera 5, 134. *Consulte* Confino, Jo e Perlman, Paz
conexões 128
  coletivas 178, 184
  online 138
  significativas xxii, 9
Conexões Profundas xiii, 23, 39, 70, 108, 119, 140, 146, 158, 172, 173, 178, 201, 207, 212
  cinco armadilhas 8–9
confiança xviii, 3, 35, 39, 48, 136, 159
  alicerce da 92
  autêntica 185

autoconfiança 97
  duradoura 79
  falta de 166
  laços de 184
  nível de 81
  vínculo de 126
Confino, Jo 107, 134
conflitos 43, 49, 152, 163, 166
  disruptivos 192
cooperação 21, 180, 195
Cooper, Jim 89
Covid-19 82, 136, 209
crença 35, 185
  combinada 69, 92
  fundamental 171
  polarizada 87
Cullis-Suzuki, Severn e Sarika 132
curiosidade 120, 159
  bem-intencionada 145
  positiva 132

D

Davis, Wade 73
Delle, Sangu 106, 136
design colaborativo, princípios de 185–197, 200
Detroit Vegan Soul 30, 106
Draper, Bill 98
Dunham, Carroll 73

E

Ebeling, Mick e Caskey 129
ecossistema 70–75
  colaborativo 72
  de confiança, respeito e crença uns nos outros 212
  de doações equilibradas 103

de virtudes 72, 123, 155, 179, 189
moral 4, 70, 73, 89
Edelman Trust Barometer, estudo 79, 209
empatia 48
  cognitiva 109
  compassiva 60, 109, 176
  emocional 109
escuta sensível e empática 160

F

faíscas 159, 172
Farman, Joseph 67
feedback
  honesto 97, 194
  sincero 134, 159
Felix, Ples 48
Figueres, Christiana 23, 199
Figueres, José María 23
Fischer, Addison 163
Flocabulary 63, 95, 162. *Consulte* Rappaport, Alex e Harrison, Blake
Fronteiras Planetárias 206–209
Fundação Tariq Khamisa 49

G

Gabriel, Peter 92, 121, 166
Gardiner, Brian G. 67
Gebbia, Joe 80
generosidade 70, 103, 180
  altruísta 105
  em ação 105–107
George, Robert P. 87
Giffords, Gabby 28
Gottman, John 26, 60, 157
gratidão 105, 149
  práticas diárias de 147

Greenfield, Jerry 50, 96

H

habilidades 10, 63, 98
  conjunto de 152
  diferentes 50
  interpessoais 64
  necessárias ix
  técnicas 189
  únicas 22, 91
Harrison, Blake 95
Hawk, Tony 141
Hinton, Anthony Ray 213
Holcomb, Todd 61
humildade 58, 82, 157
humildade compartilhada 98, 101
  cinco princípios da 100–102
Hussain, Zafar 202

I

IDEO 142
impacto 41, 119
  compartilhado 100
  compartilhado ou individual 17
  iniciativas de 57
  novo campo do investimento de 161
  positivo 7
  prejudicial 68
  sistêmico duradouro 184
individualismo 74
  egoísta 212
  hiperindividualismo xvi
Innocent Drinks 9, 124, 147
inovação 31, 72, 120, 180
Iweala, Uzodinma (Uzo) 23, 90

J

Joubert, Dereck 104

K

Kaplan, Rob 98
Kelly, Mark 28
Khamisa, Azim 47, 112
Kuper, Andy 101

L

Leal, Guilherme 193
LeapFrog, Investimentos 101
Lee-Bapty, Steve 154
LGBTQIA+ 145
linguagem 167
corporal 85, 157

M

Machel, Graça 92
Malaria No More 57
Mandela, Nelson 18, 114, 115, 121
Mangino, Andrew Maxwell 131
Mercer, Cindy 163
missão 70
compartilhada 2, 24, 31, 39
Mitchell, Pat 97
moais 139
Molina, Mario 14, 37, 69, 132, 190
momentos magnéticos 119, 155, 197
categorias de 122, 127–143

N

Natura 193. *Consulte* Seabra, Luiz -
Passos, Pedro e Leal, Guilherme
Novogratz, Jacqueline 26, 42

O

Oelwang, Robert C. 33
ozônio
camada de 15, 155, 183, 206
buraco na 68, 175
Protocolo de Montreal 187, 198
comunidade do 122, 197, 208

P

paciência 6, 43, 114
parcerias 10, 35, 83, 122
bem-sucedidas 95, 169
cinco maneiras de 111–114
conectadas 86
rede de 58
sabedoria das 212
saudáveis 169
significativas 4
Passos, Pedro 193
perdão 49, 164, 168
maior ato de 168
Perlman, Paz 134
Phelan, Ryan 133
Piccard, Bertrand 1, 97, 158
Plaats, Bob Vander 143
Planet Heritage, Fundação 163
poder
das "forças opostas" 49
do coletivo 101
estruturas de 75
propósito xvi, 6, 16, 35, 48, 83, 128
coletivo e de mudança 185
compartilhado 21
comum 48, 51, 183
maior 24, 78, 153

Q

questões
  fundamentais 85
  pessoais 60

R

Rappaport, Alex 63, 95
Ray Hinton, Anthony 108
Red Wing, Donna 143
Reed, Richard 9, 89, 123
relacionamentos 4, 42, 98, 121, 157, 192, 211
respeito 3, 35, 39, 127, 163, 180
  mútuo inabalável, princípios co-muns 89–92
responsabilidade 153
  assumir a 85, 168, 206
  falta de 9
  moral 69
responsabilidades
  claras 194
  papéis e 165
Richards Donohoe, Robin 98
Richardson, Katherine 206
rituais, tradições e práticas diárias 5, 35, 122, 133, 140
Rockström, Johan 205
Roth, Jim 101
Rowland, Frank Sherwood "Sherry" 13, 37, 69, 132, 190
Russell, Cameron 55

S

Seabra, Luiz 193
Seis Graus de Conexão 4, 185, 212
senso de
  admiração e respeito 77

comunidade 141
humildade e colaboração 199
otimismo 61, 152
ownership 194
possibilidade 131
propriedade e pertencimento 148
serviço 27
urgência 114, 182
Seydel, Scott 97
Shanklin, Jonathan 67
Solar Impulse 158
Steffen, Will 206

T

Thatcher, Margaret 175
The B Team 190, 199
The Elders 44, 92, 121, 163, 185, 199
Tolba, Mostafa 70, 119, 153, 179, 187
tomada de decisão 126, 137, 165
transparência 82, 193
Turner, James (Jim) 170
Tutu, Arcebispo Desmond "Arch" 18, 93, 121
Tutu, Leah 18, 77

U

Ussery, Kirsten 30, 106

V

valores compartilhados 56, 170
varíola, erradicação da 202
virtudes essenciais 4, 75–77
visão 92, 132
  audaciosa 31. *Consulte* Boyd, Erika e Ussery, Kirsten
  compartilhada 159

compartilhada e comprometida 56
contrária 152
de longo prazo 55
política "transpartidária" 171.
　　Consulte Chickering, Lawrence
　　(Lawry) e Turner, James (Jim)
vulnerabilidade 42, 56, 112, 127, 164

West, Cornel 87
Willis, Deborah 140

Willis Thomas, Hank 140
Wright, Jon 123

Yamashita, Keith 61

Z

Zehner, Greg 169
zona de conforto 23, 56, 63

Projetos corporativos e edições personalizadas
dentro da sua estratégia de negócio. Já pensou nisso?

Coordenação de Eventos
Viviane Paiva
viviane@altabooks.com.br

Assistente Comercial
Fillipe Amorim
vendas.corporativas@altabooks.com.br

A Alta Books tem criado experiências incríveis no meio corporativo. Com a crescente implementação da educação corporativa nas empresas, o livro entra como uma importante fonte de conhecimento. Com atendimento personalizado, conseguimos identificar as principais necessidades, e criar uma seleção de livros que podem ser utilizados de diversas maneiras, como por exemplo, para fortalecer relacionamento com suas equipes/ seus clientes. Você já utilizou o livro para alguma ação estratégica na sua empresa?

Entre em contato com nosso time para entender melhor as possibilidades de personalização e incentivo ao desenvolvimento pessoal e profissional.

PUBLIQUE SEU LIVRO

Publique seu livro com a Alta Books. Para mais informações envie um e-mail para: autoria@altabooks.com.br

CONHEÇA OUTROS LIVROS DA **ALTA BOOKS**

Todas as imagens são meramente ilustrativas.

 /altabooks   /alta-books   /altabooks   /altabooks

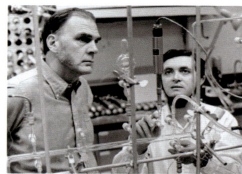